Matthias Schramm

Natur ohne Sinn?

Herkunft und Zukunft 3

Herausgegeben von Friedrich H. Tenbruck,
Nikolaus Lobkowicz, Hermann Lübbe,
Thomas Nipperdey und Matthias Schramm

Redaktion: Gerhard Ruis, Oskar Schatz

Matthias Schramm

Natur ohne Sinn?

Das Ende des teleologischen Weltbildes

Verlag Styria Graz Wien Köln

CIP-Kurztitelaufnahme der Deutschen Bibliothek

Schramm, Matthias:
Natur ohne Sinn? : d. Ende d. teleolog.
Weltbildes / Matthias Schramm. –
Graz; Wien; Köln : Verlag Styria, 1985.
  (Herkunft und Zukunft; 3)
  ISBN 3-222-11454-4
NE: GT

1985 Verlag Styria Graz Wien Köln
Printed in Austria
Gesamtherstellung: Druck- und Verlagshaus Styria, Graz
ISBN 3-222-11454-4

Inhalt

Vorwort

Die hier vorgelegte Arbeit ist aus einem Vortrag hervorgegangen, den ich vor einem Kreis von Tübinger Kollegen gehalten habe, der von Herrn Karl *Ulmer* ins Leben gerufen und durch die Bemühungen von Herrn Ernst *Zinn* zu einer Stätte fruchtbaren Gedankenaustauschs geworden ist. Entscheidend zu ihrer Weiterführung haben Lehrveranstaltungen beigetragen, die der Herausgeber dieser Reihe, Herr Friedrich *Tenbruck,* mit mir zusammen abgehalten hat und die auch mannigfachen Anlaß zur Erörterung des hier Vorgetragenen gegeben haben.

Was hat die Frage, ob die Natur einen Sinn hat, mit dem Ende, mit dem Zerbrechen des teleologischen, das heißt auf Zweckbetrachtung gegründeten Weltbilds zu tun? Die Naturwissenschaft ist unser aller Schicksal geworden. Das gilt nicht erst für unsere Zeit, vielmehr nimmt diese Entwicklung ihren Anfang mit dem Aufkommen der neuen Naturwissenschaft im 17. Jahrhundert. Ihre Schöpfer wie die an ihren Erfolgen teilnehmenden Zeitgenossen waren überzeugt von der kaum zu überschätzenden Bedeutung der neuen Errungenschaften; man hatte mit Anspannung aller Kräfte nach Gewißheit, nach einem unerschütterlichen Halt in dieser Welt gesucht und glaubte nun, ihn in unserem Wissen von der Natur zu entdecken.

Wir sind heute nur zu geneigt, dieses Bewußtsein von der Bedeutung der gewonnenen Ergebnisse auf das zurückzustutzen, was bis heute in den Grundmauern des Wunderbaues unserer Naturwissenschaft deutlich erkennbar erhalten geblieben ist. Wir übersehen, daß mit dem Bemühen um die Gewinnung solcher Ergebnisse auch eine weitreichende und weitentwickelte Überzeugung von ihrer Bedeutung verbunden war und vom Sinn, den man in der Natur zu erkennen glaubte. Man hat auf die Frage nach dem Sinn seit der Mitte des 17. Jahrhunderts eine Antwort zu geben versucht, hat sie über drei Generationen hinweg weiterentwickelt, ausgebaut, unter dem Druck von Schwierigkeiten und Einwänden abgeändert, umgestaltet, durch neue Entwürfe ersetzt, bis sie schließlich endgültig zerbrach.

Im Mittelpunkt dieser Antwort, von der man lange Zeit nichts mehr wissen wollte und die wir heute vergessen haben, stand der Gedanke, daß die Natur klare Beziehungen der Zweckmäßigkeit aufweist und sich schließlich in ein System von Zwecken einordnen soll, die ihr weiser Schöpfer gesetzt hat. Im Zentrum dieses Systems, das man weiter und immer weiter zu einem umfassenden Bild von Gott, Mensch und Natur auszudehnen suchte, stand zunächst die neue Naturwissenschaft, die von ihren Urhebern in einen solchen Zusammenhang gestellt wurde. Auf dieser Grundlage hat sich dann alsbald ein Weltbild entwickelt, in dem allem sein zweckmäßiger Platz angewiesen schien, die beste aller möglichen Welten. Dieses Weltbild hat überraschend lange die Gemüter beherrscht, bis der übertriebene und ausufernde Gebrauch, den man von ihm machte, es der Lächerlichkeit und damit einer an der Wurzel zerstörenden Kraft preisgab.

Wozu dieser Entwicklung noch einmal nachgehen? Was können wir aus ihr gewinnen oder lernen? Ist nicht das, was in ihrem Rahmen an vernünftiger Naturwissenschaft erarbeitet wurde und was der Erhaltung wert war, wohlbehalten in unseren Handbüchern aufgehoben?

Wir sollten, ehe wir vorschnell eine Antwort auf diese Fragen zu geben versuchen, uns daran erinnern, daß das Problem, ob wir in der Natur und ihrem Geschehen einen Sinn zu entdecken vermögen, für uns nicht weniger drängend als ehemals ist. Man hat damals eine Antwort versucht, die sich nicht als tragfähig erwiesen hat. Wir sehen heute nicht einmal den Ansatz zu einer Lösung, ja die Natur erscheint uns immer fremder und bedrohlicher. Das Unbehagen, um es vorsichtig auszudrücken, das unser Verhältnis zur Natur kennzeichnet, ist Anzeichen dafür, daß wir Fragen, die sie uns stellt, umgehen, beiseite schieben und vergessen wollen. Es könnte zugleich ein Anzeichen auch dafür sein, daß wir nicht bis zum Ursprung dieser Fragen vorgestoßen, daß sie unerledigt geblieben sind und nun, wie eine nicht auskurierte Krankheit uns zwar nicht akut gefährden, doch zugleich die Kraft nehmen.

Die Geschichte der Menschheit zeigt uns eine lange Kette von Versuchen, sich in dieser Welt zu orientieren, natürliche und übernatürliche Ordnungen in ihr zu finden oder zu setzen. Die Suche, im uns Verfügbaren wie uns Entzogenen, im menschlichen wie außermenschlichen Bereich Ordnung zu stiften oder zu erkennen, reicht weit zurück. Sie sind immer lebendig geblieben, und gerade die Natur, weithin unserer Willkür entzogen, gab Anlaß, in ihr nach dem Festen, Verläßlichen und Gewissen zu suchen, das ihr den Wesenszug des Unberechenbaren nahm. An diesem Bedürfnis haben die Ergebnisse der Wissenschaft der Zeit nichts geändert, wohl an der Art, wie man glaubte, ihm genügen zu können.

Wir sollten den Versuch wagen, zu den Fragen zurückzukehren, wie sie sich seinerzeit den Schöpfern unserer Wissenschaft gestellt haben; wenn wir in unseren eigenen Fragen einen vernünftigen Kern entdecken wollen – und das muß immer der erste Schritt zu einer Lösung sein –, dann gibt es kaum ein aussichtsreicheres Verfahren, als den Vergleich mit Formulierungen, die andere versucht haben. Wir wissen, daß ihre Lösungen nicht akzeptabel waren und es nicht sind, daß sie selbst sie schließlich verworfen haben. Doch bei einer nicht gelösten Frage kann der Irr- oder Umweg sicher mehr lehren, als eine voreilige und wohlfeile Lösung. Die Frage wird so erst in ihrem vollen Umriß sichtbar.

Das hat natürlich Folgen für die Art, wie wir uns mit den geschichtlichen Zeugnissen beschäftigen müssen. Die Geschichte der Wissenschaft tritt bei dem ungeheuren Erfolg, der den Naturwissenschaften im 17. Jahrhundert vergönnt war, sogleich neben die systematische Forschung. Man suchte ihre Großtaten festzuhalten, den Ruhm derer, die sie vollbracht, die

8

sich aus den Fesseln des erdrückenden Vorurteils gelöst und neue Wege unabhängig und kühn beschritten hatten, für kommende Geschlechter lebendig zu bewahren. Die Geschichte der Wissenschaften war eine Geschichte der zielstrebig gewonnenen Errungenschaften der neuen Disziplinen, das Hohe Lied der Entdeckungen, die bis heute die Grundlage für alles Folgende gebildet haben.

Die Umwege, ja Irrwege, die man beschritt, hatten in einer solchen Geschichte keinen Platz; und doch müssen wir uns gerade ihnen zuwenden, soll ein Unternehmen wie das unsere überhaupt fruchtbar werden. Die neuere Forschung zur Geschichte der Wissenschaften kommt dem entgegen. Man hat seit langem erkannt, daß die Gedanken der Schöpfer unserer Wissenschaft unabhängig von dem, was sie uns an positiven Ergebnissen für unsere Lehrbücher geliefert haben, es wert sind, in ihrem vollen Umfang nachvollzogen zu werden. Die wichtigste Arbeit auf diesem Gebiet wird heute bei den Versuchen geleistet, die Werke der Großen der neuen Wissenschaft in umfassenden und wohlkommentierten Ausgaben zugänglich zu machen. Sie eröffnen ein lebendigeres Bild als die ehemals verbreiteten Heiligenlegenden – sit venia verbo – es vermocht hätten. Ein solches Verfahren, das seine Maßstäbe aus den Zeugnissen der Zeit selbst und nicht dem Stand unseres heutigen Wissens bezieht, wird Verbindungslinien nicht übersehen oder gar bewußt zerschneiden, die uns die Quellen in die Hand geben. Die Geschichte der Wissenschaften wird gerade dann, wenn wir sie nicht nach den modernen Fachgrenzen zurückschneiden, als ein lebendiges, Zusammenhang stiftendes Geschehen erkennbar; und das gilt für die Fragen, denen im folgenden nachgegangen werden soll, in ganz besonderem Maße.

Ein Wort noch zu der technischen Seite des folgenden Versuchs. Soweit wie möglich soll er für den Leser nachprüfbar bleiben. Dazu gehört, daß die Quellen zugänglich werden. Den entscheidenden Zitaten habe ich Übersetzungen beigegeben. Damit der Zusammenhang nicht zu unübersichtlich wird, sind die Originalzitate meist in den so unvermeidlichen Anmerkungen untergebracht. Dabei ist die teilweise altertümliche Rechtschreibung der Originale beibehalten worden. Da auf recht verschiedene Sachgebiete eingegangen werden mußte, sind die Nachweise stets so ausführlich gehalten, daß sie auch für den genügen, dem das Gebiet fern liegt.

Zum Schluß möchte ich dem Verlag für sein Entgegenkommen, seine Geduld und seine Hilfe bei der Drucklegung danken. Zu danken habe ich weiter Herrn Oskar *Schatz* und vor allem Herrn Gerhard *Ruis,* die mich in einem Maße mit Zuspruch, Rat und Tat unterstützt haben, das weit über das Übliche hinausgegangen ist. Mein Dank gilt schließlich Frau Edith *Maier,* ohne deren liebenswürdige und aufmunternde Hilfe meine kurzschriftlichen Aufzeichnungen nicht entziffert und in lesbare Form gebracht worden wären.

1. Robert Boyle und die Neubelebung der Teleologie

Die Teleologie ist von *Aristoteles* im Zusammenhang mit seinen biologischen Untersuchungen entwickelt worden. Aus biologischen Fragestellungen erwachsen, hat sie sich nicht von ungefähr auch für die Wissenschaft vom Leben am längsten behaupten können. Vergessen wir nicht, daß *Harvey* überzeugt war, die wahre Methode biologischer Forschung stecke in den Schriften des *Aristoteles,* und daß er mit großem Aufwand versucht hat, sie aus den Abhandlungen des Meisters herauszupräparieren.[1] Und erinnern wir uns schließlich daran, daß man die biologischen Werke des *Aristoteles,* genau so wie die medizinischen des *Galen,* noch im vorigen Jahrhundert als Lehrbücher herausgab!

Wenn vom Ende der Teleologie gehandelt werden soll, dann ist dabei nicht an die relativ späte Auflösung dieses Verfahrens in den biologischen Wissenschaften gedacht. Dort handelt es sich um einen sozusagen begrenzten, im wesentlichen nur diese Disziplinen betreffenden Vorgang. Unter dem Ende der Teleologie ist hier ihr Verschwinden als eines umfassenden und über alle Fachgrenzen hinweggreifenden Verfahrens gemeint, mit dessen Hilfe man glaubte, Gott und die Welt verstehen zu können. Es handelt sich dabei um eine Form von Teleologie, die im Rahmen der neuen Wissenschaft des 17. Jahrhunderts entsteht, von bestimmten Sonderfragen ihren Ausgang nimmt, sich aber schnell zu ungeahnter Breite, zu einer neuen Form der Weltbetrachtung entwickelt, die zwei ganze Generationen in ihren Bann zieht und dann ebenso plötzlich, wie sie entstanden ist, auch wieder verschwindet.

Descartes hat es verstanden, den Prinzipien, die der neuen Wissenschaft zugrundelagen, einen Ausdruck zu verleihen, der weithin als Wiedergabe der eigenen Überzeugungen verstanden wurde und eine nachhaltige Wirkung quer durch die ganze gelehrte Welt hervorgerufen hat. Dabei waren es mehr die allgemeinen Grundsätze, die man von *Descartes* übernahm, nicht so sehr seine ins einzelne führenden besonderen Lehren. Seine Ablehnung der Zweckursachen gehört zu dem, was sich keineswegs allgemein durchsetzte. Im Gegenteil, wir können beobachten, wie die neue Wissenschaft die Mittel zu einer ganz neuen Form von Zweckbetrachtungen liefert. Bereits bei *Galilei* finden wir solche Betrachtungen. So läßt er seinen *Salviati* in der seconda giornata der Discorsi die Konsequenzen aus der dort entwickelten Festigkeitslehre für die Technik der Natur ziehen: Sie kann ihre Maschinen (le sue macchine) nicht bis zu beliebigen Riesenausmaßen proportional wachsen lassen, weil sie sonst unter ihrem eigenen Gewicht zusammenbrächen; solche Ausmaße lassen sich nur für im Wasser lebende Tiere erreichen.[2]

In England findet die teleologische Betrachtungsweise in Robert *Boyle* (1627–1691) einen umsichtigen und maßvollen Anwalt. Er hat auf Bitten von Heinrich *Oldenburg* (1615?–1677), des damaligen Sekretärs der Royal Society, eine Abhandlung mit dem Titel „Eine Erörterung über die Zweckursachen der natürlichen Dinge" (A Disquisition about the Final Causes of Natural Things)[3] verfaßt.

„. . . Eine Untersuchung von dieser Art", schreibt *Boyle*, „ist gegenwärtig um so zeitgemäßer, als zwei der Hauptbekenntnisse derer, welche sich als die modernen Philosophen geben, beide, wenn auch aus unterschiedlichen Gründen, leugnen, daß sich der Naturforscher überhaupt um Zweckursachen kümmern oder sich mit ihnen beschäftigen sollte. Denn *Epikur,* und die meisten seiner Gefolgsleute (denn einige der neueren nehme ich aus, vor allem den gelehrten *Gassendi*) verbannen die Betrachtung der Endursachen der Dinge; weil die gegenwärtige Welt nach ihnen durch Zufall geschaffen ist, können keine

Endursachen von irgend einem Ding als angestrebt angenommen werden. Und im Gegensatz dazu nehmen Monsieur *Descartes* und die meisten seiner Gefolgsleute an, daß alle Endabsichten Gottes in den körperlichen Dingen so erhaben sind, daß es beim Menschen Vermessenheit wäre, zu denken, seine Vernunft könne dazu hinreichen, sie zu entdecken."[4]

Robert *Boyle* teilt uns weiter mit, daß auch *Aristoteles* und die älteren Philosophen für die von ihm aufgeworfenen Fragen wenig hilfreich seien. Denn er wolle, wenn schon nicht mit Hilfe von Experimenten, so doch auf der Grundlage der Erfahrung die Frage nach den Zweckursachen erörtern. Und dann folgt ein reiches Erfahrungsmaterial, in das auch all das eingeht, was die neue Wissenschaft bereits ermittelt hat. Robert *Boyle* kommt zu folgenden Ergebnissen: Man solle die Betrachtung von Zwecken nicht aus der Naturphilosophie verbannen; es sei zulässig, ja in manchen Fällen sogar empfehlenswert, von der handgreiflichen Gebrauchsanwendung der Dinge aus zu argumentieren, daß ihr Urheber solche Zwecke und Gebrauchsanwendungen vorausbestimmt habe. Sonne, Mond und andere Himmelskörper künden nach Robert *Boyle* die Macht und Weisheit, und infolgedessen den Ruhm Gottes; einige von ihnen können für den Gebrauch des Menschen geschaffen sein. Allerdings, so schränkt er ein, sei es höchst unsicher, aus hypothetischen Zwecken unbelebter Körper, seien sie himmlisch oder zur Sphäre unter dem Mond gehörig, Argumente herleiten zu wollen, um die besondere Natur dieser Körper oder das wahre Weltsystem zu erweisen. Hingegen für Tiere, auch für höher entwickelte Pflanzen, ist seiner Meinung nach eine Garantie für die durchaus nicht leichtfertige Behauptung gegeben, daß diese oder jene Teile für den oder jenen Gebrauch bestimmt seien, welcher der Wohlfahrt des betreffenden Wesens oder seiner Gattung diene. Doch müsse man auch hier Vorsicht bei der Bestimmung der unterschiedlichen möglichen Zwecke walten lassen. Schließlich solle die Suche nach Zweckursachen nicht zur Vernachlässigung der Erforschung der Wirkursachen führen.[5]

Robert *Boyle* hat wie kaum ein anderer durch das Beispiel

seiner Schriften für die neue Erfahrungswissenschaft geworben, die den wesentlichen Punkt des Programms der Royal Society darstellte. Das verrät auch seine Disquisition, welche die Teleologie aus dem traditionellen scholastischen Rahmen löst und in den der neuen Wissenschaft hineinstellt. Die Teleologie wird für ihn aus der Erfahrungswissenschaft gewonnen. Allerdings – und das drückt sich bereits in den eben wiedergegebenen Ergebnissen aus – ist die Teleologie für ihn ein besonders wichtiges Element: Sie eröffnet den Zugang zu dem Urheber dieser Welt, im Sinn der Devise „Ex rerum Causis Supremam noscere Causam" (aus den Ursachen der Dinge die höchste Ursache erkennen), welche das Titelblatt der großen Ausgabe der Werke von Robert *Boyle* aus dem Jahre 1772 ziert. Robert *Boyle* ist solchen Zusammenhängen ausführlich in einem Artikel nachgegangen, der überschrieben ist „Über die hohe Verehrung, die der menschliche Verstand Gott schuldet, vor allem wegen seiner Weisheit und Macht" (Of the High Veneration Man's Intellect Owes to God, Peculiarly for His Wisdom and Power).[6] *Descartes* Philosophie, die Gott praktisch aus dem Bereich der körperlichen Welt eliminiert, scheint ihm da unzureichend, und die Materialisten – der Name *Hobbes* wird im eben zitierten Abschnitt wohl bewußt vermieden und nur *Gassendi* ausdrücklich ausgenommen – stehen dem Atheismus mindestens nicht fern. In diesem Entwurf kommen die Gedanken, die *Boyles* Zweckbetrachtung veranlassen, noch klarer als in seiner Disquisition zum Vorschein:

„Einen sehr komplizierten Mechanismus zu verwenden und in Ordnung zu halten, so wie die berühmte Straßburger Uhr, oder ein Kriegsschiff, obschon alle seine Teile leblos und frei von ihnen eigenen Endzielen und Zwecken sind, wird mit Recht als Beispiel von Geschicklichkeit betrachtet; und diese Aufgabe ist um so schwieriger und dient infolgedessen dem Vorgehen dessen, der sie durchführt, zur Empfehlung, nach dem Verhältnis des verwickelten Aufbaus und der Anzahl der Teile, aus denen der Mechanismus besteht: Wie staunenswert und berückend wird demgemäß jene Weisheit und Vorsorge erscheinen, die fähig ist, tausend Millionen von willensbegabten Mechanismen so zu lenken und unter ihrer Oberhoheit zu halten, daß sie alle, aufs letzte Ende der Dinge gesehen, Zwecken dienlich befunden werden, die würdig der göttlichen Vorsorge, Heiligkeit, Gerechtigkeit und Güte sind."[7]

Erst die neue Naturwissenschaft hilft zu der Einsicht in den verwickelten Aufbau, den die durch diese Welt gebotenen Erscheinungen aufweisen. Die Zweckmäßigkeit, von der hier gesprochen wird, ist die Zweckmäßigkeit, die wir in der Konstruktion eines Uhrwerks bewundern. Jedes Ergebnis der neuen Naturwissenschaft enthüllt uns neue Wunder, zeigt uns Ausmaß und Macht des Konstrukteurs. Allein die Masse, welche in unserer Welt vorhanden ist, nötigt uns zur Ehrfurcht vor dem, der sie geschaffen hat. Das Ausmaß an Bewegung, das wir in dieser Materie gegeben finden, ist für Robert *Boyle* nicht minder ein Gegenstand frommen Staunens:

„Diese Dinge werden erwähnt, damit wir um so weiter gespannte Begriffe von der Macht sowohl als von der Weisheit des großen Schöpfers erhalten, der sowohl einen solch wunderbaren Betrag von Bewegung in das Universum der Materie gelegt hat und ihn darin erhält, wie auch fähig ist, nicht nur dem rasenden Meer Grenzen zu setzen und ihm wirkungsvoll zu sagen, bis hierher und nicht weiter sollst du kommen und hier soll deinen stolzen Wellen Einhalt geboten werden, sondern der auch (was bei weitem mehr bedeutet) fähig ist, jene staunenswert schnellen Bewegungen der sphärischen Weltkörper und der zwischen ihnen strömenden Medien so zu beschneiden und zu mäßigen, daß weder die Unfügsamkeit ihrer Masse, noch die Schnelligkeit ihrer Bewegungen, sie von ihrer Bahn hat abweichen oder aus ihr herausfliegen lassen, und das über viele Weltalter hin; während deren keine Uhr auch nur für einige wenige Stunden so regelmäßig gegangen; dabei bewegt sich die Sonne, z. B., ohne Abweichung, längs ein und derselben, Ekliptik genannten Kreislinie."[8]

Hier zeigt sich deutlich, insbesondere durch die Reminiszenz an das Buch *Hiob* und die Sprüche,[9] was das entscheidende Neue an der von *Boyle* gebotenen Betrachtungsweise ist: Sie gründet sich auf die neue Lehre von der Bewegung. Sie wird erst dadurch möglich, daß Begriffe wie Bewegungsgröße und Erscheinungen wie Zentrifugalkräfte in sie eingehen. Auch die Organismen werden unter diesem neuen Gesichtspunkt der Zweckmäßigkeitsbetrachtung unterworfen:

„Die Einrichtung jedes Lebewesens, und ganz besonders des menschlichen Körpers, ist so bemerkenswert und ausgesucht, daß es nahezu unmöglich für jemanden ist, der keine wohlausgeführte und die anatomischen Verhältnisse berücksichtigende Zergliederung gesehen hat, sich vorzustellen oder zu begreifen, wie viel hervorragendes technisches Können sich in jenem bewundersnwerten Mechanismus zeigt."[10]

2. Richard Bentley
und die Robert Boyle Lectures

Als Robert *Boyle* am Ende des Jahres 1691 starb, hinterließ er eine Stiftung mit der Maßgabe, daß aus ihr Predigten gehalten werden sollten, die in dem von ihm vertretenen Sinn die Wahrheit des christlichen Glaubens zu erweisen hatten. Die Treuhänder wählten als ersten für diese Aufgaben den jungen Richard *Bentley* (1662–1742), jenen genialen Philologen,[1] der im vollen Gefühl seiner kritischen Fähigkeiten den Ausspruch tun konnte:

„Mir gilt die Sache und die Vernunft mehr als hundert Codices."

Er versuchte sich an den schwierigsten Aufgaben der Philologie, unter anderem an einer Ausgabe des *Manilius,* welche unser Verständnis des Textes entscheidend gefördert hat. Durch Betrachtung der Hiate bei *Homer* erschloß er das Digamma, eine Entdeckung, für welche die vergleichende Sprachwissenschaft des 19. Jahrhunderts die schlagendsten Beweise liefern konnte. 1697 hatte man in Oxford die Briefe des Tyrannen *Phalaris* herausgegeben, für die man sich begeisterte, und die einem *Milton* und *Shakespeare* als wahre Muster des Stiles entgegengestellt wurden;[2] zwei Jahre später bereits erschienen sie erneut in erweiterter Form. Da zeigte *Bentley,* daß diese Briefe Verhältnisse voraussetzen, die eine viel spätere Zeit verraten, als die, in welche sie gehören sollten, und daß ihr Griechisch das der zweiten Sophistik, nicht aber das der frühen Griechen war.

Die Situation, in der *Bentley* den Auftrag erhielt, war bestimmt durch die wenige Jahre zuvor (1687) erfolgte Veröffentlichung der *Newton*schen Principia. Zwar hatte es nur eine kompetente Rezension, die von Edmond *Halley* gegeben;[3] dennoch hatte sich, ausgehend vom Urteil der wenigen Sachverständigen, alsbald die Meinung verbreitet, daß hier der neuen Wissenschaft ein entscheidender Schritt gelungen sei, und mit dieser Meinung hatte sich bald der Eindruck verbunden, daß in diesem Werk wichtige Aufschlüsse über den Plan zu finden seien, nach dem Gott die Welt entworfen hatte. Albrecht von *Haller* hat diese Haltung unübertrefflich in seinen schönen Versen ausgedrückt:

Ein *Newton* übersteigt das Ziel erschaffner Geister,
Findt die Natur im Werk und scheint des Weltbaus Meister;
Er wiegt die innre Kraft, die sich im Körper regt,
den einen sinken macht und den im Kreis bewegt,
Und schlägt die Tafeln auf der ewigen Gesetze,
Die Gott einmal gemacht, daß er sie nie verletze.[4]

Mit seinem Spürsinn für geistige Entwicklungen war sich *Bentley* darüber klar, welche einzigartige Gelegenheit sich ihm hier bot. Was er zunächst über die Voraussetzungen hörte, welche das Werk erforderte, schreckte ihn fast ab; doch als er sich an *Newton* selbst wandte, erhielt er wesentlich ermutigenderen Bescheid. In dem knappen Jahr, das ihm zur Verfügung stand, hat *Bentley* gezeigt, was ein kluger Geist auch auf einem fremden Gebiet vermag. Vor der endgültigen Drucklegung der Predigten, deren uns hier interessierender 2. und 3. Teil 1693 in London erschienen ist,[5] hat *Newton* noch in vier an *Bentley* gerichteten Briefen kritische Punkte seiner Theorie näher erläutert.[6] Sie geben einige Rätsel auf, die uns aber hier, da es weniger um *Newton* als die von ihm ausgeübte Wirkung geht, nicht weiter beschäftigen sollen.[7]

Bentley hat seine Predigten „Widerlegung des Atheismus vom Ursprung und Plan der Welt aus" (Confutation of Atheism from the Origin and Frame of the World) betitelt. Sie gipfeln in der auf das *Newton*sche System gegründeten Widerlegung, welche die 7. und 8. Predigt enthalten, die beide den Text Acta

Apostolorum 14,15–17 zugrundelegen. In der 7. greift er seine Hauptgegner unmittelbar an:

„Und zunächst zu jenem gemeinen Jargon ungebildeter und erbärmlicher Atheisten, zum zufälligen und planlosen Zusammentreffen von Atomen . . ."

Zufällig (fortuitous): das ist nach *Bentleys* Ansicht nur Ausdruck für eine mechanistische Deutung, bei der noch nicht die gesamte Ursachenkette überblickt wird; planlos (casual): das bedeutet nach ihm nichts anderes als mechanisch (mechanical), mit dem einzigen Unterschied, daß jede Art von Bewußtsein (consciousness) ausgeschlossen sein soll.[8] *Bentley* ist sich darüber im klaren, daß er auf der Grundlage des Atomismus argumentieren muß, wenn er die auf der gleichen Grundlage erwachsenen Ergebnisse der neuen Naturwissenschaft, und insbesondere der *Newtons*, für sich in Anspruch nehmen will.[9] Er beginnt mit dem von *Newton* geführten Nachweis der Proportionalität zwischen träger und schwerer Masse.[10] Er nimmt dann einen gleichmäßig mit Elementarpartikeln erfüllten Raum an und schätzt – den Gegnern großzügig jeweils die für sie günstigsten Verhältnisse zugestehend – die extrem geringe Dichte dieser Materie aufgrund der gegenwärtig vorhandenen Masse ab. Er malt dramatisch die schaudererregenden riesigen Abstände aus, in denen sich die einzelnen Partikel voneinander befinden müssen.[11]

So kann er leicht plausibel machen, daß kräftefreie Inertialbewegung und Stoßprozesse niemals zur Zusammenballung größerer Massen führen werden; und selbst wenn man dies zugäbe, könnte es nie zu den Umläufen kommen, die unser Planetensystem auszeichnen: Welche Kraft nämlich könnte geschlossene, gekrümmte Bahnen erzwingen?[12] Was leistet demgegenüber die von *Newton* nachgewiesene universale Massenanziehung? *Bentley* schließt sich hier zunächst der Ansicht ihres Urhebers an, die dieser noch einmal in einem seiner Briefe unterstrichen hat: *Newton* hält eine durch das Vakuum hindurch wirkende, der Masse inhärierende Volumenkraft für schlechterdings unbegreiflich.[13] Daß eine solche

Wirkung faktisch vorliegt, kann nur durch Eingriff Gottes erklärt werden.[14] Der Rest der Predigt ist nach dem Schema schrittweiser Zugeständnisse konstruiert, hinter denen sich jeweils eine neue Unmöglichkeit auftürmt. Gesetzt, man nehme die universelle Gravitation ohne ihre theologische Konsequenz hin: Wie können dann aus einem Chaos Massenzusammenballungen von der Art unserer Sonne und ihrer Planeten zustandekommen? Und nähme man das an, müßten die planetarischen Massen nicht in die Hauptmasse, in die Sonne stürzen? Zugegeben, daß die Störungen der Planeten untereinander geringfügige Abweichungen von diesem gradlinigen Fall hervorrufen könnten, so daß die Planeten haarscharf an der Sonne vorbeiliefen: Wäre dann nicht das Äußerste, was aufgrund der bloßen Gravitation möglich wäre, daß die Planeten in langgestreckten Bahnen um die Sonne oszillierten? Woher kommt der Impuls, der sie in nahezu kreisförmige Bahnen, Ellipsen mit sehr geringer Exzentrizität zwingt, wenn nicht von Gott? Doch selbst der, der es ablehnt, hier Gottes Eingriff anzunehmen, muß sich die Frage stellen, wie ein System von vielen Sonnen sich im Weltraum in Ruhe erhalten kann, wenn doch die geringste Störung des Gleichgewichts die Massen aufeinander zustürzen lassen müßte.[15]

Man erkennt deutlich, daß *Bentley* seine aufeinanderfolgenden Zugeständnisse in geschicktester Weise dazu ausnutzt, seine Gegner in ganz besondere Positionen zu drängen, die aus ihrem Leugnen des jeweils zur Rede stehenden Satzes keineswegs zwangsläufig folgen. Die Art der Fragestellung, auf die das Ganze schließlich hinausläuft, ist nicht zuletzt durch die Vorgeschichte solcher kosmologischer Spekulationen bestimmt. *Galilei* hatte die Vorstellung entwickelt, daß die Planeten insgesamt von einem bestimmten Niveau aus gradlinig zur Sonne hin fallen gelassen und dann in ihre Bahnen umgelenkt worden seien: Bei diesem Fall in den Bereich ihrer Bahnkreise sollten sie gerade die ihnen faktisch eigene Geschwindigkeit erreichen.[16] Daß dies der geschichtliche Hintergrund der hier erörterten Problematik ist, geht aus den Briefen *Newtons* hervor, in denen er ausführlich auf die Geschichte des

Problems eingeht.[17] Im Grunde läuft ja *Bentleys* Argumentation darauf hinaus, daß er alles, was nicht aus dem Ansatz eines aus Elementarpartikeln bestehenden Chaos sich mit Hilfe der *Newton*schen Theorie nachkonstruieren läßt, einem unmittelbaren Eingriff Gottes zuschreibt. *Newtons* wie immer sehr vorsichtige Äußerungen zeigen, daß er sich keineswegs die recht kühnen Schlüsse *Bentleys* ganz und gar zu eigen machen wollte; andererseits hat er aber auch keinen Einspruch erhoben und das Ganze nicht ohne Wohlgefallen betrachtet.[18]

Bentleys Argumentation führt übrigens auf gewisse Schwierigkeiten, die für die *Newton*sche Theorie nicht ohne weiteres zu lösen sind. Dazu gehört insbesondere die prinzipiell gegebene Unmöglichkeit, das *Newton*sche Massenanziehungsgesetz auf im Großen gleichmäßig mit Materie erfüllte Räume zu erweitern, die man über jede beliebig angenommene Ausdehnung hinaus wachsen läßt.[19] *Newton* schreibt an *Bentley,* daß er sich mit ähnlichen Fragen gerade unmittelbar zuvor beschäftigt habe, und er scheint sie, durch *Bentley* angeregt, weiter verfolgt zu haben.[20] Auch die bei *Bentley* zur Sprache kommende regelmäßige Anordnung der Planetenbahnen, die bereits *Kepler* in seinem 1596 in Tübingen erschienenen Mysterium Cosmographicum beschäftigt hatte, und die später in der *Titius-Bode*schen Reihe ihre genauere Bestimmung fand, bietet solche Schwierigkeiten. Hier hat man allerdings in neuerer Zeit Mittel gefunden, die eine Behandlung des Problems aussichtsreich erscheinen lassen.[21] Während für *Bentley* diese Schwierigkeiten willkommener Anlaß sind, Gottes Eingriff anzunehmen, hat man die mit ihnen zusammenhängende Problematik, vor allem im an zweiter Stelle erwähnten Fall, später lange Zeit hindurch einfach als nicht zur Naturwissenschaft gehörig ausgeklammert, bis man in unserem Jahrhundert erkannt hat, daß kosmogonische Fragestellungen sich sehr wohl naturwissenschaftlich behandeln lassen.

In seiner 8. Predigt stellt *Bentley* zu Beginn fest, nachdem er überreichlich bewiesen habe, daß der Aufbau der gegenwärtigen Welt im großen (Frame of the present World) ohne die Macht Gottes weder zustandegekommen sein noch erhalten werden könne, wolle er nun Struktur und Bewegungen unseres eigenen Systems daraufhin betrachten, ob irgendwelche Wesenszüge göttlicher Weisheit und Güte in ihm entdeckt werden könnten.

„Und sogar beim ersten und allgemeinen Überblick", fährt er fort, „erscheint es uns sehr klar, daß die Ordnung und Schönheit der systematisch angeordneten Teile der Welt, daß ihre unterscheidbaren End- und Zweckursachen, das τὸ βέλτιον oder Bessersein über das hinaus, was notwendigerweise sein mußte, durch eine indirekte Beweisführung erzwingen, daß sie nicht durch mechanischen Ablauf oder Zufall erzeugt worden sein kann, sondern durch ein verständiges und gütiges Wirkendes, das durch seine überragende Weisheit die Himmel schuf."[22]

Er empfiehlt jedoch Vorsicht bei der Herstellung einer unmittelbaren Beziehung aller Teile der Welt auf das Heil des Menschen, weil auf den Trabanten anderer Sonnen auch mit intelligenten Bewohnern gerechnet werden müsse, für die sie ebensowohl gedacht sein könnten.[23] Nach dieser Mahnung zur Vorsicht formuliert *Bentley* mit aller Klarheit das Prinzip, auf der die von ihm im folgenden durchgeführten teleologischen Betrachtungen beruhen:

„Wovon wir stets gesehen haben, daß es in ein und derselben beständigen und gleichförmigen Weise getan wird, davon sind wir bereit, uns vorzustellen, daß es nur diese Weise gab, es zu tun, und daß es nicht anders sein konnte. Dies ist ein großer Fehler und Hemmblock in einer Erörterung von dieser Natur: um ihn zu heilen, sollten wir jedes Ding als noch nicht ins Dasein getreten betrachten; und sollten dann sorgfältig prüfen, ob es mit Notwendigkeit überhaupt hat sein müssen oder auf welche anderen Weisen es hätte sein können, in ebensowohl möglicher Weise wie der gegenwärtigen; und wenn wir ein größeres Gut und einen größeren Nutzen in der gegenwärtigen Verfassung finden als entweder aus seinem gänzlichen Fehlen oder von anderen Plänen und Arten des Aufbaus als Ertrag sich ergäbe, die ebensowohl möglich hätten sein können wie es: dann dürfen wir vernünftigerweise schließen, daß die gegenwärtige Verfassung weder von der Notwendigkeit materieller Ursachen ihren Ausgang nahm, noch von dem blinden Durcheinandermischen eines eingebildeten Zufalls, sondern von einem verständigen und guten Wesen, das es in dieser besonderen Weise auf Grund von Auswahl und Planung gebildet hat."[24]

Vor allem dann, wenn sich eine solche Betrachtung auf breiter Erfahrungsgrundlage durchführen läßt, ergibt sich Sicherheit vor einem Fehlurteil.

Was *Bentley* dann im folgenden vorträgt, das ist zur Topik aller solcher Versuche geworden. Zunächst hätte die Sonne auch ohne Wärme auszustrahlen ihre mechanische Wirkung auf die Planeten ausüben können.[25] In erweiterter Form wird noch einmal das bereits in der vorangehenden Predigt eingeführte Argument entwickelt, daß die Bahnen der Planeten keineswegs solch geringe Exzentrizitäten hätten aufzuweisen brauchen, wie sie unser System bietet; und wie könnte man auf unserem Planeten leben, wenn er bald der Sonne extrem nahe käme, bald wieder sich weit, weit von ihr entfernte?[26] Nur die Bewegung in Kegelschnitten ergibt sich aus der *Newton*schen Himmelsmechanik, doch hätte allen Planeten der gleiche Umlaufsinn eigen sein müssen? Welch gewaltige Störungen hätten sich im System ergeben müssen, wenn die großen Planeten Jupiter und Saturn mit Merkur und Venus ihre Plätze tauschten![27] Und nun der Abstand unseres Planeten! Das Meer müßte kochen, liefe er so nahe wie Merkur an der Sonne um, und müßte erstarren, befände es sich im Bereich des Saturn.[28] Was würde aus unserer Erde ohne ihre tägliche Umdrehung, wenn sie, wie der Mond der Erde, so der Sonne stets dieselbe Seite zukehrte![29] Nicht auszudenken, wohin wir kämen, wenn die Achsendrehung oder der jährliche Umlauf der Erde wesentlich schneller oder langsamer erfolgte.[30] Wäre die Erdachse nicht gegen die Ebene der Ekliptik geneigt, so gäbe es keine Jahreszeiten. Hier hat *Bentley* schon einige Schwierigkeit, den Vorteil dieser Einrichtung plausibel zu machen.[31] Übte unsere Atmosphäre einen wesentlich anderen Druck aus, so könnten die Dünste nicht in der erforderlichen Weise aufsteigen; Atmung wäre nicht mehr möglich. Auch hätte nicht jedes Gas für die Atmosphäre getaugt, denn es gibt solche, in denen ein Lebewesen sogleich erstickt.[32] Was wäre unsere Erde ohne den heilsamen Kreislauf des Wassers, den *Bentley* mit dem Blutkreislauf vergleicht.[33] Manche sähen die Erde lieber exakt kugelrund, die Grenzen zwischen Wasser und Erde schön regelmäßig gezogen. Doch wie stände es um uns, wenn es keine Häfen gäbe! Ohne Berge hätten wir keine Metalle, und wir wären noch heute Wilde; wir wären nicht der Künste und Wissenschaften, nein, wir wären sogar der Offenbarungsreligion beraubt: sie wäre ja bloße mündliche Tradition, ohne in verläßlichen Texten fixiert zu sein (hier spricht der Philologe!).[34] *Bentley* schließt seine Predigt, indem er noch einmal auf den Körper des Menschen zurückkommt, den er in der 5. Predigt bereits als Beweisgrund für das Dasein Gottes vorgeführt hatte. So wenig wie ein Gedicht wie die Aeneis aus einer zufälligen Kombination von Buchstaben entstanden sein kann – hier nimmt *Bentley* ein antikes Argument wieder auf[35] –, so wenig der menschliche Körper durch zufällige Kombination seiner Teile. Und nun führt *Bentley* dies Argument im Sinn eines Philologen weiter:

„So wie es ganz und gar unmöglich ist zu glauben, daß solch ein Gedicht ewig hätte sein können, abgeschrieben von Abschrift zu Abschrift ohne ersten Verfasser und Original: so ist es in der gleichen Weise nicht glaublich und unmöglich, daß das Gewebe menschlicher Körper, dem solch überragende und göttliche Kunstfertigkeit innewohnt, und, wenn ich so sagen darf, so guter Sinn, wahre Syntax und harmonische Maße, in seiner Verfassung von Vater zu Sohn sollte fortgepflanzt und abgeschrieben sein, ohne daß für es ein erster Erzeuger und Schöpfer vorhanden wäre. Eine ewige Nützlichkeit der Dinge, ein ewiger guter Sinn kann unmöglich vorgestellt werden ohne eine ewige Weisheit und ein ewiges Verstehen." Und *Bentley* beendet seine Predigt mit Provv. 3.[36]

3. Vergleich der neuen mit der alten Teleologie

Wenn wir die Verfahrensweise *Bentleys* betrachten, so können wir an ihr das Muster erkennen, nach dem die neueren, im 17. Jahrhundert einsetzenden teleologischen Argumentationen insgesamt erfolgen. Die neuere Physik hatte Naturgesetze ermittelt, die es ermöglichen, die Welt in weitem Umfang konstruktiv nachzubilden. Den klassischen Fall bietet *Newtons* Gesetz der universalen Gravitation, das beispielsweise die von *Kepler* gefundenen Gesetzmäßigkeiten der Planetenbewegung erklärt. Allerdings läßt sich unser Planetensystem nicht bis in alle Einzelheiten aus der *Newton*schen Theorie entwickeln. Sie führt vielmehr auf eine Mannigfaltigkeit von Systemen, die in ihrem Rahmen alle in gleicher Weise möglich wären. Wie kommt es, daß aus der Vielzahl der Möglichkeiten gerade unser, durch die Sonne und die Planeten gegebenes System Wirklichkeit geworden ist? Hier vermag *Newtons* Theorie trotz aller ihr innewohnenden Kraft keine zureichende Antwort zu geben. Den fehlenden Bestimmungsgrund glaubt man in einem Eingriff Gottes finden zu können. Und dabei bietet sich die Gelegenheit, unser von Gott geschaffenes System mit möglichen anderen zu vergleichen und seine Vorzüge teleologisch aus der Güte des Schöpfers herzuleiten. *Newton* hat uns einen Einblick in die Konstruktionsmittel Gottes gegeben; wir können sein Tun nun mit Sachverstand verfolgen, so wie wir uns ein Urteil über das zweckmäßige Vorgehen eines Uhrmachers bilden können, dessen Werkzeuge und technische Möglichkeiten wir kennen.

Der Rückgriff auf das βέλτιον (das Bessere), den *Bentley* gleich zu Beginn seiner letzten Predigt vornimmt, stellt ein

Verfahren dar, das so alt ist wie die Teleologie. Schon in den programmatischen Ausführungen des *Phaidon* zur Naturwissenschaft läßt *Platon* den *Sokrates* eine Naturerklärung fordern, die sich am Begriff des βέλτιον orientieren soll.[1] In der ersten Ausführung des Programms teleologischer Naturerklärung bei *Aristoteles* finden wir wieder die Berufung auf das βέλτιον. Greifen wir ein Beispiel heraus! Es soll dazu dienen, den Unterschied zwischen der bei *Aristoteles* und in der an ihn anknüpfenden Tradition zu findenden Verwendung der Vorstellung des βέλτιον und der am Ende des 17. Jahrhunderts einsetzenden, wie *Bentley* sie übt, augenfällig werden zu lassen und schärfer zu ziehen. Am Anfang des Buches B seiner Schrift De generatione animalium, Über die Zeugung der Tiere, stellt sich *Aristoteles* die Frage, warum bei Lebewesen männliches und weibliches Geschlecht auftritt. Seine Antwort lautet: Der Grund dafür ist τὸ βέλτιον (das Bessere) und die Zweckursache. Existieren ist besser als Nicht-Existieren, Belebtes besser als Unbelebtes. Auf Grund solcher Ursachen kommt es zur Entstehung von Lebewesen. Da außerhalb des Reichs der Gestirne ewige Existenz für Einzelwesen nicht zu erreichen ist, wird sie bei Menschen, Lebewesen und Pflanzen wenigstens für die Gattungen angestrebt. Dem dient dort wo er sich findet, der Unterschied der Geschlechter.[2]

βελτίονος καὶ θειοτέρας τὴν φύσιν οὔσης τῆς αἰτίας τῆς κινούσης τῆς πρώτης, ᾗ ὁ λόγος ὑπάρχει καὶ τὸ εἶδος τῆς ὕλης, βέλτιον καὶ τὸ κεχωρίσθαι τὸ κρεῖττον τοῦ χείρονος. διὰ τοῦτ' ἐν ὅσοις ἐνδέχεται καὶ καθ' ὅσον ἐνδέχεται, κεχώρισται τοῦ θήλεος τὸ ἄρρεν [3]

(„Da aber nach ihrer natürlichen Beschaffenheit die Ursache besser und göttlicher ist, welche den ersten Anstoß zur Veränderung gibt und die die Bestimmung und Form der Materie trägt, ist auch das Geschieden-Sein des Überlegenen vom Unterlegenen besser. Darum ist bei allen Wesen, bei denen es möglich ist und so weit es möglich, das Weibliche vom Männlichen geschieden.")

Aristoteles stellt dann noch einmal in allgemeiner Form fest, was er hier im besonderen zur Begründung angeführt hat: Der Ursprung der Veränderung, der bei dem, was entsteht, als Männliches vorhanden ist, ist besser und göttlicher; demgegenüber stellt das Weibliche bloße (noch zu organisierende) Materie bereit.[4]

Für *Aristoteles'* Biologie steht diese formal-vergleichende teleologische Betrachtungsweise, die ihren Vorgänger bereits in den programmatischen Äußerungen des *Platon*ischen *Phaidon* findet, neben der erst durch ihn geschaffenen und in die Wissenschaft vom Leben eingeführten Lehre von den material-inneren Naturzwecken. Es ist nicht zu übersehen, daß er in erster Linie diesen Naturzwecken seine Aufmerksamkeit schenkt und daß sie im Mittelpunkt seiner Überlegungen stehen, daß er dagegen jene formal-vergleichenden Zweckmäßigkeitsbetrachtungen nur an solchen Stellen einspringen läßt, an denen die Vorstellung der inneren Naturzwecke versagt. Jene inneren Zwecke sind für ihn mit den Arten des Lebendigen gegeben. Selbstverständlich ist es auch möglich, allen oder bestimmten Gattungen solcher Naturzwecke gemeinsame Züge im Rahmen solcher Betrachtungen zu untersuchen. Der Anfang des Buches A der Schrift De partibus animalium, Über die Teile der Tiere, bietet dazu einführende, methodologische Überlegungen. Es kann aber auch, wie bei der Frage des für bestimmte Arten gegebenen, für andere fehlenden Unterschiedes der Geschlechter, der Fall eintreten, daß die Grenze dessen, was auf der Grundlage von inneren Zwecken sich erreichen läßt, in nicht zu übersehender Weise erkennbar wird. Neben jenen formal-vergleichenden teleologischen Argumentationen gibt es noch andere Auswege aus solchen Schwierigkeiten, z. B. die Annahme äußerer Zwecke. Doch hat *Aristoteles* von solchen Möglichkeiten, und insbesondere von der Annahme äußerer Zweckabhängigkeiten, nur sehr maßvollen Gebrauch gemacht[5] und sich vorzugsweise den materialen inneren Zwecken zugewandt.

Die bei *Aristoteles* auftretenden formal-vergleichenden Zweckmäßigkeitsbetrachtungen unterscheiden sich, wie man bald bei einer Durchmusterung erkennt, in einem Punkt grundsätzlich von denen, die wir am Ende des 17. Jahrhunderts antreffen. *Aristoteles* verfügt nicht über die Mittel, konstruktiv die Möglichkeiten zu überblicken und dann miteinander zu vergleichen. Er vergleicht unmittelbar Gegebenes, wie beim herangezogenen Beispiel die Gattungen, die einen Unterschied der Geschlechter erkennen lassen, mit denen, bei denen er zu fehlen scheint. Er vergleicht, was die Erfahrung ihm ohne Umschweife bietet. Das reichhaltige Arsenal, aus dem *Bentley* die Mittel beziehen kann, mit deren Hilfe er die verschiedenen zu vergleichenden Möglichkeiten überhaupt erst gewinnt, steht ihm nicht zur Verfügung. Was *Aristoteles* fehlt, das können wir kurz auf einen Begriff bringen, den Begriff des Naturgesetzes.[6] *Aristoteles* kennt ihn überhaupt nicht, und er spielt dann auch insbesondere für seine formal-vergleichenden Zweckmäßigkeitsbetrachtungen keine Rolle. Zur neuen Naturwissenschaft des 17. Jahrhunderts hingegen gehört entscheidend dieser Begriff. Er liefert die Form, in die man die neuen Ergebnisse zu bringen trachtet. Zum Naturgesetz gehört, daß es unbedingt und allgemein gilt. Den biologischen Regelmäßigkeiten, von denen die *Aristotel*ische Wissenschaft gehandelt hatte, war nur bedingte Gültigkeit zugekommen; und für die Bewegungen über und unter dem Mond hatten anstelle allgemeiner Regeln verschiedene Prinzipien gegolten. Doch vor allem sind Naturgesetze konstitutiv für die Natur. Durch ihre Wirkung kommt das zustande, was wir Natur nennen. Von ihnen ausgehend können wir deduktiv das nachkonstruieren, was die Natur uns in Beobachtung und Experiment bietet. Allerdings sind diesen konstruktiven Möglichkeiten gewisse Grenzen gesetzt. Sie liefern nur den allgemeinen Rahmen, in den die Natur eingespannt ist, nicht alle Besonderheiten, durch welche sie sich faktisch auszeichnet. Doch gerade aus dieser Not sucht die teleologische Naturbetrachtung, die am Ende des 17. Jahrhunderts aufkommt, eine Tugend zu machen.

Selbst die traditionelle teleologische Naturerklärung, wie sie von *Aristoteles* geschaffen und von *Galen* betrieben worden war, wird in diesem neuen Gewand wieder hoffähig. Robert *Boyle* zeigt in seiner Disquisition am Beispiel des Auges, wie sich die neueren Ergebnisse der Optik mit teleologischer Betrachtung verbinden lassen.[7] Und er fährt fort:

„Die Schriften der Anatomen sind voll von für diesen Zweck verwendbaren Stellen; von denen will ich im allgemeinen folgendes feststellen: Obschon das, was sie vermitteln, für den Nachweis genügt, daß alle Teile des Körpers, die Wirkungen einer verständigen Ursache sind: werden wir dennoch, wenn ihre Beschreibungen und Überlegungen nicht durch Männer verbessert werden, die in den mathematischen und mechanischen Wissenschaften – und ich wage hinzuzufügen: auch in der Chemie – erfahren sind, nur unvollkommen verstehen, wie verständig diese Ursache ist, oder wie viel Weisheit sie im Aufbau des menschlichen Körpers und jedes seiner Teile offenbart hat."[8]

Organismen werden in solchem Zusammenhang als Mechanismen aufgefaßt. Schon *Galilei* hatte bei seinen oben zitierten Überlegungen von macchine gesprochen. Robert *Boyle*[9] nennt den menschlichen Körper stets eine engine, eine Maschine, einen Mechanismus, z. B. an der oben wiedergegebenen Stelle. Er stellt sich die Organismen des näheren als lebendige Automaten oder Uhrwerke vor.[10] Das Lebewesen kann insbesondere als eine komplexe engine aufgefaßt werden, deren Teile wiederum einzelne engines sind.[11] Umgekehrt wird auch die gesamte Welt so gesehen: diese große Maschine, die Welt (this great engine, the world), sagt Robert *Boyle*.[12] Als handgreifliches Beispiel dient ihm die berühmte Straßburger Uhr, sowohl in seiner Disquisition[13] wie in seinem bereits zitierten Artikel, in dem er dann die Frage stellt, wie staunenswert verglichen damit die Weisheit und Vorsehung erscheinen müsse, die fähig sei, viele tausend Millionen von mit Willen begabten Maschinen zu lenken und zu überwachen.

So wie *Boyle* die erste große Materialsammlung zur neuen Teleologie zusammengetragen hat, so bietet sich in *Bentleys* Schriften das Muster der logischen Form für analoge, nun in immer größerer Zahl auftretende Beiträge. Neues kommt dabei nur wenig zutage. Allerdings wird ein Punkt, der dann später in erheblicher Breite behandelt wird, von *Boyle* nur gelegentlich einmal gestreift: Die Analyse der möglichen Mechanismen im Kleinsten mit Hilfe des Mikroskops.[14] Wohl sieht er umgekehrt die Möglichkeit, durch immer stärkere Fernrohre weiter und weiter in den Weltraum vorzudringen und so auf unabsehbare Zeiten unerschöpfliches Material zu-der von ihm inaugurierten neuen Art von Theologie beizusteuern.[15] *Boyle* faßt diese unabsehbaren Möglichkeiten als eine Unendlichkeit im Sinn des *Aristoteles,* die unerschöpflich bleibt, wie viele Teile ich auch von ihr fortnehmen mag, und die nur den Anlaß zum Rückschluß auf die unendliche Intelligenz des Schöpfers bietet. Er, der durch seine Stiftung diese Theologie institutionalisiert hat, ist es auch gewesen, der ihr den Namen gegeben hat: Physico-Theologie. Den Schluß vom Bau des Auges auf eine Intelligenz, die dieses Wunderwerk geplant und geschaffen hat, will *Boyle* von jenen gewöhnlichen teleologischen Argumenten unterschieden wissen, nach denen mit einem Körper etwas unbedingt oder besser geschehen muß oder nicht geschehen darf, wenn die Natur ihren Zweck überhaupt oder am besten erreichen will:

„Diese letzte Art von Argumenten bin ich gewohnt, rein oder einfach naturphilosophisch zu nennen; und die von der ersten Art können, um der Unterscheidung willen, *physiko-theologische* betitelt werden."[16]

4. Zum Fortgang der Robert Boyle Lectures

Verfolgen wir die von *Boyle* gestifteten Predigten in ihrer Entwicklung weiter! Auch weiterhin haben Gelehrte, die *Newton* und seinen Lehren nahestanden, in ihnen eine wesentliche Rolle gespielt. Ich nenne nur die wichtigsten:[1] Im Jahre 1704 und im folgenden sprach Samuel *Clarke* (1675–1729), bekannt durch seine im Namen von *Newton* mit *Leibniz* geführten Auseinandersetzungen. Aus seinen Predigten ging sein weitläufiger „Beweis des Daseins und der Eigenschaften Gottes" (Demonstration of the Being and Attributes of God) hervor, der in London 1705–1706 in zwei Bänden erschien und bereits 1728 in 7. Auflage herauskam. Schon 1713 wurde in Altdorf eine lateinische Übersetzung veröffentlicht. Das Werk wurde weiter ins Französische und Holländische übersetzt.[2]

Im Jahre 1707 sprach William *Whiston*,[3] Schüler *Newtons* und sein Nachfolger auf dem *Lucas*ian Chair in Cambridge. *Whiston* wurde später seines Amtes enthoben, weil er offen *Arian*ische Lehren vertrat. Auch *Clarke* hatte, weil man ihm solche Tendenzen unterstellte, Schwierigkeiten. *Newton* selbst, der mit dem Dreieinigkeitsdogma ebensowenig anzufangen wußte, hat sich in seinen öffentlichen Äußerungen hier stets klug zurückgehalten. *Whiston* hat zu seiner Zeit durch sein Werk „Eine neue Theorie der Erde, von ihrem Ursprung bis zum Untergang aller Dinge, in welcher die Schöpfung der Welt in sechs Tagen, die allgemeine Sintflut und der Weltbrand, wie sie in der Heiligen Schrift bezeugt sind, als vollkommen übereinstimmend mit Vernunft und Philosophie erwiesen werden" (A New Theory of the Earth, from its Original to the Consummation of all Things, wherein the Creation of the World in Six Days, the Universal Deluge, and the General Conflagration, as Laid down in the Holy Scriptures, are Shewn to be Perfectly Agreeable to Reason and Philosophy) eine gewisse Berühmtheit erworben.[4]

Es war in London 1696 erschienen, 1737 kam eine 5. Auflage heraus. Die Genesis wird hier als Bericht über die Entwicklung unseres Planeten aus einem von der Sonne eingefangenen Kometen gedeutet, die Sintflut als Wirkung eines sie streifenden anderen Kometen mit einer Atmosphäre aus Wasserdampf. Die himmelsmechanische Auswirkung dieser Katastrophen wird von *Whiston* minuziös nach *Newtons* Theorie durchgerechnet. Aus der Kometenbahn wird zunächst eine langgestreckte Ellipse. Die Erde hat noch keine Achsendrehung, und nur an dem Punkt ihres Äquators, der im Aphel der Sonne zugewandt und im Perihel ihr abgewandt ist, herrschen optimale Lebensbedingungen: dort liegt der Garten Eden. Jahr und Tag sind hier identisch, und in diesem Sinn werden Angaben über Adams Lebenszeit gedeutet. Eine weitere kosmische Katastrophe, die mit dem Sündenfall zusammengeht, führt dazu, daß der Erde eine Achsendrehung schräg zur Ebene der Ekliptik aufgeprägt wird. Die von der Erde dann in der Sintflut von jenem anderen Kometen übernommenen Wassermassen führen zu einer Verlangsamung ihrer täglichen Achsendrehung. Während wir vor der Sintflut noch ein Jahr hatten, in dem genau 12 Mondmonate von exakt 30 Tagen aufgingen, ist nun diese schöne Regelmäßigkeit zerstört. Soviel nur als Probe für *Whistons* Vorgehen. Mit Bibelstellen wie aus heidnischen Schriftstellern belegte wilde Spekulation paart sich hier mit der völlig beherrschten neuen Himmelsmechanik. Und solche Wissenschaft hinterließ seinerzeit erheblichen Eindruck. *Whiston* sucht das auf *Newton*scher Grundlage zu überbieten, was Thomas *Burnet* in seiner berühmten „Heiligen Theorie der Erde" (Telluris Theoria Sacra), die 1681 in London erschienen war, begonnen hatte. *Newton* hatte bereits im Jahre 1681 einen langen Brief an *Burnet* geschrieben, in dem er Verbesserungsvorschläge für dessen Theoria vorbringt.[5]

Als typisch für die allmähliche Verflachung, welche die von *Boyle* eingeleitete Entwicklung weiterhin annahm, können die Beiträge von William *Derham* (1657–1735) gelten, der in den Jahren 1711 und 1712 die von *Boyle* institutionalisierten Predigten hielt.[6] *Derham*,[7] Zögling des Oxforder Trinity College, veröffentlichte unter dem Titel „Der kunstreiche Uhrmacher, eine Abhandlung über Uhr und Uhrwerk, die auch der geringsten Fassungskraft die Kunst zeigt, Zahlen für alle Arten von Bewegungen zu berechnen" (The Artificial Clockmaker, a Treatise of Watch and Clock work, showing to the meanest capacities the art of calculating numbers to all sort of movements), das sich großer Beliebtheit erfreute und 1734 in 4. Auflage erschien. Der Theologe *Derham* mußte aufgrund seiner mechanischen Interessen und durch astronomische Studien besonders geeignet für die von ihm wahrzunehmende Aufgabe erscheinen. Er war 1702 zum Mitglied (fellow) der Royal Society gewählt worden. Zu deren Transactions hat er von 1697 bis 1729 meteorologische Abhandlungen, Untersuchungen über die Lebensgewohnheiten von Insekten und Beobachtungen über den Vogelzug beigesteuert. Später beschäftigte er sich vorwiegend mit astronomischen Fragen. Seine in den Jahren 1711 und 1712 gehaltenen Predigten verarbeitete er zu einem Werk, das den von Robert *Boyle* geprägten Terminus zum Titel hat: „Physico-Theologie, oder ein Beweis des Daseins und der Eigenschaften Gottes aus seinen Schöpfungswerken" (Physico-Theology, or a Demonstration of the Being and Attributes of God from his Works of Creation). Es erschien 1713 in London und erlebte nach dem British Museum Catalogue of Printed Books im Jahre 1798 eine 15. Auflage. Der Widerhall war nicht nur in England ungeheuer. 1728 erschienen nach der gleichen Quelle in Leiden eine holländische,[8] 1732 in Paris eine französische und 1736 in Stockholm eine schwedische Übersetzung. Von der durch den berühmten Vater der neueren Literaturgeschichte Johann Albert *Fabricius* (1668–1736) herausgegebenen deutschen Übersetzung wird noch zu reden sein. In ihr wird noch eine italienische Übersetzung genannt.[9] Ich habe neben der neuen Auflage der deutschen Übersetzung aus dem Jahre 1750 die 7. englische benutzt, nach der jene Übersetzung gearbeitet ist.[10] Dieses vielgelesene Werk bringt wenig Neues. Es bietet eine Ausführung des von Robert *Boyle* entworfenen Programms in die Breite. Es ist wie der „Kunstreiche Uhrmacher" selbst der geringsten Fassungskraft angepaßt. Das Erbauliche und Belehrende steht im Vordergrund. *Newton* scheint dem Unternehmen mit gewissen Reserven gegenübergestanden und sich mit der Absicht getragen zu haben, dazu „Castigations" (Richtigstellungen) zu verfassen.[11] Man muß *Derham* gewisse schriftstellerische Fähigkeiten zugestehen, seine Physiko-Theologie ist süffig geschrieben, und sie hat gewiß dazu beigetragen, die Ergebnisse der neuen Naturforschung breiten Kreisen zugänglich zu machen. Eine Kostprobe! Über das Auge äußert sich *Derham* wie folgt (ich zitiere nach der deutschen Übersetzung):

„Was die Form und Gestalt des Auges betrifft; so ist dasselbe grösten Theils Kugel-rund oder Sphaeroidal, als welches allerdings die bequemste Gestalt unter allen Figuren aus der Optik ist, angesehen dieselbe von innen am besten die Humores in sich fassen und von außen die Bildnisse der Sachen am fähigsten ein- und annehmen kann."[12]

Zu dieser Stelle wird in einer Anmerkung *Roger Bacons* Opus Maius, Perspectivae pars prima, distinctio quarta, capitulum IV zitiert mit den Worten

„eine gute Ursache, die der Franciscanermönch *Baco* angiebt, warum das Auge rund sei?"

Derham merkt gar nicht, daß *Baco* hier auf einer von den im Laufe des 17. Jahrhunderts gewonnenen Erkenntnissen völlig abweichenden, auf den Araber *Ibn al-Haytham* zurückgehenden Vorstellung aufbaut, nach der den senkrecht auf die brechenden Medien des Auges einfallenden Strahlen beim Wahrnehmungsvorgang eine Sonderstellung zukommt.[13] *Derham* fährt fort:

„Wäre das Auge von viereckichter, cubischer oder sonst einer andren vieleckichten Figur, so würden etliche Theile von den Humoribus lenticularibus, linsenförmigen Säften, welche durch ihre Refraction das Sehen verursachen zu nahe, andere hingegen zu weit entfernet liegen; Vermöge der obengedachten Form aber liegen die Homores [sic] des Auges sehr bequem und nahe beysammen, damit dieselben ihr Amt, nämlich die Refraction oder Strahlenbrechung desto besser verrichten können; und die Retina oder Ausdehnung des Seh-Nerven in dem Grund des Auges, und alle andere Theilgen von dieser kleinen Camera Obscura ist in gantz nette und Regelmässig gemacht, die Bilder von außen aufzunehmen, und dieselben folglich nach dem allgemeinen Sitz der Sinnen, oder in das Gehirn zu bringen."[14]

In dieser Weise erklärt *Derham* munter und anschaulich die ganze Welt. Auch die äußeren Zwecke, die sich einem Engländer aufdrängen, kommen nicht zu kurz. Er unterscheidet z. B. die Haupt-Tradewinds von den gewöhnlichen Tradewinds (der Übersetzer hat den Terminus klugerweise einfach übernommen) und bemerkt dazu:

„Jene, die Haupt-Tradewinds, dienen dazu, den Schiffer oder Seemann auf weiten Reisen von Osten nach Westen: und diese, die Tradewinds an der Küste, von einem Ort zum anderen zu führen: Und zwar die eine Gattung, nemlich, die von der See gegen das Land zu wehen, dienen, daß er in den Hafen einlauffen, die anderen, die von dem Land gegen die See zu wehen, daß er aus dem Hafen wieder auslaufen kan."[15]

Schade, daß man nicht erfährt, wie man vom Westen wieder in den Osten kommt.

Der große Erfolg, den sein Werk hatte, veranlaßte *Derham* dazu, der Physico-Theology eine Astro-Theology, or a Demonstration of the Being and Attributes of God from a Survey of the Heavens, eine Sterntheologie, oder einen Beweis des Daseins und der Eigenschaften Gottes aufgrund einer Durchmusterung der Himmel, folgen zu lassen. Sie erschien 1715 in London, hatte nicht ganz so viel Erfolg wie ihre Vorgängerin, brachte es aber nach dem Catalogue des British Museum immerhin bis zu einer

10., 1755 in Glasgow erschienenen Auflage. Es war wieder Johann Albert *Fabricius,* der eine deutsche Übersetzung herausbrachte. Sie liegt mir in der 4., nach der 5. englischen Ausgabe erschienenen Auflage,[16] Hamburg 1745, vor; 1720 soll in Leiden eine holländische Übersetzung erschienen sein, 1728 in Neapel eine italienische Übersetzung, 1729 in Paris eine französische.[17]

Das Werk handelt in acht Büchern von der Größe der Welt und der Menge der himmlischen Körper, ihrer Stellung zueinander und ihrer Bewegung, von ihrer Figur, von der anziehenden Kraft der Schwere und von Licht und Wärme. Es schließt mit ,erbaulichen Folgerungen und Schlüssen aus den vorangehenden Betrachtungen'. Das Werk hat etwas höheren wissenschaftlichen Wert als die Physiko-Theologie; *Derham* wußte, wovon er sprach. Er bietet inaltlich eine gut lesbare Darstellung der neueren Ergebnisse, die er mit einer Einführung in das von ihm zugrundegelegte *Copernic*anische System beginnen läßt. Daß dies in einem solchen Zusammenhang durchaus nicht selbstverständlich war, wird uns das Beispiel *Nieuwentiuts* lehren. Er bietet im Hauptteil dann eine leicht faßliche Darstellung der *Newton*schen Theorie. Im 6. Buch im 3. Kapitel handelt er

„von der Kraft und dem Nutzen der Schwere der Planeten, daß sie in ihren Kreisen gehalten werden."

„Zum Beschluß dieses sechsten Buches will ich noch einen anderen merkwürdigen Nutzen der Schwere der himmlischen Körper zu bedenken geben, welchen die *Newton*ianische Philosophie zum Grund setzet, und denselben für wahr annimmt; diese ist so wohl bewiesen und hat so gute Gründe, ja ich möchte sagen, augenscheinliche Beweisthümer und Demonstrationes auf ihrer Seite, zumal in dieser Sache, dadurch wenn wir sie gut heißen, uns ein ander vortreffliches Werk und Wunder der Schöpfung entdeckt wird, welches ist, das die Schwere verhindert, damit die Planeten nicht ausschweifen können, sondern ganz genau innerhalb der gehörigen Maße ihrer Kreise bleiben müssen. Daß aber dieses durch die Schwere geschehe, und dieselbe Schwere und Bewegung alle die Begebenheiten der Drehung und des Umlaufs sowohl der vornehmeren als Nebenplaneten vollkommen erklären, ist durch die wundernswürdige Scharffsinnigkeit des großen Mannes, Hn. Isaac *Newton,* ausführlich dargethan, wie in seinem Buche: Philosophiae Naturalis Principia Mathematica, oder Mathematische Grundsätze der natürlichen Philosophie zu sehen."[18]

5. Die Entwicklung der Literatur zur neuen Teleologie

Es lohnt sich kaum, länger bei dieser Astrotheologie zu verweilen. Wohl aber ist noch etwas über die Leistung des Übersetzers, des durch seine Bibliotheca Graeca und Latina wohlbekannten Johann Albert *Fabricius* zu sagen. In der von mir benutzten Ausgabe der Astrotheologie hat er mit der ihm eigenen Gründlichkeit auf den Seiten XIII-XCVIII ein „Verzeichniss der Alten und Neuen Scribenten, die sich haben angelegen seyn lassen, durch die Betrachtung der Natur und der Geschöpfe die Menschen zu *Gott* zu führen" zusammengestellt, das wirklich bemerkenswert ist. Einleitend stellt er fest, daß von den 6561 Arten des Gottesbeweises, die Athanasius *Kircher* p. 258 sq., 284 sq. im l. VI° Artis magnae combinatoriae, im 6. Buch der großen Kombinatorischen Kunst, anführe, keine bündiger sei als die aus der Betrachtung der Geschöpfe. Und dann gibt er einen nach sachlichen Gesichtspunkten geordneten Wegweiser durch das verzweigte Labyrinth dieser Literatur. Es beginnt mit den Auslegungen des Hexaemeron; es folgen Werke, die ihr Ziel aus der Betrachtung der Natur im allgemeinen zu gewinnen suchen, weiter solche, die vom menschlichen Körper ausgehen oder von speziellen Körperteilen wie – man höre und staune –: von den Augen, Ohren, vom Herzen, Magen, Gehirn, Rückgrat, von den äußeren Sinnen, den Händen, Füßen, Gebeinen, von der Zunge und Rede, von den Affekten, vom Gleichgewicht und der Bewegung des menschlichen Körpers und schließlich von der mancherlei Art, sich zu ernähren. Nur ganz kurz werden in diesem Zusammenhang Argumentationen berührt, die von der menschlichen Seele ausgehen. Dafür werden um so ausführlicher Werke verzeichnet, die von der Betrachtung spezieller Naturerscheinungen ausgehen, vom Wasser und Feuer, vom Regen, Schnee, Donner, von den Bergen, den Winden, von monströsen Körpern und – besonders originell – von den Teufeln.[1] Weiter führt *Fabricius* Werke an, die einen Beweis aus der Betrachtung kleiner Gewürme führen, aus den Stimmen der Tiere, aus der Tiere mannigfacher Form, aus ihrem natürlichen Trieb, aus den Gewächsen, aus den unterirdischen Creaturen, aus den Magneten, den Steinen, der Harmonie und Übereinstimmung der Dinge in der Welt, aus der Bewegung, aus der Schwere und Drückung, aus der Körper proportionierter Menge und Größe, aus der Natur der Körper selbst, aus den sonst schädlich scheinenden Creaturen. *Fabricius* schließt mit den Beweisen aus der Astronomie.

Schon die Schärfe, mit der bei *Bentley* die Form physiko-theologischer Argumente hervortrat, mußte einen aufmerksamen Beobachter bedenklich stimmen. Unwillkürlich mußte er sich fragen, was denn geschehen sollte, wenn die Physik über die *Newton*sche Theorie hinaus solche Erscheinungen erklären würde, die bislang unerklärt geblieben und als Indiz für göttlichen Eingriff in Anspruch genommen worden waren. Würde dann der ganze auf diese Lücken in der theoretischen Erklärung aufgetürmte Bau der Physiko-Theologie einstürzen? *Newton* hatte darauf bestanden, daß die Gravitation nur dann als eine physikalisch begreifliche Erscheinung hinzunehmen sei, wenn sie sich in den Rahmen der traditionellen, zwischen Berührungsflächen wirkenden Kräften, sollte einbauen lassen. Und da er keine befriedigende Möglichkeit sah, dies zu leisten,[2] hatte er aus dem bloßen Vorhandensein der Gravitationskraft einen Eingriff des Schöpfers deduziert. *Newtons* Schüler gewöhnten sich mehr und mehr daran, in der Gravitation eine Eigenschaft der Materie selbst zu sehen, die nun allmählich gleichberechtigt neben die herkömmlichen traditionellen Druck- und Zugkräfte trat, die nicht auf das Volumen, sondern auf die Oberfläche wirkten. Der Argumentation *Newtons* mußte damit der Boden in dem ganz entscheidenden Sinn entzogen werden, daß jede Voraussetzung schwand, sie überhaupt verstehen zu können. Kurz: Ließ sich der zu einem bestimmten Zeitpunkt gegebene Stand einer Wissenschaft, deren rasche weitere Entwicklung nur allzu deutlich ad oculos demonstriert wurde, zur Grundlage für den Rückschluß auf die ganze Welt überspannende Zweckbeziehungen machen, die schließlich in einem planmäßig handelnden Schöpfer-*Gott* ihren letzten Grund finden sollten? Das eigentlich Erstaunliche an diesen Auffassungen ist nicht so sehr, daß sie überhaupt entstehen konnten, sondern die Zähigkeit, mit der sie sich trotz ihrer nur allzu offensichtlichen Schwächen und Blößen über nahezu zwei Generationen hinweg halten konnten. Nicht, daß die Teleologie als umfassendes Erklärungsverfahren, in dem sich Theologie, Philosophie und Naturwissenschaften verbunden wußten, zu einem Ende kam, ist erstaunlich, sondern, daß dies so lange dauerte. In diesem Eindruck wird man bestärkt, sobald man das gewaltige Material, das *Fabricius* durch seine Bibliographie erschließt, im einzelnen durchmustert. Daß hier bisweilen die Grenze des Absurden erreicht wird, ist nur zu offensichtlich. Wir brauchen dazu gar nicht erst die theologische Seite der Entwicklung zu verfolgen, von der religiösen ganz zu schweigen. Wird der Theologe in der Naturausdeutung, die ihm die Physiko-Theologie zu bieten hat, all die Züge entdecken können, die ihm die Tradition vorgegeben hat? *Hume* hat am Ende dieser Entwicklung solchen Überlegungen in seinen Dialogen über natürliche Theologie meisterhaft Ausdruck verliehen, und das, ohne auf die besonderen Inhalte der Offenbarung zurückzugreifen. Eine religiöse Haltung, wie sie sich in dem Lied „Ich bete an die Macht der Liebe, die sich in Jesus offenbart . . .‟ ausdrückt, läßt sich schlechterdings nicht in Physiko-Theologie umsetzen. So ist es wohl kein Zufall, daß gleichzeitig mit der von uns verfolgten Entwicklung der Pietismus entsteht und zunehmend an Boden und Einfluß gewinnt. Mögen darüber Kundigere urteilen: Nicht zu übersehen ist, daß in den Naturwissenschaften die vorschnelle Begeisterung, mit der man *Gottes* Finger in allen und jeden Naturerscheinungen zu entdecken glaubte, bei kritischeren Geistern zu Bedenken und Skepsis gegenüber dieser Art von Naturbetrachtung führen mußte, die allzuoft ins nur noch Platte, wenn nicht gar ins Absurde entartete.

Ehe wir uns der Frage zuwenden, warum die unvermeidliche Reaktion so spät einsetzte, noch ein Wort zur Rolle von Johann Albert *Fabricius*. Nach dem Titelblatt seiner Übersetzung der *Derham*schen Astro-Theologie ist eine aus seiner eigenen Feder stammende ,Pyrotheologie oder Anweisung zur Erkenntnis *Gottes* aus der Betrachtung des Feuers' beigegeben. Was dann der Band im einzelnen bietet, ist nur die ausführliche Gliederung für ein solches Unternehmen. Nach den Angaben der neuen deutschen Biographie soll das Werk wirklich in Hamburg im Jahre 1732 erschienen sein; und 2 Jahre vor *Fabricius'* Tod soll ein Pendant, eine 1734 in Hamburg erschienene „Hydrotheologie" gefolgt sein.[3] Mir ist beides nicht zugänglich gewesen, aber die Gliederung läßt wenig Ersprießliches erhoffen.

Seine Übersetzung der Astrotheologie hat *Fabricius* „Dem Hoch-Edlen, Vesten, Hochgelahrten und Hochweisen Herrn, *Herrn*, Barthold Heinrich *Brockes*" gewidmet. Das war mehr als eine höfliche Geste gegenüber dem Ratsherrn und Praetor der Stadt Hamburg, der entscheidenden Einfluß auf das Schulwesen hatte, in dem *Fabricius* tätig war. *Brockes* war ein Dichter von Rang, und wenn uns heute viele seiner in den zahlreichen Bänden seines „Irdischen Vergnügens in *Gott*" enthaltenen Gedichte nahezu unlesbar erscheinen, dann ist das nur die sich in ihnen ausprägende teleologische Naturbetrachtung, die auch die Poesie in ihren Bann zog. Ein Beispiel möge genügen.[4]

Bewunderswürdige Ordnung in der Folge der Bluhmen.
Noch seh' ich einen neuen Strahl
Von *Gottes* Weisheit, Macht und Liebe.
Wenn Wärm' und Feuchtigkeit die Bluhmen sonder Zahl,
Nicht nach einander, auf einmahl,
Wie es natürlich scheint, aus Erd' und Saamen trieb;
So folgte ja gewiß: so bliebe
Die Welt geschmückt nur blos auf kurtze Zeit:
Hernach würd' alles weit und breit,
Verödet, wüst und traurig stehen.

Da wir hingegen jetzt so ordentlich,
Wenn eine Bluhme welckt, und sich
verliert, ein' andre kommen sehen.
Für solche Wunder, die allein
Durch Deine weise Macht, zu unsrer Lust geschehen,
Laß uns, o Schöpfer, dich bewundernd, danckbar seyn!

Am Hamburger Gymnasium, an dem *Fabricius* lehrte, hatte
er einen hervorragend begabten und vielseitigen Schüler: Hermann Samuel *Reimarus* (1694–1768). Er heiratete später eine
Tochter von *Fabricius,* war schließlich auch wieder am Hamburger Gymnasium tätig und hat seinem Schwiegervater in einer
Lebensbeschreibung ein Denkmal gesetzt. *Reimarus* war der
Ansicht, daß das Buch der Natur das der Offenbarung entbehrlich mache. Seine „Abhandlungen von den vornehmsten Wahrheiten der natürlichen Religion" erlebte viele Auflagen.[5] *Reimarus* war jener Unbekannte, dessen „Apologie oder Schutzschrift
für die vernünftigen Verehrer Gottes" und dessen Gedanken
„Von dem Zwecke Jesu und seiner Jünger" *Lessing* nach dem
Tod des Verfassers unter seinen Wolfenbütteler Fragmenten
herausgab. Es ist häufig betont worden, daß *Lessing* keineswegs
die Ansichten von *Reimarus* ausnahmslos teilte. Andererseits ist
nicht zu übersehen, daß er in der prinzipiellen Frage nach der
Bedeutung des Buches der Offenbarung und des Buches der
Natur mit ihm einig war. Man lese nur seine an *Goeze* gerichtete
Parabel. Die Folgen, die Auseinandersetzung mit dem Pastor
Goeze und *Lessings* endgültige Antwort in der Form seines
Nathan sind bekannt.

Wir haben oben unsere Frage in der Form gestellt, wie die
durch Robert *Boyle* inaugurierte und institutionalisierte Entwicklung so lange die Geister beherrschen konnte, trotz aller in
ihr selbst zutagetretender Schwächen. Der Grund ist, daß nicht
allein der von uns nachgezeichnete Hauptstrom der Entwicklung ihr Kraft verlieh, sondern daß in sie zahlreiche Nebenströme einmündeten, die sie entscheidend gefördert und lebendig
gehalten haben. Es ist mir unmöglich, auf sie alle hier in
breiterem Umfang einzugehen. Ich nenne nur zwei:

1) Die sogenannten Cambridge *Platon*ists.[6] Sie fühlten sich durch den religiösen Fanatismus ihrer Zeit abgestoßen;[7] andererseits schien ihnen die mehr und mehr um sich greifende *Cartes*ische Philosophie unbefriedigend und keine zureichende Antwort auf die religiösen Fragestellungen, die ihre Zeit bewegten. Die Rückbesinnung auf *Platon*ische Elemente, die wir bei Benjamin *Wichcote,* Ralph *Cudworth,* John *Smith* und Henry *More* finden, ist weniger ein Schöpfen aus *Platons* eigener Lehre als aus der akademischen Tradition des Hellenismus und aus dem Neu-*Platon*ismus. Dabei spielt die Frage der Teleologie eine wichtige Rolle. Am tiefsten in das antike Gedankengut, auch der abgelehnten materialistischen Philosophie, wie sie in *Lucrez* ihren klassischen Ausdruck gefunden hatte, drang Ralph *Cudworth* ein, der in seinem 1678 in London erschienenen True Intellectual System of the Universe,[8] seinem wahren verstandesgemäßen System des Weltalls, die eingehendste Auseinandersetzung mit der Teleologie des Altertums und den Argumenten ihrer materialistischen Gegner geliefert hat, welche die Neuzeit hervorbrachte. *Cudworth* ist nicht so sehr durch seine systematischen Gedanken von Bedeutung. Seine plastick force of nature, seine bildende Kraft der Natur, durch die er deren teleologische Wirksamkeit in einer besonderen Potenz fixieren wollte, hat zu Recht wenig Gegenliebe gefunden. Seine Bedeutung liegt vor allem auf dem Feld der Kritik. Besonders sein V., der Widerlegung atheistischer Beweisgründe gewidmetes Kapitel, bietet hier reiches Material.[9] *Cudworth* kennt nicht nur das, was seinerzeit seit *Gassendi* allgemein erörtert wurde, sondern auch solch entlegene Beiträge zur Frage des regelmäßigen Baus der Natur, wie die bei *Philon* in seiner Abhandlung über die Unvergänglichkeit des Weltalles aufbewahrten Argumentationen des *Kritolaos*.[10] Daß diese Wiederbelebung der antiken Diskussionen nicht ohne Folgen geblieben ist, lehrt uns am Ende der Entwicklung die Kritik von David *Hume,* der hier ebenfalls in hohem Maß von den Leistungen der Antike zehrt. Auch in ihrer eigenen Zeit haben die Cambridge *Platon*ists erheblichen Einfluß ausgeübt. Es ist bekannt, daß *Newton* Henry *More* nahestand. Wieweit *Newtons* teleologi-

sche Argumentationen in den seinen Opticks angehangenen Queries in Verbindung damit stehen, bleibe dahingestellt. Für *Newton*'s Auffassung vom absoluten Raum jedenfalls sind diese Bezüge heute wohl allgemein zugestanden.[11]

2) Wichtig für die Zähigkeit, mit der sich die teleologische Weltbetrachtung hielt, ist noch eine Seite, die wir bisher kaum betrachtet haben, und die wenigstens an einem Beispiel vorgeführt werden soll, dem Beispiel Jan *Swammerdams*. Er wurde 1637 in Amsterdam geboren und erwarb nach langwierigen Studien, wie sie seinerzeit in diesem Fall üblich waren – man vergleiche die analogen Verhältnisse in England, für die uns *Harvey* ein Beispiel liefert – im Jahre 1667 den Grad eines Doctor Medicinae in Leiden. Von höchst labiler Gesundheit führte er anschließend in Amsterdam das Leben eines Privatgelehrten und widmete sich vor allem der mit mikroskopischen Verfahren vorgenommenen anatomischen Analyse der Insekten. Seine 1669 in Leiden erschienene Allgemeene verhandeling van bloedloose diertjens, seine Allgemeine Abhandlung über blutlose Tierchen, wurde die Grundlage für eine natürliche Einteilung der Insekten. Er stand – und das unterscheidet ihn grundsätzlich von den gewöhnlichen Anhängern der natürlichen Theologie späterer Prägung – pietistischen Vorstellungen nahe und wurde durch Antoinette *Bourignon* (1616–1680), die einen ganzen Kreis von Anhängern um sich zu versammeln verstand, aufs tiefste beeindruckt. 1675 kam er zu ihr nach Schleswig, ihrem damaligen Sitz, und zog mit ihr zusammen bis nach Kopenhagen. Er war den Anstrengungen des ihm ungewohnten Lebens eines religiösen Sendboten nicht gewachsen und kehrte schwerkrank nach Amsterdam zurück, wo er schon 1680 starb. *Swammerdam* war in seiner wissenschaftlichen Arbeit weitgehend ein Einzelgänger. Zu seinen Lebzeiten fand er nur wenige, die seine über das im engeren Sinn Naturwissenschaftliche hinausführenden Bemühungen zu würdigen verstanden. Zu ihnen gehörte *Leibniz*.[12] Sein Stern kulminierte erst nahezu zwei Generationen nach seinem Tod, als der berühmte Hermann *Boerhaave* (1668–1738) seine Bybel der natuure of historie der insekten[13] in zwei Teilen zu Leiden in den Jahren

1737 und 1738, von einer lateinischen Übersetzung und einem Leben *Swammerdams* begleitet, herausgab. Das Buch entfaltete eine ungeheure Wirkung. Es erschien in einer deutschen Übersetzung: Bibel der Natur, worinn die Insekten ... beschrieben werden.[14] Aus dem monumentalen Werk, das eine neue Form der religiösen Hingabe an die Naturforschung im Kleinsten darstellt, sei nur der Anfang des dort wiedergegebenen berühmten Briefes an *Thevenot* zitiert:[15]

„Durchlauchter Herr. Ich stelle Ew. Edlen allhier den allmächtigen Finger Gottes in der Anatomie einer Laus vor; in ihr sollt ihr Wunder auf Wunder getürmt finden und die Weisheit Gottes in einem kleinen Punkt in klarer Weise zur Schau gestellt sehen."

Wir hatten bereits feststellen können, daß diese Art der Naturbetrachtung durch Analyse der Organismen mit den Mitteln der Mikroskopie bei Robert *Boyle* kaum gestreift wird. Auch in der übrigen Literatur dieser Art spielen bis hin zur Veröffentlichung von *Swammerdams* Bijbel der natuure solche durch das Mikroskop gewonnenen Betrachtungen eine verhältnismäßig geringe Rolle. Und auch nach der Veröffentlichung des *Swammerdam*schen Werkes zieht der durch ihn eingeschlagene Weg vergleichsweise wenige Forscher an. Das dürfte nicht zuletzt an den rein technischen Bedingungen liegen, unter denen seinerzeit Mikroskopie getrieben werden mußte. Es fehlte an Möglichkeiten, die mikroskopisch gewonnenen Einsichten eindeutig zu reproduzieren und zu kontrollieren. Was man sah, war weitgehend von den besonderen Qualitäten des verwendeten Gerätes und den Augen und der Geschicklichkeit des Beobachters abhängig. Man bestaunte die Ergebnisse, zu denen die Virtuosen auf diesem Gebiet kamen; es blieb aber bei diesem Interesse am Kuriosen, und die meisten Mikroskope wurden nicht zur Naturforschung genutzt, sondern bildeten die Prunkstücke in den Kuriositätenkabinetten der Zeit. Erst die zu Beginn des 19. Jahrhunderts geschaffene Möglichkeit, die Leistungsfähigkeit von Geräten präzise zu bestimmen und in ihren optischen Qualitäten genau gleiche Geräte in Serie herzustellen, hat hier Abhilfe geschaffen. Die Geschichte dieser spannenden Entwicklung hat G. L'E. *Turner* in zahlreichen Einzeluntersuchungen nachgezeichnet.[16] Als zu Beginn des 19. Jahrhunderts die technischen Möglichkeiten zur Verfügung standen, waren es andere Probleme, die in den Vordergrund gerückt waren. Mit nicht unerheblichem propagandistischem Aufwand wurde die Zelltheorie zum vordringlichsten Problem erklärt. Nur im Vorbeigehen sei darauf hingewiesen, daß die Form von aufopferungsvoller Detailforschung, die sich in der Haltung *Swammerdams* mit pietistischen Vorstellungen verband, auch auf technischem Gebiet ihr Gegenstück fand. Es sei z. B. an Philipp Matthäus *Hahn* (1739–1790) erinnert, der die erste im heutigen Sinn wirklich voll funktionsfähige 4-Species-Rechenmaschine schuf.

6. Bernard Nieuwentijts
teleologischer Gottesbeweis

Zurück zu der Hauptlinie der Entwicklung teleologischer
Weltbetrachtung! Ich greife wieder einen Namen heraus, der
uns näheres über die Kräfte lehren wird, von der sie getragen
wurde. Diesen Musterfall liefert der zu seiner Zeit hochberühm-
te Bernard *Nieuwentijt*, der mit *Leibniz* und seinen Anhängern
seine Gedanken über den neuen Differentialkalkül austauschte
und gegen die nur von mathematischem Instinkt geregelte
Verwendung von Differentialen höherer Ordnung nicht unbe-
rechtigte Bedenken vortrug. *Leibniz* hatte sich mit ihm darüber
in den Acta Eruditorum des Jahres 1695 auseinandergesetzt.[1]
Nieuwentijt (1654–1718) kannte die neue Wissenschaft einschließlich ihres mathematischen Apparates genauestens und
war nicht ohne wissenschaftliche Originalität. Im Jahre 1714
ließ er in Amsterdam sein gewaltiges Werk Het regt gebruik der
wereltbeschouwingen, ter overtuiginge van ongodisten en onge-
lovigen aangetoont erscheinen. *Fabricius* weiß von einer Ausgabe aus dem Jahre 1715 ebendort und merkt an: „Die gute
deutsche Übersetzung dieses Werkes haben wir dem Herrn
Wilhelm Conrad *Baumann*, Predigern in Offenbach zu danken.
Frankf. 1731. 4." Nach derselben Quelle kam es englisch unter
dem Titel The Religious Philosopher, von *Chamberlayne* übersetzt, im Jahre 1726 heraus, französisch von einem Mediziner P.
Nogues nach der englischen Übersetzung übertragen 1725 in
Paris und 1727 in Amsterdam unter dem Titel L'existence de
Dieu demontrée par les merveilles de la Nature. Ich selbst habe
eine in Jena 1747 erschienene deutsche Bearbeitung benutzt:
Bernard *Nieuwentyts* M[edicinae]. D[octoris]. Rechter Ge-

brauch der Welt-Betrachtung zur Erkenntnis der Macht, Weisheit und Güte Gottes, auch Überzeugung der Atheisten und Ungläubigen. In einer freien Übersetzung abermals ans Licht gestellet und mit einigen Anmerkungen erläutert, von D. Joh. Andreas *Segner,* Öffentlichem Lehrer der Arzenei, Mathematik und Naturlehre auf der ... Georg-Augustus-Universitet zu Göttingen.

Hans *Freudenthal* hat dieser Schrift *Nieuwentijts* eine schöne Studie gewidmet, die gerade der Seite an *Nieuwentijts* Werk entspricht, die auch uns beschäftigt: *Nieuwentijt* und der teleologische Gottesbeweis.[2] Die von mir benutzte deutsche Ausgabe ist mit einem Titelkupfer geschmückt. Es zeigt im Hintergrund einen bewölkten Himmel, aus dem links Blitze züngeln. Oben ist auf derselben Seite von den Wolken ein Raum ausgespart, aus dem die Sonne hervorbricht. In der Mitte des Himmels ist ein noch prächtigerer Strahlenkranz zu sehen, in dessen weiße Mitte das Wort ΘΕΟΣ (Gott) geschrieben ist. Rechts ist von den Wolken eine ganze Mandorla freigelassen, in der, wie ehemals ein Muttergottesbild, nun eine nackte weibliche Gestalt plaziert ist, von deren linken Arm, um den Anstand zu wahren, ein Schleier schräg nach unten hängt. In ihrer Linken hält sie einen Palmwedel und ein Buch, in ihrer hocherhobenen Rechten ein hellstrahlendes, kugelförmiges Gebilde. Ihr rechter Fuß steht auf einer, diesmal aber nicht strahlenden Kugel. Am linken Horizont ist ein Regenbogen zu sehen, dahinter ein Himmelskörper, der – den astronomischen Gesetzen zum Trotz – vermutlich einen Vollmond darstellen soll. Davor erhebt sich ein feuerspeiender Berg. Vor ihm ist Meer zu sehen, aus dem ein gewaltiger Fischschwanz hervorragt. In der Mitte der Darstellung steht ein kubischer Steinblock, auf dem eine, diesmal sehr prächtig angezogene, auch mit einer kleidsamen Kopfbedeckung geschmückte weibliche Gestalt steht, die einem vor diesem Altar knienden Gelehrten gerade die Binde von den Augen nimmt. Auf sie hernieder fällt aus dem mit ΘΕΟΣ gekennzeichneten Bereich ein Strahlenbündel. Mit ihrer Linken weist sie auf die nackte Wahrheit. Auf dem Altar steht hinten auf einer erhöhten Stufe, vor der ein Totenschädel ruht, ein

48

ΘΕΟΣ

G. Eichler Unr. Fred Erlang Sculot del et sculpsit

Titelkupfer zur deutschen Übersetzung von *Nieuwentijts* Werk (1747)

Feuerbecken. Hinter dem Altar läßt sich vor den dunklen Wolken noch eines jener Riesenfernrohre erkennen, wie sie zur damaligen Zeit üblich waren. Rings um den Altar sind die Utensilien des Gelehrten verstreut: im Hintergrund das Skelett eines exotisch wirkenden vogelartigen Wesens; davor, wenn ich es recht erkenne, retortenartige Gebilde und – auch da bin ich mir nicht ganz sicher – ein Hohlspiegel; davor steht etwas, das so gut eine Kanone wie ein Spiegelteleskop sein könnte, und vor ihm wiederum ein Globus; im Vordergrund sieht man eine an eine Laterna magica gemahnende Konstruktion, ein Buch und mathematische und anatomische Zeichnungen, ein Winkelmeßinstrument, einen Zirkel und einen rechten Winkel, unter dem ein kleineres Fernrohr ruht; ganz vorn liegt ein toter Reiher, ein Lebewesen, das wie ein Gürteltier aussieht, schließlich Schnekken und Muscheln, die wohl weniger gegenwärtige als versteinerte Formen darstellen sollen. Links ist im Vordergrund etwas zu erkennen, das einer zerborstenen Kugel gleicht, hinter ihr etwas, das einer großen Kaffeemühle ähnelt. Links hinter dem Altar, im Halbdunkel kaum erkennbar, hinter dem ehrfurchtsvoll knienden und zur Gestalt auf dem Altar aufblickenden Gelehrten, der eine Toga trägt, deren rechter Ärmel tatenlustig aufgekrempelt ist, steht eine finstere Gestalt, die sich voller Schaudern von dem ganzen Durcheinander und vermutlich insbesondere der Wahrheit abwendet. Sie ist mit einem bloßen Pallium angetan und ihre Züge ähneln wohl nicht von ungefähr ein wenig denen eines Teufels.[3]

Folgende „Erklärung des Titelkupfers" ist beigegeben:
Der Dinge nächsten Grund, so weit der blöde Geist
Durch die Erfahrung klug und ihre Stärke dreist,
Ihn nach und nach entdeckt: die angestammten Kräfte
Der wirkenden Natur; ihr daurendes Geschäfte;
Dies lehrt die *Wissenschaft*, die niemals schöner war,
Als hier in reinem Schmuck auf ihrem Rauchaltar.
O! Seht ihr reitzend Bild und glückliches Bestreben,
Von eines *Weisen* Haupt das Blendtuch wegzuheben,
Der Selbstbetrug hört auf. Mit manchem Zeug umringt,
Geschieht's, daß sie getrost in solche Wunder dringt,

Die des Verstandes Aug für sich umsonst bemühet,
So ohn Erfahrung blind niemahls enthüllet siehet.
So feyert der Verstand der Dinge äusres Kleid,
An Bildern stets zu reich, zu arm an Wirklichkeit.
Sie weist mit kluger Hand nach ienem Ort der Klarheit,
Und zeigt im nahen Licht des Himmels Kind, die *Wahrheit:*
Indem ein *starker Geist,* im finstern seiner Nacht,
Auf diesen Glanz ergrimt, der ihn nur schwindelnd macht.
Der Untersuchung Noth setzt ihn nicht in Bewegung,
Erfahrung braucht er nicht, er braucht nur Ueberlegung.
Doch bleibt der Kenntnis Preiss in der Geschöpfe Wehrt
Trotz falscher Heiligkeit, von *Gottes Strahl* verklärt;
Und in dem großen All muß ieder deutlich merken:
Den *Sprecher* in dem *Wort,* den *Schöpfer* in den *Werken.*
 Als Dichter zeichnet A. R. von *Ramdohr.*

Wenn sich auch über die Qualitäten dieses Gedichtes
streiten läßt: Sicher ist, daß es bis in die Feinheiten hinein ein
getreues Bild von dem Geist entwirft, der aus *Nieuwentijts*
Werk spricht. *Freudenthal* hat mit Recht hervorgehoben, daß
der Verfasser wesentlich gründlicher und systematischer verfährt als etwa *Derham.* Andererseits, so stellt er fest, ziere der
aufdringliche und manchmal sogar platte Ton das Werk nicht
gerade. *Nieuwentijts* Schrift gliedert sich in 30 Betrachtungen.
Die erste geht einleitend auf die Eitelkeit der irdischen Dinge
ein;[4] die zweite handelt „Von allen sichtbaren Dingen und von
uns selbst."[5] Die 3. bis 17. Betrachtung[6] gelten den einzelnen
Teilen des menschlichen Körpers und ihrer Funktion, einschließlich der Sinneswahrnehmung und der Gemütsbewegun-
gen. In der 18. bis 22. Betrachtung[7] geht *Nieuwentijt* über zu den
auf die Luft, das Wasser, die Erde und das Feuer bezüglichen
Naturerscheinungen und erörtert weiterhin in der 23. und 24.
Betrachtung Tiere und Pflanzen.[8] Die 25. Betrachtung hat den
sichtbaren Himmel, d. h. die Astronomie zum Gegenstand. Viel
vorsichtiger als *Derham* zieht *Nieuwentijt* hier neben dem
Copernicanischen System noch das des *Tycho Brahe* ernsthaft
in Betracht. Die 26. Betrachtung[9] berichtet dem Leser über die
vor allem durch die Wirksamkeit *Gassendis* wieder lebendig

gewordene und durch den Einfluß von *Descartes* weiter entwickelten atomistischen Vorstellungen der Zeit. *Nieuwentijt* hat die von der zweckmäßigen naturgesetzlichen Struktur der Welt ausgehenden Argumentationen in einem besonderen Abschnitt, der 27. Betrachtung[10], untergebracht und daran noch eine 28. Betrachtung „Von den Naturgesetzen, auf welche die Scheidekunst gegründet ist" angehangen; sie dient ihm noch speziell dazu, als Dreingabe von der Möglichkeit der Wiederauferstehung der Toten in einer 29. Betrachtung[11] ausführlich zu handeln. Das umfangreiche, in Quartformat gedruckte Werk schließt mit einer Betrachtung „Von dem Unbekannten".

Freudenthal hat eine Reihe von Punkten hervorgehoben, in denen *Nieuwentijt* wirkliche wissenschaftliche Originalität zeigt. Die Masse seiner Argumente können wir heute kaum noch nachvollziehen. Doch mit Recht macht *Freudenthal* darauf aufmerksam, daß sie alles andere als unlogisch sind, sobald man mit dem Verfasser die Voraussetzungen des ganzen Verfahrens teilt. *Nieuwentijt* ist, wie nicht anders zu erwarten, über alle Entwicklungen der neuen Wissenschaft auf dem laufenden. Ein Beispiel dafür aus der besonders interessanten 27. Betrachtung: „Paragr. 21. Wir konten eine unzehliche Menge von Fällen vorbringen, in welchen auch die kleinsten Cörpergen gewisse krumme Linien, die dieienigen, so der Mechanic kundig sind, nach allen ihren Puncten zu bestimmen wissen, ebenso genau beschreiben, als es die Kugeln oder Bomben einem thun können. So springen viele tausend Wassertheilgen aus der Oefnung eines Springbrunnens, und kein einziges derselben weicht von dem Wege ab, welchen es, vermöge dieser Gesetze, nehmen muß."

„Wieviel Ehre haben sich nicht einige unserer grosen Männer dadurch erworben, daß sie mit ihrem Verstand endlich die krumme Linie erreichet; nach welcher sich eine Kette, oder ein Strick beuget, so an zwei Nägeln AB festhänget, und haben einige Eigenschaften dieser Linie an den Tage gebracht, nachdem viele andere ihre Kräfte vergebens angestrengt; die also bekennen musten, daß, ob ihnen zwar die Eigenschaften der Schwere, so die einzige Ursache dieser Biegung, genügsam bekannt waren, sie dennoch nicht imstande seyn, diese so genante Kettenlinie richtig zu beschreiben. Wie geschwind bilden sich aber die Glieder der Kette selbst, oder die kleinsten Theile eines beugsamen Fadens, ohne daß sie davon das Geringste wüßten, und wie geschwind kommen sie in die Lage, welche diese Linie erfordert? Wir könnten viele andere der gleichen Beispiele geben.''[12]

Die Kettenlinie hatte in der Tat ein neuartiges Problem geboten. Man hatte nach einer zwischen zwei vorgegebenen Punkten *AB* zu ziehenden Kurve gesucht, bei der zwei Bedingungen erfüllt sein sollten: 1. Die Länge der Kurve war vorgegeben; 2. der Schwerpunkt sollte so tief wie möglich liegen. Jede Kurve, welche die erste Bedingung erfüllt, liefert für die Tiefe des Schwerpunktes einen bestimmten Wert, und es kam nun darauf an, diese Funktion, deren Argument eine Kurve war, zu einem Minimum zu machen. Daß die Natur hier diese die Kurve insgesamt betreffenden Bedingungen so mühelos erfüllt und daß die kleinsten Glieder sich diesem Zweck entsprechend anordnen, mußte mit Recht die teleologisch gestimmten Köpfe beschäftigen. Hier stoßen wir auf die wohl wichtigste der neuen Entwicklungen, welche jenen teleologischen Bemühungen neue Kraft zuführten, die schon zu erlahmen drohten.

Wir haben oben in verschiedenen Fällen die Behandlung des menschlichen Auges sozusagen als Muster für das teleologische Verfahren der jeweiligen Verfasser wiedergegeben. Hier *Nieuwentijts* Version: ,,Man frage den grösten Mathematicker, und Künstler, ob er imstande sey, ein künstliches Auge zu verfertigen, das man so leicht, als ein natürliches, auf alle Seiten drehen könne: welches, bei seiner Richtung nach entfernten Dingen, sich selbst verkürzt, oder sonst machet, das der Glaslinse, oder demjenigen, das die Stelle dieser Linse vertritt, das Bild näher komme, und es im Gegentheil die Oberfläche, auf welcher der Gegenstand abgebildet werden soll, selbst von diesem Glas mehr entfernet, sobald es nach einem näheren Gegenstand gewendet wird, und also verursachet, daß sowohl von weit entfernten, als von nahen Dingen, nette Bilder erscheinen; welches seine Öffnung bei geringem Licht erweitert und sie wieder zusammen ziehet, sobald dasselbe stärker wird? Muß nicht jedermann bekennen, daß ein dergleichen Kunststück die Macht eines Menschen übersteige? Und warum will man also dieses Kunstwerk, welches wir würklich an so vielen Menschen und Thieren erblicken, und zu ihrer Glückseligkeit so vieles beiträget, nicht einem verständigen, ia bewundernswürdigen Schöpfer zuschreiben? Kann man demienigen, welcher bei dem allen sich noch unterstehet, die Weisheit des Schöpfers zu läugnen, weniger sagen, als, daß er entweder äuserst verblendet und unglücklich, oder im Grund verderbt und hartnäckigt sey?"[13]

Man erkennt, wie stark bei *Nieuwentijt* die teleologische Auffassung sich der Mittel der neuen Wissenschaft, hier der Optik bedient. Es ist *Kepler* gewesen, der aufgrund des bloßen anatomischen Befundes zu dem Schluß gelangte, das Auge stelle – in unserer Ausdrucksweise gesprochen – eine kleine photographische Camera dar. Über den Akkomodationsmechanismus, auf den *Nieuwentijt* hier anspielt, hat noch lange Unklarheit geherrscht, bis man erkannte, daß nicht der Abstand zwischen Linse und Retina sich ändert, sondern daß die Linse ihre Krümmung und damit Brennweite zu ändern vermag: Diese erstaunliche Möglichkeit hätte *Nieuwentijt* wohl zu noch größerer Begeisterung für die von ihm vertretene Sache hingerissen.

Freudenthal hat darauf hingewiesen, daß zu der teleologischen Argumentationsweise *Nieuwentijts* entscheidend die Überzeugung gehört, daß Gott bei der Schöpfung der Welt im wesentlichen eben den Zustand verliehen hat, in dem sie sich noch gegenwärtig befindet und daß sich die gesamte teleologische Konstruktion an dieser festen Ordnung orientieren kann.[14] Und er hat darauf aufmerksam gemacht, daß ein Rütteln an diesen Voraussetzungen, das Verschwinden dieses statischen Weltbildes, auch für die Teleologie tödlich werden muß.[15] Schließlich hebt er hervor, daß der Entwicklungsgedanke nicht von der Biologie her in das Reich der unveränderlichen species eindringt, wofür erst *Darwins* Theorie die entscheidenden Hilfsmittel geliefert habe, sondern daß es die Geologie und die

54

Struktur unserer Erde im großen ist, die zunächst mit solchen Vorstellungen in Zusammenhang gebracht wird.[16] *Freudenthals* Beobachtungen sind richtig und gehören zu den wenigen zu der uns beschäftigenden Frage geleisteten Beiträgen. Allerdings glaube ich nicht, daß wir so bereits zu einer zureichenden Erklärung der beobachteten Erscheinungen kommen. Denn die Spekulationen über eine sich verändernde oder zyklischen Katastrophen unterworfene Erde lassen sich bis ins Altertum zurückverfolgen und wurden im Mittelalter, etwa bei den berühmten Spekulationen *Alberts von Sachsen* fortgeführt.[17] Zur Zeit von *Nieuwentijt* war die Diskussion über solche Fragen bereits in vollem Gang. Es sei nur an Thomas *Burnet* und *Whiston* erinnert. Die teleologisch argumentierenden Gelehrten ließen sich dadurch nicht im mindesten in ihrem Tun irremachen, und umgekehrt haben die Verfechter solcher geologischen Entwicklungen es nicht verschmäht, sich teleologischer Argumente zu bedienen. Daß beides konsequent betrieben letztlich nicht vereinbar ist, ist sicher richtig. Ich glaube allerdings, daß dies nur einer von vielen Gründen war, die zum Ende der Teleologie geführt haben und daß jene *trivia*, ja *insipientia*, in welche die Entwicklung ausmündete, eine wesentlich gewichtigere Rolle gespielt haben. Es bedurfte schließlich nur noch des distanzierten und kritischen Beobachters, der über die nötigen satirischen Fähigkeiten der Darstellung verfügte, und das Ganze war der tödlichsten aller Gegenkräfte, der Lächerlichkeit, preisgegeben.

7. Christian Wolffs neue Wissenschaft

Wird schon bei *Nieuwentijts* Behandlung der Kettenlinie deutlich, daß er sich in eine neue Entwicklung einordnet, bei der die Zweckmäßigkeitsbetrachtungen sozusagen unmittelbar in die physikalische Überlegung eingreifen, so wird der Zusammenhang, auf den wir hier stoßen, und der Ursprung, dem solche Vorstellungen letztlich entstammen, bei einem anderen – ich möchte fast sagen, dem berühmtesten – Vertreter teleologischer Weltbetrachtung noch deutlicher: bei Christian *Wolff* (1679–1754). Zunächst einmal ist er es gewesen, der das Bedürfnis empfand, für diese Art von Betrachtungen einen eigenen Terminus einzuführen. In seiner „Philosophia rationalis sive logica" (Rationale Philosophie oder Logik) von 1728[1] setzt er sich im 3. Kapitel (De partibus Philosophiae) mit der Einteilung der Wissenschaften auseinander. Im Paragr. 85 stößt er auf eine Physicae pars nomini destituta, einen des Namens baren Teil der Philosophie, über den er folgendes schreibt: „Es können nämlich für die natürlichen Dinge zweifache Gründe angegeben werden, von denen die einen von der Wirkursache her gesucht werden, die anderen vom Zweck her. Diejenigen, die von der Wirkursache her gesucht werden, werden in bereits wohlumrissenen Disziplinen erwogen. Es ist somit außer ihnen noch ein anderer Teil der Philosophie gegeben, der die Zwecke auseinanderlegt, bisher noch eines Namens bar, obschon er äußerst weitreichend und nützlich ist. Man kann ihn Teleologie nennen."[2]

Die von Christian *Wolff* kreierte Neubildung ist sicher unmögliches Griechisch, aber sie hat sich durchgesetzt und in den folgenden Diskussionen als nützlicher Terminus erwiesen, wenn auch nicht in dem von *Wolff* gemeinten Sinn, der, wie man hier sieht, glaubte, einer neu aufkommenden Wissenschaft zu ihrem Namen verhelfen zu müssen.

Wolffs Vertrauen in die Möglichkeiten der von ihm benannten Wissenschaft ist praktisch unbegrenzt. Um das recht zu verstehen, müssen wir uns klarmachen, daß *Wolff* ursprünglich die mathematischen Disziplinen vertrat. Seine öfters gedruckten Anfangsgründe sämtlicher mathematischen Wissenschaften, die erstmals 1710 in Halle erschienen waren, kamen in auf den neuesten Stand gebrachter Form als Elementa matheseos universae seit 1713 in lateinischer Sprache bearbeitet ebendort heraus. Sie wurden noch öfters aufgelegt. Sie bieten einen vorzüglichen und systematischen Überblick über den Stand der mathematischen Wissenschaften zu seiner Zeit. Die Ergebnisse der neuen infinitesimalen Methoden, die in enger Verbindung mit Fragen der Mechanik sich entwickelten, waren in den Journalen der Wissenschaft weit verstreut, und *Wolffs* wenn schon nicht originelle, so doch ungemein übersichtliche und gründliche Zusammenfassung des Neuen, wie sie namentlich der zweite Band der Mechanik seiner Elementa brachte, trug einem weit verbreiteten Bedürfnis Rechnung. Bei dieser Ausgangsbasis, die ihm den Zusammenhang mit den wesentlichen Ergebnissen der neuen Wissenschaft sicherte, und seinen weit gespannten Interessen ist es nicht verwunderlich, daß sich *Wolff* mit Leidenschaft der teleologischen Erklärungsweise der Natur und der aus ihr gezogenen teleologischen Elemente bediente. Getreu seiner oben gegebenen Einteilung hat er neben seine „Vernünftigen Gedanken von den Wirkungen der Natur", die in Halle 1723 erschienen und seine Naturphilosophie im herkömmlichen Sinn entwickeln, seine „Vernünftigen Gedanken von den Absichten der natürlichen Dinge" und seine „Vernünftigen Gedanken von dem Gebrauche der Teile in den Menschen, Tieren und Pflanzen" gestellt, die 1724 bzw. 1725 in Frankfurt und Leipzig herauskamen und die zugehörigen teleologischen Betrachtungen bieten. Sie erfreuten sich großer Beliebtheit und sind immer wieder aufgelegt worden.[3] Später trat zu diesen Schriften noch seine systematische zweibändige Theologia naturalis methodo scientifica pertractata, die 1736–1737 in Frankfurt erschien.

Daß *Wolffs* beachtlicher Scharfsinn in Einzelfragen seinem völlig hemmungslosen Gebrauch teleologischer Argumente nicht den mindesten Abbruch getan hat, ist allgemein bekannt. Ich beschränke mich darauf, als Beispiel wieder aus dem Abschnitt über das Auge aus den vernünftigen Gedanken von dem Gebrauche der Teile zu zitieren:

„Paragr. 151. Es weiß ein jeder, auch von den gemeinen Leuten, daß uns das Auge zum Sehen gegeben ist; denn sobald wir die Augen verschließen, sehen wir nichts mehr: sobald wir sie aber eröffnen, können wir wieder sehen . . .“[4] Daß auf der Rückwand des Auges das Netzhautbild entworfen wird, das, anders als das Bild eines Malers, den Bewegungen im Raum folgt, setzt *Wolff* als bekannt voraus[5] und schildert anschließend in allen Einzelheiten den Bau des Auges und die Zwecke, welche seine einzelnen Teile erfüllen sollen. Schließlich wird im Paragr. 153 die Frage erörtert, „Warum das Auge rundt ist?“:

„Weil nun aber das Auge so vielerley Wendung von Nöthen hat, wenn es in jedem Fall zum Sehen aufgelegt seyn soll . . .; so erkennet man nun hieraus die Ursache, warum das Auge rundt ist, nemlich weil es sich auf diese Weise am bequemsten wenden lässet, indem es niergends anstösset. Und zwar hat es eben desswegen Kugelrundt seyn müssen, damit es in seinem Behältnisse in einer jeden Wendung Raum hätte, ohne daß desswegen dasselbe weiter seyn darf als erfordert wird. Der weyland berühmte Professor zu Altdorff, *Sturm,* der sich um die Mathematick und Physick sehr verdient gemacht in unserem Vaterland, hat angemercket, daß auf einer hohlen Fläche das Bildlein viel deutlicher wird als auf einer ebenen: wovon die Ursache diese seyn müste, daß nicht alle Strahlen, die von den verschiedenen Puncten einer Sache herkommen, gantz genau in einer solchen Weite miteinander vereiniget werden, wie heraus kommet für einen jeden unter ihnen, wenn die Fläche eben ist, davon sich das Bildlein präsentiret.“[6]

Johann Christoph *Sturm* (1635–1703) war zunächst Dozent

in Jena, dann Prediger, und seit 1669 Professor der Mathematik und Physik an der Universität Altdorf gewesen. Er hat eine breite, sich in mannigfachen Lehrbüchern niederschlagende Wirksamkeit entfaltet, bei der sich Altes und Neues wunderlich mischt,[7] darin *Wolff* nicht unähnlich, der übrigens zum erst posthum 1722 erschienenen 2. Band seiner Physica electiva sive hypothetica, seiner Physik in Auswahl oder hypothetischer Darstellung, ein Vorwort geschrieben hat. *Sturm* gehörte zu den ersten Universitätslehrern, die Experimentalvorlesungen hielten: 1676–1685 erschien in Nürnberg sein Collegium experimentale, sive curiosum, seine auf Experimente gegründete und auf den Wissensdrang gerichtete Vorlesung. Den Gedanken, daß die Krümmung der Netzhautfläche etwas mit der Bildfeldwölbung zu tun haben könnte, scheint er in einer besonderen Schrift entwickelt zu haben, deren Titel bereits die verfolgte Tendenz verrät: Oculus Θεόσκοπος h. e. de visionis organo et ratione genuina, Das Auge nach der Absicht Gottes, d. h. Über das Organ des Gesichts und seinen eigentlichen Plan, Norimbergae (Nürnberg) 1678; war mir leider bisher nicht zugänglich. Hören wir weiter, welche Schlüsse *Wolff* aus *Sturms* Bemerkung zieht:

„Und es ist glaublich, daß dieses seinen Grund hat. Denn da *Gott* in dem Auge nicht aus Nothwendigkeit die hohle Fläche der Ebenen vorgezogen, darauf sich das Bildlein präsentiret, indem das Auge wohl von außen hätte rundt bleiben können und dessen ungeachtet innen das Netz-förmige Häutlein über eine ebene Fläche ausgespannet werden; so muß ein zureichender Grund vorhanden seyn, daß solches geschehen. Und da es die Vollkommenheit des Auges erfordert, daß alles so eingerichtet wird, wie es die Deutlichkeit des Bildleins erfordert; hat die Fläche, darauf es abgemahlet wird, eine solche Figur haben müssen, daß alle Puncte darauf anzutreffen waren, worinnen sich die Strahlen, welche von einem Puncte der Sache, die wir sehen, ins Auge fallen, miteinander vereinigen. Und dem nach können wir aus diesen Gründen schließen, daß solches auf einer hohlen Fläche geschehen muß und nicht auf einer ebenen. Allein weil diese Puncte determinirte Weiten hinter der crystallinen

Feuchtigkeit haben; so wird dadurch die Höhle des Auges und folgends die gantze Größe determiniret; woraus nun noch begreiflich wird, daß das Auge mit großer Erkänntniss und Weissheit gemacht worden. Ja da durch die crystylline Feuchtigkeit die innere Höhle und gantze Größe des Auges, wie nicht weniger ... die Menge der gläsernen Feuchtigkeit determiniret wird; so erkennet man hieraus auch in dem Auge die Verknüpfung aller unterschiedlichen Theile dem Raum nach mit einander ... Ungeachtet aber in denen Dingen, wo es auf die Grösse ankommet, eines durch das andere determiniret wird; so sehet man doch hier in einem Exempel, daß desswegen keine unvermeidliche Nothwendigkeit eingeführet wird, indem doch diese nothwendige determinationes aus einer Absicht erwehlet werden, nemlich damit das Bildlein so klar und deutlich in dem Auge abgemahlet wird, als nur immer möglich ist. Wenn wir die natürlichen Dinge genug erkennen lerneten und es insonderheit biss dahin brächten, daß wir ihre Vollkommenheit deutlich begrieffen: So würden wir mehrere Proben davon sehen, was ich von der Verknüpfung der Dinge in der Welt überhaupt behauptet ..."[8]

Der vorstehende Passus gibt einen guten Eindruck von *Wollfs* teleologischer Naturbetrachtung, bei der sich Plattes und Subtiles bunt mischen.

8. Teleologie und Extremalprinzipien: Leibniz und die Brüder Bernoulli

Daß *Wolff* im wesentlichen etwas fortsetzt, das auf *Leibniz* zurückgeht, ist allgemein bekannt. Weniger bekannt sind die Quellen, aus denen *Leibniz'* teleologische Vorstellungen auf naturwissenschaftlichem Gebiet gespeist wurden. Ich glaube, wir können, wenn wir dieser Frage nachgehen, damit zugleich jenen wichtigsten neuen Strom entdecken, der die teleologische Weltbetrachtung so lange lebendig erhalten hat. Der Zugang zu dieser auf *Leibniz'* Gedanken aufbauenden Form von teleologischer Weltbetrachtung wird durch die gedankenreiche Studie von Adolf *Kneser*[1] in hohem Maße erleichtert. *Kneser* hat hier hervorragende Pionierarbeit geleistet. *Leibniz* selbst ist über die historischen Ursprünge der Entwicklung, in die er seine eigenen teleologischen Überlegungen einordnet, aufs beste unterrichtet. Wiederholt kommt er in solchen Zusammenhängen auf die von *Sokrates* im *Platonischen Phaidon* erhobene Forderung einer Naturbetrachtung nach Zwecken zurück.[2] *Leibniz* denkt dabei nicht so sehr an die *Aristotelische* Erfüllung dieser Forderung wie an bestimmte, in der antiken Optik auftauchende Anwendungen der lex parsimoniae, jenes Prinzips, nach dem die Natur mit sparsamstem Aufwand wirken soll. So betrachtet *Heron* die Reflexion eines von einer Lichtquelle ausgehenden Strahles ins Auge des Betrachters und stellt fest, daß sie gerade so erfolgt, daß der Lichtstrahl auf kürzestem Weg ins Auge gelangt.[3] Um das einzusehen (siehe Figur 1), braucht man nur vom Ort des virtuellen Bildes P' hinter dem Spiegel s eine Strecke $P'R_0$ zum Reflexionspunkt R_0 gezogen zu denken: Sie entspricht symmetrisch dem ersten Stück PR_0 des Lichtwegs PR_0O von der

Lichtquelle P zum Reflexionspunkt R_0 und ist ebenso lang wie er. Man erkennt sofort, daß nach dem Reflexionsgesetz diese Strecke $P'R_0$ in der Verlängerung des vom Reflexionspunkt R_0 ins Auge O reflektierten Strahls R_0O liegt, also den Ort des virtuellen Bildes P' auf kürzestem Weg $P'R_0O$ mit dem Auge O

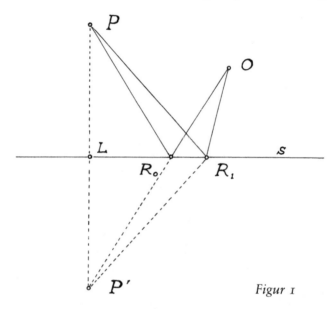

Figur 1

verbindet, und daß dieser kürzeste Weg $P'R_0O$ ebenso lang ist wie der faktische PR_0O. Läge der Reflexionspunkt an irgendeiner anderen Stelle, zum Beispiel in R_1, so erhielten wir einen geknickten und damit längeren Weg $P'R_1O$ vom virtuellen Bild P' zum Reflexionspunkt R_1 und von dort zum Auge O, und wieder wäre dieser Weg $P'R_1O$ aus Symmetriegründen dem Weg PR_1O gleich, der vor dem Spiegel s durchlaufen würde. Also führt der faktisch auftretende Reflexionspunkt R_0 tatsächlich zum kürzesten Lichtweg PR_0O. Dieselbe Betrachtung (siehe Figur 2) läßt sich bei einem sphärischen Konvexspiegel s_2 anstellen, wenn man den Kunstgriff übt, im Reflexionspunkt R_0 einen berührenden ebenen Spiegel s_1 zum Vergleich einzuführen. Denn der Weg R_1R_2O ist länger als der Weg R_1O, und daher wird der Weg PR_2O noch länger als der Weg PR_1O. Den Fall des sphärisch konkaven Spiegels hat man im Altertum übergangen. Man kann leicht erraten, warum: Der Lichtweg kann hier maximal werden. *Leibniz* kennt die *Heronischen* Erwägungen

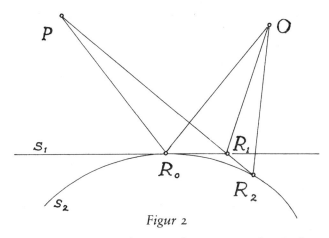

Figur 2

genau,[4] wenn er sie auch unter dem Namen des *Ptolemaeus* zitiert, der damals noch allgemein als ihr Urheber galt.[5]

Es war dann wieder ein optisches Gesetz, nämlich das von *Snellius* entdeckte Brechungsgesetz, das den Anlaß gab, die Diskussion in der Neuzeit fortzusetzen. *Descartes* hatte dieses Gesetz seiner durch die Tradition bedingten Eierschalen entkleidet und es publik gemacht. Für *Snellius* muß nämlich das Brechungsgesetz noch eine Aussage über den Ort gewesen sein, an welchem dem Betrachter das Bild im dichteren Medium erscheint; *Descartes* hat daraus eine Aussage über die Bahn von Lichtstrahlen gemacht.[6] Er hatte nicht nur dies getan, sondern sogar eine Ableitung versucht:[7] Die Geschwindigkeit der Lichtpartikeln sollte sich beim Eintritt in ein dichteres Medium wie folgt ändern: Die Geschwindigkeiten in den beiden Medien sollten in einem festen Verhältnis stehen, und zwar sollte mit der optischen Dichte die Geschwindigkeit zunehmen. Andererseits sollte die zur Trennungsfläche der beiden Medien tangentiale Geschwindigkeitskomponente erhalten bleiben. Die nicht sonderlich plausible Vorstellung von einer Erhöhung der Lichtgeschwindigkeit im optisch dichteren Medium hatte *Descartes* mit allen ihm reichlich zu Gebote stehenden Überredungskünsten zu rechtfertigen versucht und dabei Scharen von Männerchen aufgeboten, die das jeu de paume, eine Art von Vorform des Tennis, spielten. Einem allerdings hatte er das Paradoxon nicht plausibel machen können: Pierre *de Fermat.* Er konnte anknüpfend an bestimmte in der Collectio (Sammlung) des *Pappus* überlieferte Extremwertaufgaben[8] zeigen, daß die entgegengesetzte Annahme, daß sich nämlich die Lichtgeschwindigkeit umgekehrt proportional zum Brechungsindex des Mediums verhält, das *Snelliussche* Gesetz zu einem Minimalprinzip macht:[9] Der Lichtstrahl verläuft dann so – das ist der entscheidende neue Gedanke –, daß er den zeitlich kürzesten Weg nimmt. Später gab Christiaan *Huygens* der *Fermatschen*, noch ganz der antiken Verfahrensweise verhafteten Ableitung eine elegante neue Form. In seinem leider viel zu spät publizierten Traité de la lumière (Abhandlung über das Licht)[10] verfolgte er den von *Fermat* eingeschlagenen Weg in weitem Umfang weiter. In welchem Maß *Huygens'* Traité auf solchen Gedanken aufbaut, wodurch sich wieder und wieder verblüffend einfache Ableitungen ergeben, ist leider wenig bekannt. So weit ich weiß, hat nur *Carathéodory,* der sich zeit seines Lebens sehr für die Geschichte des von ihm bearbeiteten Gebietes interessiert hat, klar gesehen, daß bereits *Huygens* meisterhaft mit sogenannten Variationsprinzipien arbeitete.[11] Auch *Newtons* 1687 erschienene Principia behandeln Aufgaben dieser Art. Im Scholium zu Prop. XXXV im 2. Buch wird ein Rotationskörper von vorgesehener Länge und Breite gesucht, der in einem gasartigen Medium bei Bewegung in Achsenrichtung den geringsten Widerstand erfährt.

Den Anlaß, solche Methoden systematisch zu entwickeln, gab ein von Johann *Bernoulli* in den durch *Leibniz* geschaffenen Acta Eruditorum, im Juni-Heft gestelltes „Neues Problem, zu dessen Lösung die Mathematiker eingeladen werden (siehe Figur 3): Gegeben seien in einer senkrechten Ebene zwei Punkte *A* und *B;* anzugeben ist für einen beweglichen Gegenstand *M* der

Weg *AMB*, längs dessen er durch seine Schwere hinabgleitend und vom Punkte *A* mit seiner Bewegung anhebend in kürzester Zeit zum anderen Punkt *B* gelangt.‟[12] Das Problem war kein völlig neues. Schon *Galilei* hatte in seinen Discorsi e dimostrazioni matematiche intorno a due nuove scienze, seinen Erörte-

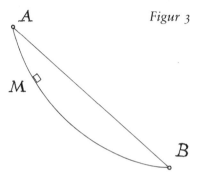

Figur 3

rungen und mathematischen Beweisen im Umkreis zweier neuer Wissenschaften aus dem Jahre 1638 die Zeiten miteinander verglichen, die schwere Körper für ihren Fall längs Polygonzügen brauchen, von denen er insbesondere angenommen hatte, sie seien einem senkrecht stehenden Kreis einbeschrieben, erstreckten sich nicht weiter als ein Viertel von ihm und endeten in seinem tiefsten Punkt. Unter diesen Voraussetzungen hatte er beweisen können, daß die Zeiten sich bei Einführung zusätzlicher Eckpunkte verkürzten.[13] Es wurden also nur recht spezielle Bahnen zum Vergleich herangezogen. Bei *Bernoullis* Problem sollte nun jede solche Einschränkung fortfallen. Zunächst fand das Problem nicht die von Johann *Bernoulli* erhoffte Teilnahme. Vor allem rührte sich sein Bruder Jacob, den er in erster Linie hatte herausfordern wollen, überhaupt nicht. Er schickte daher zum neuen Jahr 1697 den scharfsinnigsten Mathematikern, die auf dem gesamten Erdkreis blühen, Acutissimis qui toto Orbe florent Mathematicis, ein Programm,[14] in dem er etwas dringlicher wurde: „Wer es vermag, der soll den Preis erringen, den wir dem Auflöser bereitet haben; keinen Preis von Gold, keine Summe Silbers, durch die nur verworfene und feile Geister geworben werden, von denen wir, wie nichts Lobenswertes, so auch nichts für die Wissenschaften Fruchtbares erwarten; vielmehr, da die Tugend sich selbst der schönste Lohn ist, und der Ruhm einen unermesslichen Ansporn in sich birgt, bieten wir einen Preis, wie er einem Mann von edlem Geblüt gebührt, verbunden zu einem Gebinde aus Ehre, Lob und Beifall; mit ihm werden wir den durchdringenden Scharfsinn unseres großen Apolls, in der Öffentlichkeit wie im häuslichen Kreis, mit Schriften und Worten krönen, schmücken und rühmen.“[15]

Leibniz selbst fühlte sich, wie er an Johann *Bernoulli* schreibt,[16] von dem Problem angezogen wie die Eva vom Apfel; er teilte seinem Freund eine von ihm gefundene Lösung mit, führte allerdings bewegte Klage, daß solche Tätigkeit ihn den Rest seiner schon überbeanspruchten Kräfte koste. Johann *Bernoulli* freut sich über die Lösung und hofft nur, daß er nicht als die böse Schlange erscheinen möge, die der Eva den Apfel bietet. Er macht *Leibniz* auf einen Punkt aufmerksam, der ihm entgangen war: Die Lösungskurve ist eine Zykloide, wie sie ein Punkt auf dem Reifen eines abrollenden Rades beschreibt.[17] Johanns eigene Lösung, die noch im Mai-Heft der Acta erscheint, beruht im Mathematischen auf einer Verallgemeinerung des *Fermatschen* Gedankens des kürzesten Lichtweges. Johann *Bernoulli* kann zeigen, wie sich aus dieser optischen Überlegung die Lösung des mechanischen Problems ergibt: „Wenn wir uns jetzt ein Medium denken, nicht gleichförmig dicht, sondern, als sei es durch unbegrenzt viele waagrecht dazwischenliegende Blättchen getrennt, deren Zwischenräume mit einer durchsichtigen Materie von einer Dünnigkeit erfüllt sein sollen, die in wohlbestimmtem Verhältnis zunimmt oder abnimmt; dann ist klar, daß der Strahl, den wir wie eine kleine Kugel betrachten, sich nicht in einer geraden Linie ausbreitet, sondern in einer bestimmten Kurve (was bereits *Huygens* selbst in . . . seinem Traktat über das Licht bemerkt, ohne allerdings die Natur der Kurve im mindesten zu bestimmen), die von solcher Natur ist, daß die kleine, durch sie mit ständig vermehrter oder verminderter Geschwindigkeit hinabfallende Kugel stets im Verhältnis der Grade der Dünnigkeit in kürzester

Zeit von einem Punkt zum anderen gelangen müßte. Es steht auch fest, da die Sinus der Brechungswinkel in den einzelnen Punkten sich beziehungsweise wie die Dünnigkeiten des Mediums oder die Geschwindigkeiten der kleinen Kugel verhalten, daß die Kurve diese Eigenschaft besitzt, daß die Sinus ihrer Neigungen gegenüber der Senkrechten überall im gleichen Verhältnis der Geschwindigkeiten stehen. Nachdem dies vorausgeschickt, ist ohne Mühe zu durchschauen, daß die Brachistochronen-Kurve eben jene ist, die ein Lichtstrahl bilden würde, der durch ein Medium hindurchginge, dessen Dünnigkeiten im Verhältnis der Geschwindigkeiten stünden, die ein schwerer Gegenstand beim senkrechten Fall gewönne."[18]

Mit Stolz hebt Johann *Bernoulli* dann hervor, daß diese Überlegung stets den Weg zur Lösung eröffnet, sobald bekannt ist, wie die Geschwindigkeit mit dem durchfallenen Höhenunterschied zunimmt. Für den Fall im Schwerefeld der Erde hatte bereits *Galilei* nachgewiesen, daß die Geschwindigkeit proportional zur Wurzel aus dem Betrag des durchfallenen Höhenunterschiedes wächst. Damit reduziert sich das gestellte Problem auf die bloße Durchrechnung im einzelnen, und als Ergebnis erhält man einen nach unten gekehrten Zykloidenbogen.

Die mathematische Seite seiner Lösung stützt Johann *Bernoulli* auf *Fermats* Verfahren, ohne hier irgendetwas Neues zu bringen. Seine Lösung besteht vielmehr darin, zum ersten Mal klar auf die Analogie zwischen Mechanik und Optik hingewiesen zu haben, die später unter den Händen von *Hamilton* sich als so fruchtbar erweisen sollte. *Leibniz'* eigene Lösung, die mit der von Johann *Bernoulli* zusammen im Mai-Heft der Acta eruditorum veröffentlicht wurde, geht das Problem unmittelbar an und weist den Weg zum weiteren mathematischen Ausbau dieser sogenannten Variationsmethoden. *Leibniz* hat in einem Brief an Johann *Bernoulli* das Prinzip seiner Lösung kurz wie folgt charakterisiert (siehe Figur 4): „Indem ich mir für die Kurve ein unendlicheckiges Vieleck denke, sehe ich, daß dasjenige von allen möglichen das des geschwindesten Abstiegs sein werde, wenn nach Annahme von drei beliebigen Punkten oder Ecken *A, B, C* auf ihm der Punkt *B* von solcher Art ist, daß von allen Punkten auf der waagrechten Geraden *DE* dieser eine Punkt den geschwindesten Weg von *A* nach *C* liefert. Die Sache kommt also zurück auf die Lösung des folgenden einfachen Problems: Gegeben zwei Punkte *A* und *C*

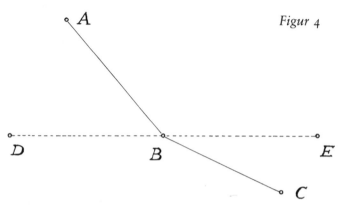

Figur 4

und eine waagrechte, zwischen sie fallende Gerade *DE,* auf dieser Geraden einen Punkt *B* von solcher Art zu finden, daß der Weg *ABC* der geschwindeste sei."[19]

Diesem Lösungsansatz liegt die Annahme zugrunde, daß mit der gesamten Teilkurve auch jeder Teil von ihr der betreffenden Extremaleigenschaft genügen muß. Im wesentlichen den gleichen Ansatz finden wir in der von Jacob *Bernoulli* auf die Herausforderung seines Bruders hin eingereichten Lösung, die ebenfalls in dem erwähnten Heft erschien. An diese Lösung schließt ihr Verfasser eine Reihe von neuen Problemen an, bei denen sogenannte isoperimetrische Bedingungen eingehalten werden müssen. Solche isoperimetrischen Aufgaben haben wieder ihre bis in die Antike zurückreichende Geschichte: Berühmt ist das Problem der *Dido* und ihrer Begleiter: mercatique solum, facti de nomine Byrsam,/taurino quantum possent circumdare tergo (Und sie kauften Boden, nach dem Geschehnis Byrsa [griech. Haut] mit Namen, so viel sie mit der Haut eines Stiers zu umfassen vermochten. *Vergil*, Aeneis I 367 sq.).

Wie läßt sich mit den Streifen, in welche die Haut zerschnitten wurde, und die von vorgegebener, unveränderlicher Länge waren, ein möglichst großes Stück Land umspannen? *Zenodo-ros*[20] bewies in seiner uns durch *Theons* Kommentar zu B 1, 3 des *Ptolemaeischen* Almagest erhaltenen Schrift περὶ ἰσοπερι-μέτρων σχημάτων, Über Figuren von gleichem Umfang, daß der Kreis größeren Inhalt hat als alle Polygone gleichen Umfangs und ähnliche Sätze über die Kugel. Eine mit einer isoperimetrischen Bedingung verknüpfte Aufgabe aus der Entwicklung der neueren Physik hatten wir bereits in *Nieuwentijts* Ausführungen über die Kettenlinie kennengelernt: Hier sollte der Schwerpunkt der Kettenlinie möglichst tief liegen, zugleich aber war die Kette von vorgegebener, unveränderlicher Länge. Jacob *Bernoulli* wußte, daß solche Aufgaben sich nicht mit der Methode bewältigen lassen, die er für die Lösung des Brachisto-chronen-Problems mitgeteilt hatte, sondern daß dazu eine Verallgemeinerung dieser Betrachtungen erforderlich war. Jacob *Bernoulli* bemerkte zu den von ihm gestellten Problemen: „Und da es unbillig ist, daß jemand aus Arbeit, zugunsten eines anderen und unter Aufwand der eigenen Zeit wie mit Schaden für die eigenen Angelegenheiten unternommen, keinen Nutzen gewinnt, gibt jemand, für den ich mich verbürge, kund, daß er meinem Bruder, wenn er eine Lösung geben wird, über die wohlverdienten Lobsprüche hinaus, einen Ehrensold von fünfzig Reichstalern bestimmt hat; mit der Regelung allerdings, daß er binnen des dritten Monats von dieser Veröffentlichung an verspreche, er wolle es unternehmen und die Lösungen selbst nach Ende des Jahres, wie auch immer es angehen mag, durch Quadraturen vorführe. Wenn nach Ablauf dieses Jahres nämlich niemand Lösungen gegeben haben sollte, werde ich die meinen vorführen."[21] Der Bruder *Bernoulli* sah nicht die besonderen, durch die isoperimetrischen Bedingungen gebotenen Schwierigkeiten und schickte *Leibniz* seinen Lösungsversuch. *Leibniz* wird kaum die Zeit gehabt haben, alle Einzelheiten des Beweisgangs zu überprüfen, und ließ den Versuch in seinen Acta Eruditorum erscheinen. Jacob *Bernoulli* hatte damit den von ihm nur gewünschten, willkommenen Anlaß, den Beweisversuch einer vernichtenden Kritik zu unterziehen.[22]

9. Variationsrechnung und formal-teleologischer Aufbau der Mechanik: Jacob Bernoulli und Leonhard Euler

Die neue Teleologie schoß so üppig ins Kraut, daß es im nachhinein schwer begreiflich scheint, wie sie so lange das Feld behaupten konnte. Wieder und wieder wurde die Grenze zum Platten, Widersinnigen oder Lächerlichen gestreift, ja überschritten. Die Frage, weshalb solchen Auswüchsen zum Trotz die neue Art, Gott und die Welt, Schöpfer und Schöpfung zu betrachten, weiter blühen konnte, stellt sich zunächst dringlicher als die nach den Gründen für ihr schließliches Ende. Die Antwort auf jene Frage nach den Kräften, welche die neue Teleologie so lange lebendig halten konnten, zeichnet sich bereits ab. Noch zu der Zeit, da eine durch die neue Naturwissenschaft wie die Tradition gespeiste Flut von inneren und äußeren Zweckbeziehungen dem Unternehmen einen schier unerschöpflichen Inhalt zuführte, rückte bei *Leibniz* und dem ihm nahestehenden Kreis derer, die wie die Brüder *Bernoulli* der Physik im neuen Verstand ihre mathematischen Methoden schufen, eine andere Seite der Teleologie in den Mittelpunkt: die formale.

Die an *Aristoteles* anknüpfende Tradition hatte Naturerscheinungen als ihrem Inhalt nach zweckbestimmt und solchem Zweck entsprechend gegliedert angesehen. Nun trat eine in der Antike nur im Ansatz faßbare Betrachtungsweise in den Vordergrund, nach der sich das Naturgeschehen so verwirklichen sollte, daß bestimmte mit ihm verbundene Größen extremal zu werden hatten. Beispielsweise erwies sich unter allen denkbaren Lichtwegen der bei Spiegelung oder Brechung eingeschlagene als räumliches oder zeitliches Extremum oder gar Minimum. Hand in Hand mit der Suche nach solchen Extremalverhältnissen ging die Ausbildung der dafür erforderlichen mathematischen Techniken. Bei ihnen ging es darum, Funktionen, deren Argumente nicht die üblichen Größen, sondern wieder Funktionen waren – heute würde man von Funktionalen sprechen – daraufhin zu untersuchen, für welche Argumentfunktionen sie einen Extremwert liefern. Dabei waren die in Betracht gezogenen Vergleichsfunktionen teilweise zusätzlichen Bedingungen unterworfen, die aufgrund des einschlägigen klassischen Problems verallgemeinert als isoperimetrisch bezeichnet wurden.

Die weitere Entwicklung erfolgte in zwei Schritten: Zunächst kam es durch die Arbeiten von Jacob *Bernoulli* zu allgemeineren Lösungsansätzen für die auftretenden mathematischen Probleme, Ansätze, bei denen auch solchen isoperimetrischen Bedingungen Rechnung getragen war. Doch waren die von ihm ersonnenen Methoden noch so verwickelt, daß sie bei aller ihnen gezollten Bewunderung kaum jemanden fanden, der sie aufgriff. Das geschah erst durch die folgende Generation. Es war Leonhard *Euler,* der die Ansätze Jacob *Bernoullis* fortentwickelte und ihnen eine Form verlieh, in der sie breiteren Kreisen zugänglich wurden. Zugleich hat *Euler* den Weg gewiesen, auf dem sich diese Methoden, für die er den Ausdruck calculus variationum (Variationsrechnung) geprägt hat,[1] als kraftvollstes Mittel für die Behandlung mechanischer Probleme nutzen ließen. Das geschah gerade zu der Zeit, als sich zum ersten Mal ein gewisses Unbehagen an den inhaltlichen teleologischen Betrachtungen zu zeigen begann, und lenkte die Erörterung gegen Ende der von uns betrachteten Entwicklung in eine ganz besondere Richtung.

Im Jahre 1701 ließ Jacob *Bernoulli* seine eigene Lösung jenes Großen isoperimetrischen Problems, für das er fünfzig Reichstaler ausgesetzt hatte, im Mai-Heft der Acta eruditorum erscheinen.[2] Dabei liefert er mehr, als die speziellen Lösungen, nämlich eine allgemeine, auf Variationsaufgaben mit isoperimetrischen Bedingungen zugeschnittene Methode, die ein neues Feld der Mathematik und theoretischen Physik eröffnet. Jacob

Bernoulli ist sich der Bedeutung seines Schrittes durchaus bewußt. Er stellt seiner Analysis magni problematis isoperimetrici in Actis Erudit. Lips. mens. Mai 1697 propositi, seiner Auflösung des großen isoperimetrischen, in den Acta Eruditorum zu Leipzig im Monat Mai 1697 vorgelegten Problems, die er unter seinem Vorsitz durch den Basler Joh. Jacobus *Episcopius* am 1. März 1701 hatte verteidigen lassen, folgende Widmung voran: „Den hochberühmten Namen des Vier-Männer-Gespanns des Herrn Marquis de *L'Hospital,* des Herrn Gottfried Wilhelm *Leibniz,* des Herrn Isaac *Newton* und des Herrn Nicolas *Fatio de Duillier,* der Fürsten der Mathematiker, widmet seine Lösung mit ergebenem Sinn der Vorsitzende und unterwirft sie ihren höchstbilligen kritischen Urteilen."[3] Das waren in der Tat die wenigen, welche die Leistung Jacob *Bernoullis* zu würdigen vermochten. Der Marquis de *L'Hospital* war seinerzeit der vierte gewesen, der zum Brachistochronenproblem eine Lösung eingereicht hatte, die *Leibniz* zusammen mit den anderen veröffentlicht hatte. *Newton* hatte auch die Lösung angegeben, sich aber nicht geneigt gezeigt, sich über den Weg, auf dem er sie erhalten hatte, zu äußern und damit unnötig viel von seinen Methoden preiszugeben. Nicolas *Fatio de Duillier* hatte sich als Kenner der neuen infinitesimalen Methoden in Korrespondenz mit den hervorragendsten Gelehrten der Zeit einen Namen gemacht und eine Lösung jenes von *Newton* aufgeworfenen Variationsproblems eines Rotationskörpers von geringstem Widerstand veröffentlicht. Den Bruder Johann, der bei der Lösung der isoperimetrischen Probleme ja versagt hatte, glaubte Jacob *Bernoulli* aus diesem illustren Kreis ausnehmen zu müssen ... Zeigt schon diese Widmung die Bedeutung, die Jacob *Bernoulli* seinen Ergebnissen beimaß, so verstärkt sich dieser Eindruck, wenn wir bis zum Schluß seiner Arbeit vordringen. Hatte es beim Brachistochronenproblem noch genügt, drei aufeinanderfolgende Ordinaten in Betracht zu ziehen und zu untersuchen, welche Auswirkung eine Änderung an der mittleren Ordinate hervorrufen muß, so ließen sich isoperimetrische Bedingungen dadurch einhalten, daß man vier und mehr Ordinaten in die Analyse einbezog und alle mittleren in Übereinstimmung mit der gegebenen Bedingung abänderte. Bei der Kettenlinie beispielsweise, bei der eine einzige isoperimetrische Bedingung vorliegt, nämlich die, daß sich die Länge der Kette nicht ändern darf, sind vier aufeinanderfolgende Ordinaten y_1, y_2, y_3, y_4, zu betrachten und die beiden mittleren y_2 und y_3 so zu variieren, daß die Summe der Bogenelemente $ds_{1,2} + ds_{2,3} + ds_{3,4}$ konstant bleibt, wobei die $ds_{i,i+1}$ ($i = 1$, 2, 3) die vom Endpunkt von y_i zu dem von y_{i+1} gezogenen Kurvenelemente bezeichnen. Jacob *Bernoulli* hat mit bewundernswerter Kraft die von solchen Analysen zur Aufstellung der entsprechenden Differentialgleichung hinführenden Überlegungen und Rechnungen bewältigt, und er erkennt dabei ein sozusagen reziprokes Verhalten zwischen isoperimetrischer und Extremwertbedingung, das er als reciprocatio bezeichnet. Beispielsweise führt die Aufgabe, für vorgegebene Länge des Umfangs die Fläche mit dem größten Inhalt zu bestimmen, auf dieselbe Lösung wie die, bei vorgegebenem Flächeninhalt die Randkurve zu finden, welche die kleinste Länge besitzt: In beiden Fällen ist die Lösung der Kreis. Jacob *Bernoulli* erkennt diese Beziehung in ihrer Allgemeinheit und schließt seine Untersuchung mit den Worten: „Und es ist in eben diesem solches verborgen, das ein neues Feld der theoretischen Überlegung von weitesten Ausmaßen den Geometern zu eröffnen vermag. Dem unsterblichen *Gott* aber, der den Sterblichen vergönnt hat, in den unerforschlichen Abgrund seiner unerschöpflichen Weisheit mit allzu oberflächlichen Blicken Einsicht zu gewinnen und ihn bis zu einem gewissen Punkt zu erforschen, sei für die uns erwiesene Gnade Lob, Ehre und Ruhm in die immerwährenden Zeitalter."[4] Wie die Widmung der Untersuchung, so zeigt auch dieser hymnische Schluß deutlich, welch tiefe Bedeutung Jacob *Bernoulli* den gewonnenen Einsichten beimißt. Sie sind für ihn ein Grund, Gott für die besondere Gnade, gratia, zu danken, die er hier einem Sterblichen in der Form einer Offenbarung aus dem unerforschlichen Abgrund seiner unerschöpflichen Weisheit erwiesen hat. Die Mathematik führt zu *Gott*, und der Mensch hat ihm für die zuteil gewordene Offenbarung zu danken.

Es war dann vor allem Leonhard *Euler* (1707–1783), der große Schüler Johann *Bernoullis,* der die Variationsmethoden fortbildete und ihre Vorzüge für die Lösung physikalischer Aufgaben, insbesondere solcher der Mechanik, zu nutzen verstand. *Euler* hatte bereits in seiner ersten wissenschaftlichen Arbeit aus dem Jahre 1726 eine Frage der Variationsrechnung aufgeworfen, nämlich das Problem gestellt, die Brachistochrone in einem Widerstand bietenden Medium zu ermitteln. Er hatte dann kurz vor 1732 damit begonnen, systematisch Fragen der Variationsrechnung zu bearbeiten. Dabei hatte er seinen Ausgangspunkt von den durch Jacob *Bernoulli* entwickelten Methoden genommen.[5] Schon in seiner ersten Untersuchung aus dem Jahre 1732 war er von den bisher behandelten Einzelproblemen zu allgemeinen Gesichtspunkten vorgestoßen und hatte mit ihnen eine Fülle von Einzelbeispielen behandelt.[6] Unter seinen Händen entsteht nun das Gebiet der Variationsrechnung als selbständige Disziplin. *Euler* beginnt dann um das Jahr 1740 damit, seine berühmte Methodus inveniendi lineas curvas maximi minimive proprietate gaudentes sive solutio problematis isoperimetrici latissimo sensu accetpti,[7] seine Methode, Kurven zu finden, die sich einer Maximum- oder Minimumeigenschaft erfreuen oder Lösung des isoperimetrischen Problems, im weitesten Sinn aufgefaßt, auszuarbeiten. *Eulers* Erfolge veranlassen seinen Freund Daniel *Bernoulli,* den Sohn Johanns, am 28. Januar 1741 folgendes zu schreiben: „. . . Von Ew. möchte vernehmen, ob Sie nicht meinen, daß man die orbitas circa centra virium (die Umlaufsbahnen um die Kraftzentren) könne methodo isoperimetrica (durch die Methode der Variationsrechnung mit Nebenbedingungen) wie auch die figuram terrae pro theoria *Newtonia* (die Erdgestalt nach der *Newtonschen* Theorie) herausbringen. Rationi primae quaestionis (mit Bezug auf die erste Frage) ist zu observiren, daß ein corpus motum (ein bewegter Körper) seine velocitatem (Geschwindigkeit) und directionem (Richtung) zu behalten trachte, welche zwey conatus combinati (miteinander verbundenen Tendenzen) etwan auf eine Methode führen könnten."[8]

Daniel *Bernoulli* war ein ausgezeichneter Kenner der

Newtonschen Himmelsmechanik und der neuentwickelten Methoden der mathematischen Physik. Sein Brief zeigt, daß die neuen Verfahren schon so weit zur Routine geworden sind, daß man erwartet, so gut wie alles mit ihnen behandeln zu können. Er möchte also, daß *Euler* die Fragen der Himmelsmechanik als isoperimetrisches Variationsproblem behandelt. Sein Vorschlag zeugt von vorzüglichem Instinkt. Er ist später im Prinzip durch das von *Gauß* kreierte Prinzip des geringsten Zwanges verwirklicht worden. *Euler* selbst hat einen anderen, nicht minder bedeutsamen Weg gewählt und das Ergebnis, zu dem er ihn geführt hat, in seiner Methodus von 1744 als Additamentum II: De motu proiectorum in medio non resistente, per Methodum maximorum ac minimorum determinando, als Zusatz II: Über die Bewegung der Geschosse in einem keinen Widerstand bietenden Medium, bei Bestimmung nach der Methode der Maxima und Minima, niedergelegt. Einleitend schreibt *Euler:*

„Da alle Wirkungen der Natur einem gewissen Gesetz des Maximums oder auch Minimums folgen, besteht kein Zweifel, daß bei den Kurven, welche die geschossenen Körper, wenn sie von bestimmten Kräften in Bewegung gesetzt werden, beschreiben, eine gewisse Eigenschaft des Maximums oder auch Minimums statt hat. Welches aber diese Eigenschaft sei, das scheint sich nicht leichthin a priori aus metaphysischen Grundsätzen bestimmen zu lassen; da es aber freisteht, eben diese Kurven mit Hilfe eines unmittelbaren Verfahrens zu bestimmen, kann hieraus, bei Verwendung der erforderlichen Vorsicht, eben dies, was bei den genannten Kurven ein Maximum oder auch Minimum ist, ermittelt werden."[9]

Wie man sieht, ist *Euler* wie Daniel *Bernoulli* fest davon überzeugt, daß sich alle natürlichen Wirkungen, also insbesondere auch die von Projektilbewegungen, durch eine Maximumoder Minimumeigenschaft auszeichnen, d. h. daß diese Bahnen einem Variationsprinzip genügen müssen. Wie sich im weiteren Verlauf der Untersuchung zeigt, ist ihr Titel ein wenig zu bescheiden und zu eng gewählt: praktisch betrachtet *Euler* konservative, das heißt durch keine Reibungs- oder Widerstandseinflüsse getrübte Bewegungen, deren Kräfte sich aus

einer für alle Raumpunkte definierten Funktion, einem sogenannten Potential, herleiten lassen. Dieser Fall ist insbesondere
für die Himmelsmechanik wichtig. Es kommt nun, da die
Bahnen durch die *Newtonsche* Theorie bekannt sind, nur
darauf an, die Eigenschaft zu finden, die in den faktisch
auftretenden Bahnkurven maximiert oder minimiert ist. *Euler*
fährt fort:

„In Betracht zu ziehen ist vor allem die Wirkung, die von
den bewegenden Kräften hervorgerufen werden muß; da sie in
der erzeugten Bewegung des Körpers besteht, scheint der
Wahrheit zu entsprechen, daß daher eben die Bewegung, oder
eher die Vereinigung aller Bewegungen, die dem Körper
innewohnen, ein Minimum sein muß. Wenn auch diese Schluß-
folgerung nicht genügend bekräftigt scheint, so wird sie doch,
wenn ich nachweisen werde, daß sie mit schon im Vorhinein
bekannter Wahrheit in Übereinstimmung steht, so viel Gewicht
erlangen, daß alle Zweifel, die über sie unter der Hand
entstehen könnten, völlig verschwinden müssen. Ja, es wird
sogar, wenn ihre Wahrheit erst einmal erwiesen sein wird,
leichter sein, die innersten Gesetze und Zweckursachen der
Natur zu erforschen und diese Behauptung mit den sichersten
Beweisgründen zu bekräftigen."[10]

Man sieht deutlich, wie sich für *Euler* das Problem darstellt.
Von den a priori – *Euler* braucht den Terminus noch nicht im
Sinn von *Kant,* sondern einfach im Sinn des Vorgegebenseins
vor der anzustellenden Überlegung – bekannten Bahnkurven
der Mechanik hat man quasi empirisch die Eigenschaft zu
ermitteln, welche in diesen Kurven maximiert oder minimiert
wird. Sie bietet dann umgekehrt einen Einblick in die Zwecke,
nach welchen die Natur verfährt, und liefert den heuristischen
Leitfaden für die Entdeckung neuer Gesetzmäßigkeiten. Wie
man sieht, steht *Euler* völlig auf dem Boden der neuen, am
Begriff des Naturgesetzes orientierten teleologischen Betrachtungsweise.

Euler legt dann als das zuvor recht unbestimmt mit motus
bezeichnete Wirkungselement die mit dem Wegelement *ds*
multiplizierte Geschwindigkeit *v* zugrunde. Entscheidend ist

dann sein Ansatz, die Größe v aus dem für die betrachteten Bewegungen vorausgesetzten Energiesatz zu bestimmen; v läßt sich dann allein durch Raumgrößen ausdrücken, und damit läßt sich die Aufgabe so umformulieren, daß sie sich mit Hilfe der von *Euler* entwickelten Methoden bewältigen läßt. *Euler* behandelt so zunächst die Wurfparabel, dann den Fall, daß ein Körper durch eine beliebig von der Fallhöhe abhängige Kraft bewegt wird, zu der schließlich noch eine zu ihr senkrechte tritt, die von der entsprechenden senkrecht zur Fallrichtung anzunehmenden senkrechten Koordinate abhängen soll. *Euler* leitet weiter die Bahnkurve eines Körpers ab, der sich unter dem Einfluß einer Zentralkraft bewegt. Die Krönung des ganzen bietet schließlich der Fall von Körpern, bei denen die Geschwindigkeit eine bloße Funktion des Orts ist und von solchen Kräften abhängt, die, wie wir heute sagen würden, aus einem Potential entspringen.

Zum Schluß weist *Euler* ausdrücklich darauf hin, daß sein Prinzip versagt, wenn Störungen durch die Art des Mediums eintreten, in dem sich die Bewegung vollzieht. Er ist der zuversichtlichen Überzeugung, daß sein Prinzip auch für solche Systeme von Körpern gilt, die denselben Bedingungen genügen wie die einzeln betrachteten. Da ein direkter rechnerischer Vergleich hier auf Schwierigkeiten stößt, erklärt er schließlich: „Mag auch die zwingende Kraft dieses Schlusses noch nicht genügend durchschaut werden, so zweifle ich, da er mit der Wahrheit übereinstimmt, nicht daran, daß er mit Hilfe der Grundsätze einer vernünftigeren Metaphysik zu größerer Evidenz gebracht werden kann; dies Geschäft überlasse ich anderen, die sich zur Metaphysik berufen fühlen."[11]

10. Maupertuis' Prinzip der kleinsten Aktion

Euler, der inzwischen von Petersburg an die von Friedrich dem Großen erst wahrhaft ins Leben gerufene Berliner Akademie übergesiedelt war, brauchte nicht lange auf den zu warten, der seinen Wunsch erfüllte und das von ihm verwandte Prinzip aus der Metaphysik rechtfertigte. Es war Pierre *Moreau de Maupertuis,* der 1745 als Präsident der Akademie nach Berlin kam. *Maupertuis* war 1698 in St. Malo geboren. Er hatte die Ausbildung eines Edelmannes erhalten, sich dann zunächst der Offizierslaufbahn zugewandt, in der er es bis zum Dragonerkapitän brachte. Er gab die Militärkarriere auf und widmete sich nun der Wissenschaft. Anläßlich einer Reise nach England wurde er mit den Errungenschaften des *Newtonschen* Systems vertraut, als dessen begeisterter Propagator er sich hinfort auf dem Festland betätigte. In mathematicis zog er es allerdings vor, sich unter der Leitung von Johann *Bernoulli* in Basel eine kontinentale mathematische Bildung *Leibnizscher* Prägung zu erwerben. *Maupertuis* hatte dann europäischen Ruhm als Leiter einer von Ludwig XV. in den äußersten Norden nach Lappland entsandten Expedition erworben, bei der er durch Vermessungen die *Newtonsche* Theorie von der Abplattung der Erde an den Polen bestätigen konnte.

Maupertuis wird gern als wissenschaftlicher Hans Dampf in allen Gassen *Euler* gegenübergestellt. Dabei übersieht man, daß *Maupertuis,* wenn auch kein genialer Mathematiker wie sein Akademiekollege, so doch erhebliche wissenschaftliche Meriten besaß. Im Jahre 1740 hatte er der Pariser Akademie der Wissenschaften eine Abhandlung mit dem Titel „Loi du repos des corps", Gesetze der Ruhe der Körper, vorgelegt.[1] In ihr hatte er, schon in verhältnismäßig allgemeiner Form, einen Begriff eingeführt, den wir heute als Potentialfunktion bezeichnen würden. Aus ihr lassen sich in besonders durchsichtiger Weise die Kräfte gewinnen, die auf ein mechanisches System wirken, das keinem Reibungswiderstand unterworfen ist. Diesen Begriff hatte man bisher nur für die allereinfachsten Fälle entwickelt. *Maupertuis* gelang es, ihn auf Zentralkräfte auszudehnen, die einer beliebigen Potenz des Abstandes proportional sein konnten. Das war eine Verallgemeinerung jenes wichtigsten Falls, den unser Planetensystem bietet. Aus einem von Johann *Bernoulli* erstmals zureichend formulierten mechanischen Prinzip, dem der virtuellen Arbeiten,[2] hatte er eine einfache Bedingung für eine Gleichgewichtslage ableiten können. Es zeigte sich, daß Gleichgewicht vorliegt, wenn die erwähnte Potentialfunktion ein Minimum ist. *Euler* hat im Jahre 1751 *Maupertuis'* Gedanken aufgegriffen und aus ihm weitere Konsequenzen gezogen. Er hat insbesondere gezeigt, daß die Voraussetzung der Proportionalität zu einer Potenz des Abstandes zu eng ist und daß es genügt, wenn die Kräfte allein vom Ort abhängen. Für diesen Fall, so hat *Euler* weiter bewiesen, gilt stets der Energiesatz der Mechanik.[3]

Maupertuis' Begeisterung für Extremalprinzipien war damit geweckt. Am 15. April des Jahres 1744 konnte er der Pariser Akademie der Wissenschaften eine Abhandlung vorlegen, die den Titel Sur l'accord de differentes lois de la nature qui avoient jusqu'ici paru incompatibles, Über die Übereinstimmung von verschiedenen Gesetzen der Natur, die bisher unverträglich schienen, trug.[4]

Zum Verständnis des von *Maupertuis* in dieser Abhandlung unternommenen Versuchs sei noch einmal an *Fermats* Deutung des Lichtwegs als zeitlich minimaler Bahn erinnert, die auf der Annahme beruhte, daß Lichtgeschwindigkeit und optische Dichte des Mediums sich umgekehrt proportional zueinander verhalten, im Gegensatz zu dem physikalisch wenig plausiblen Ansatz *Descartes'*, der behauptete, die Lichtgeschwindigkeit nehme proportional zur Dichte zu. *Newton,* gewiß kein Freund der *Cartesischen* Physik, hatte bei seiner korpuskularen Licht-theorie den gleichen Ansatz wie *Descartes* zugrunde gelegt. Bewogen dazu hat ihn die Möglichkeit, Spiegelung und Bre-chung der Lichtstrahlen bzw. der sie bildenden Partikeln, als Ablenkung durch ein homogenes Kraftfeld zu erklären, das er in unmittelbarer Umgebung der die Medien trennenden Grenzflä-chen und normal zu ihnen annahm.[5] Seine Anhänger, auch *Maupertuis,* waren ihm in diesem Punkt gefolgt. Das hatte zur Folge, daß man sich zunächst einmal den Zugang zu der eleganten Extremalbetrachtung *Fermats* verbaute.

Leibniz hatte mit dem ihm eigenen Bestreben um Ausgleich der Gegensätze versucht, der Gegenseite den Zugang zu den Extremalwertbetrachtungen zu eröffnen und hatte damit zu-gleich gegen die *Cartesianer* eine Lanze für eine teleologische Extremalbetrachtung brechen wollen. In einem kurzen, in den Acta Eruditorum des Jahres 1682 eingerückten Artikel[6] hatte er die *Newtonianer* überreden wollen, den Begriff der difficultas, der Schwierigkeit, zu akzeptieren, den er des näheren als difficultas in composita ratione et longitudinis viarum et resistentia radiorum bestimmte, als Schwierigkeit, die im zusammengesetzten Verhältnis der Weglängen sowohl wie des Widerstands der Medien steht. In unsere Begrifflichkeit über-tragen wird die difficultas als proportional zu Wegelementen ds und optischer Dichte oder Brechungsindex n angenommen. Das Licht sollte dann stets der via facillima folgen, der einfachsten, leichtesten Bahn, das heißt der Bahn, welche ein Minimum an difficultas bietet. Mathematisch bedeutet dies, daß das Integral über die längs des Lichtwegs auftretenden Elemente $n\,ds$, wo die ds des näheren die infinitesimalen Elemente des Wegs darstellen sollten, extremal werden muß.

„Wir haben also", schreibt *Leibniz,* „alle durch die Erfah-rung bestätigten Strahlengesetze auf die reine Geometrie und die Infinitesimalrechnung zurückgeführt, unter Beiziehung ei-nes einzigen, von der Zweckursache hergenommenen Prinzips, wenn man die Sache recht erwägen will."[7] Und er bemerkt weiter, daß der Lichtstrahl natürlich nicht überlege, auf wel-chem Wege er am leichtesten zu seinem Ziel gelangen könne, und sich auch nicht für sich dorthin bewege, „sondern der Schöpfer der Dinge hat das Licht so geschaffen, daß aufgrund seiner Natur dieses im höchsten Grad schöne Ergebnis entsprang. Deshalb irren diejenigen sehr, um nicht einen schwereren Vorwurf zu erheben, die mit *Descartes* Zweckursachen aus der Physik verdrängen, obschon sie, außer der Bewunderung für die göttliche Weisheit, uns das schönste Prinzip für das Aufspüren auch der Eigenschaften der Dinge bieten, deren innere Natur uns noch nicht so klar bekannt ist, daß wir die nächsten Wirkursachen verwenden und die Kunstgriffe, die der Schöpfer für die Hervorbringung jener Wirkungen und für die Erreichung seiner Zwecke herangezogen hat, erklären können."[8]

Leibniz hat mit seinem Vorschlag, die gesamte difficultas zu minimieren, zunächst wenig Anklang gefunden.[9] Das wird nun anders. Der Ausgangspunkt von *Maupertuis* ist ähnlich, nur verfolgt er ganz andere Tendenzen. Hatte *Leibniz* den Versuch unternommen, zwischen den Anhängern *Fermats* und *Newtons* durch Umdeutung der jeweils grundlegenden Begriffe einen Ausgleich herbeizuführen, so bemüht sich *Maupertuis* darum, der *Fermatschen* Extremalmethode bei den *Newtonianern* Eingang zu verschaffen. *Maupertuis* glaubt zuversichtlich, dadurch gewisse Mängel beseitigen zu können, die seiner Ansicht nach der Auffassung *Fermats* und *Leibniz'* anhaften. Er gibt zunächst seiner Überzeugung Ausdruck, daß die Annahme, der Schöpfer könnte anders als auf die einfachste Weise wirken, nicht zu der Vorstellung passe, die wir uns von ihm machen müßten. Könnte man, so fährt er fort, sich einen Überblick über Zweck und Mittel verschaffen, die der Schöpfer sich vorgesetzt habe, so brauche man nur nach der einfachsten Weise zu suchen, nach welcher die beabsichtigte Wirkung hervorgerufen werden könne.[10]

Die Annahme *Fermats* und *Leibniz'*, das Licht müsse den zeitlich kürzesten Weg nehmen, sei allerdings, so führt *Maupertuis* weiter aus, völlig falsch, denn sie gehe von der [nach *Newton*] falschen Voraussetzung aus, daß dichtere Körper dem Licht größeren Widerstand entgegensetzten. Daher müsse man eine neue Erklärung suchen. *Maupertuis* betont nun, daß er, ohne sich von der finalen Erklärungsweise zu entfernen, finde, was die Natur möglichst sparsam zu verwenden getrachtet habe, das sei die Größe der Aktion, die proportional sei zur Summe der Wegstrecken, jede multipliziert mit der Geschwindigkeit, mit der sie durchlaufen werden (la quantité d' action, qui est proportionelle à la somme des espaces multipliés chacun par la vitesse, avec laquelle ils sont parcourus). Das wird dann an den Gesetzen der geraden Lichtausbreitung im gleichförmigen Medium, der Reflexion und der Refraktion im einzelnen gezeigt.[11]

Maupertuis behauptet also, wenn wir mit v die Lichtgeschwindigkeit und mit ds das Bahnelement bezeichnen, daß der Lichtweg so verlaufen muß, daß die Integration über die Elemente $v\,ds$ zu einem Minimum wird. Daß er sich auf ein Minimum beschränkte, war wenig glücklich, denn schon für die Griechen muß man aufgrund ihres Stillschweigens, mit dem sie den Fall des sphärischen Konkavspiegels übergangen haben, schließen, daß sie die diesem Fall eigenen Schwierigkeiten gesehen haben. Das war dann auch einer der ersten Einwände, die gegen *Maupertuis* Ansicht vorgebracht wurden.[12] Im Grund hat *Maupertuis* nichts anderes gemacht, als den ursprünglich ja für den allein kritischen Fall des Übergangs zu Medien anderer optischer Dichte entwickelten Gedanken *Fermats* der *Newtonschen* Emissions-Theorie angepaßt: *Fermat* hatte behauptet, daß v jeweils umgekehrt proportional zum Brechungsindex n, *Newton* hingegen, daß v direkt proportional zu n sei. Nach *Fermat* ergab sich, daß das Integral über

$$\frac{ds}{n}$$

und damit

$$\frac{ds}{v} = dt$$

ein Extremum wurde; nach *Newton* mußte

$$\frac{ds}{n}$$

proportional zu $v\,ds$ werden; und erklärte man das Integral über diese Größe für den Ausdruck, der ein Extremwert zu werden hatte, so ließ sich der gesamte Beweisgang von *Fermat* und *Leibniz* in die *Newtonsche* Theorie übernehmen.

In der Folge dieser formalen Umsetzung ist *Maupertuis* zum ersten Mal auf jenen Begriff der Aktion gestoßen, von dem er hinfort fest überzeugt war, daß er in allen Naturprozessen minimiert werde. Da *Newton* die Lichtstrahlen in der Tat als die von seinen Lichtkorpuskeln unter dem Einfluß sogenannter konservativer Kräfte, wie sie sich aus einer Potentialfunktion ergeben, durchlaufenen Bahnen gesehen hatte,[13] ist verständlich, daß *Maupertuis* völlig sicher war, hier auf der Spur eines universalen Naturgesetzes zu sein. Das ist bei der Diskussion um sein Gesetz oft übersehen worden. Allerdings war die Wahl von *Maupertuis* insofern unglücklich, als gerade das Prinzip der geringsten Aktion mit besonderen mathematischen Tücken gespickt ist. *Euler,* der bei seinen Untersuchungen ausgehend von der Mechanik auf dasselbe Wirkungselement $v\,ds$ gestoßen war, hatte sofort gesehen, daß die Einschränkung auf konservative Kräfte wesentlich sein müsse, und daß sich Maxima sowohl wie Minima ergeben konnten. Es hat aber noch bis an den Anfang dieses Jahrhunderts gedauert, bis alle mit diesem Prinzip zusammenhängenden Fragen wirklich geklärt waren.[14]

Maupertuis' Argumentation zeigt klar die Richtung, welche die allgemeine Diskussion um die teleologischen Prinzipien nun einschlägt. Gesetzt, so argumentiert ja *Maupertuis*, wir kennten die Mittel, deren sich der Schöpfer bedient, und den verfolgten Zweck, dann könnten wir aus dem Metaprinzip der einfachsten Verwirklichung des Zweckes den naturgesetzlichen Zusammenhang im einzelnen ermitteln. *Maupertuis* glaubt, einen Schritt hin zur Erkenntnis jenes Zwecks vollzogen zu haben: zu diesem Zweck soll seiner Überzeugung nach die Minimierung der Aktion im gesamten Naturgeschehen gehören. Das wird in der ersten Arbeit, die er als Präsident der Berliner Akademie 1746 vorlegte, noch deutlicher. So wie sich *Euler* das erhofft hatte, gibt er der wissenschaftlichen Welt Kunde von einer Untersuchung zum Thema Les loix du mouvement et du repos déduites d'un principe métaphysique,[15] Die Gesetze der Bewegung und der Ruhe, aus einem metaphysischen Prinzip abgeleitet. Einleitend nimmt *Maupertuis* auf seine Pariser Abhandlung Bezug und hebt rühmend hervor, daß noch am Ende desselben Jahres der Professeur *Euler* in dem seiner vorzüglichen Methodus (die noch am Ende des Jahres erschien, in der *Maupertuis* den Accord de differentes lois de la nature, die Übereinstimmung von verschiedenen Gesetzen der Natur, verkündet hatte) angehangenen Supplement[16] bewiesen habe, daß bei den unter dem Einfluß von Zentralkräften von Körpern beschriebenen Trajektorien sich stets ein Minimum der Aktion ergebe. *Maupertuis* hebt mit Bedacht ausschließlich das Minimum hervor.[17] So hat sein Prinzip eine schöne Anwendung auf die Planetenbewegung erfahren. *Maupertuis* will nun versuchen, aus derselben Quelle Wahrheiten höherer Art zu ziehen.[18]

Es folgt ein Examen des preuves de l'existence de dieu, tirées des merveilles de la nature, eine Prüfung der aus den Wundern der Natur gezogenen Beweise des Daseins Gottes, die in ihrem kritischen Teil das Interessanteste der ganzen Abhandlung zu bieten hat. Selbstverständlich ist *Maupertuis* erhaben über die herkömmlichen Gottesbeweise der Alten wie *Cicero* sie (Tusculanen I 28 und 29) wiedergibt und nach *Aristoteles* (De natura deorum II 37 und 38) zitiert: „Ich hàlte mich an einen Philosophen, der durch seine großen Entdeckungen in viel höherem Maß als sie es sich leisten kann, über diese Wunder zu urteilen und dessen Schlußfolgen sehr viel genauer sind als alle die ihren. *Newton* scheint durch die Beweisgründe, die man in der Betrachtung des Weltalls findet, stärker berührt worden zu sein als durch alle die andern, die er aus der Tiefe seines Geistes hätte ziehen können."[19] Und dann beruft sich *Maupertuis* auf *Newtons* Opticks, Query 31. Dieser in der antiken Problemform gehaltene Beschluß der gesamten *Newtonschen* Optik ist so etwas wie *Newtons* wissenschaftliches Testament, in dem er unter Einschluß reichen Materials aus seinen chemischen Experimenten all die Gegenstände behandelt hat, welche den Inhalt der *Bentleyschen* Predigten bildeten. Die Form ermöglichte ihm eine problematische Erörterung im buchstäblichen Sinn, bei der er sich nicht festzulegen brauchte. Die weiteren Werke, auf die sich *Maupertuis* dann beruft, sind uns mit einer

84

Ausnahme bekannt: Es sind die Astro-Theology und die Physico-Theology *Derhams*, die Insecto-Theologie *Lessers*[20] und die Hydro-Theologie von *Fabricius*. *Maupertuis* beklagt dann, daß fast alle neueren Autoren, welche die Physik oder Naturgeschichte behandelt hätten, ausschließlich die aus der Organisation der Tiere und Pflanzen gezogenen Beweise ausgebreitet und bis ins kleinste Detail vorangetrieben hätten. Und er fährt fort: „Um hier nicht allzu abgeschmackte Beispiele anzuführen, die nur zu allgemein verbreitet wären, werde ich nur von demjenigen sprechen, der Gott in den Falten der Haut des Rhinozeros findet: Weil dieses Lebewesen, da es ja mit einer sehr harten Haut bedeckt ist, sich ohne diese Falten nicht würde rühren können. Heißt das nicht der größten der Wahrheiten Schmach antun, sie durch solche Gründe beweisen zu wollen? Was wollte man von demjenigen sagen, der die Vorsehung leugnen wollte, weil der Panzer der Schildkröte keine Falten noch Gelenke besitzt? Die Schlußfolge dessen, der sie durch die Haut des Rhinozeros beweist, ist von derselben Kraft; überlassen wir diese Nichtigkeiten denen, die nicht ihre Frivolität empfinden."[21]

Maupertuis übertreibt ein wenig; in jenem Letter from Dr. *Parsons* to Martin *Folkes*, Esq., President of the Royal Society, containing the Natural History of the Rhinoceros (Brief von Dr. *Parsons* an Martin *Folkes*, Edelgeb., den Präsidenten der Royal Society, Brief, in welchem die Naturgeschichte des Rhinozeros enthalten ist), auf den er hier anspielt, wird nur beiläufig bemerkt: „Was nun die Ausführung der verschiedenen Bewegungen dieses Lebewesens angeht, so laßt uns die große Weisheit des *Schöpfers* in der Vorrichtung betrachten, die ihm zu diesem Zweck dient", worauf dann der Mechanismus der Falten ohne weiteren Bezug auf seinen Schöpfer im einzelnen beschrieben wird.[22] Wenn aber auch das von *Maupertuis* gewählte Beispiel hier ein wenig gepreßt wird, so ist das, was er beanstandet, nur allzu berechtigt: Die teleologische Betrachtungsweise seiner Zeitgenossen ist in Bagatellen abgeglitten, und es bedurfte nur jemandes, der die Sache bewußt ins Frivole umkehrte, um die von *Maupertuis* klar erkannten Schwächen allen bewußt werden zu lassen. *Descartes* und seinen Anhängern gegenüber, die von der Vorstellung aus argumentierten, die man sich von einem vollkommenen Wesen bilden müsse, und die in solchem Zusammenhang teleologische Betrachtungen verwürfen, müsse man zugeben, daß die teleologischen Beweise mißbraucht worden seien. Es sei durchaus nicht alles so zweckmäßig eingerichtet, wie die Vertreter der teleologischen Naturbetrachtung es haben wollten, wie schon aus den mannigfachen Bemühungen um eine Theodizee hervorgehe.[23]

Es ist offensichtlich, daß sich *Maupertuis* nicht zuletzt deshalb zu diesen Zugeständnissen an die Gegenseite bereit findet, um den eigenen Stern dann um so heller erstrahlen zu lassen. Wie er sich im Gegensatz zu den von ihm beanstandeten teleologischen Argumentationen einen Gottesbeweis vorstellt, das deutet programmatisch bereits die Überschrift des zweiten Abschnittes seiner Abhandlung an: „Daß man die Beweise für das Dasein Gottes in den allgemeinen Gesetzen der Natur suchen muß. Daß die Gesetze, gemäß denen die Bewegung sich erhält, sich verteilt und sich verbraucht, auf den Eigenschaften einer höchsten Intelligenz gegründet sind.‟[24] Zunächst räumt *Maupertuis* mit dem sensualistischen Einwand auf, daß wir Bewegung durch die Sinne wahrnehmen und, da die Sinne trügerisch sind, solche trügerische Erkenntnis keine Beweise gründen könne. *Maupertuis,* der durch die englische Schule gegangen ist, macht kurz entschlossen aus der Not eine Tugend: Was, so fragt er zurück, wird uns nicht durch die Sinne vermittelt? Er kommt nun zu seinem eigentlichen Argument: „Man müßte erkennen, daß alle Gesetze der Bewegung und der Ruhe auf dem im höchsten Grade angemessenen Grundsatz gegründet wären, um zu sehen, daß sie ihre Einsetzung einem allmächtigen und allwissenden Wesen verdankten; sei es, daß dies Wesen unmittelbar gewirkt hätte; oder daß es den Körpern das Vermögen verliehen hätte, aufeinander zu wirken; oder sei es schließlich, daß es ein anderes Mittel verwandt hätte, das uns noch weniger bekannt wäre.‟[25]

Maupertuis bemerkt anschließend, das einfachste Naturgesetz, das der Ruhe und des Gleichgewichts, sei uns seit einer großen Anzahl von Jahrhunderten bekannt. Es habe aber der Anschein bestanden, als bestehe keine Verbindung zu den Gesetzen der Bewegung, die viel schwerer zu entdecken gewesen seien. Eben diese Verbindung, glaubt er, mit seinem Prinzip gefunden zu haben. Auch die Stoßgesetze möchte er, wie er weiter ausführt, sowohl beim elastischen wie beim unelastischen Stoß, seinem neuen Prinzip unterordnen.[26] Nachdem so viele große Männer über diesen Gegenstand gearbeitet hätten, fährt er fort, wage er kaum zu sagen, daß er das universale Prinzip gefunden habe, auf das alle diese Gesetze gegründet seien, auch daß es sich ebensowohl auf die harten (damit meint *Maupertuis* die unelastischen) wie auf die elastischen Körper beziehe. Von diesem Prinzip sollen schließlich seiner Überzeugung nach sowohl die Bewegung wie die Ruhe aller körperlichen Substanzen abhängen.[27]

„Dies", erklärt *Maupertuis*, „ist das Prinzip der geringsten Größe der Wirkung: ein Prinzip, so weise, so würdig des höchsten Wesens, ein Prinzip, an das die Natur so beständig gebunden erscheint, daß sie es nicht nur bei allen ihren Veränderungen beachtet, sondern daß sie dazu neigt, es selbst in ihrem Beharren zu beachten. Beim Stoß der Körper verteilt sich die Bewegung derart, daß die Größe der Wirkung, welche die eingetretene Veränderung voraussetzt, die kleinste ist, welche möglich ist. Bei der Ruhe müssen die Körper, welche sich im Gleichgewicht halten, so gelagert sein, daß, wenn ihnen irgendeine kleine Bewegung widerführe, die Größe der Wirkung die geringste wäre."[28]

Maupertuis hat Tragfähigkeit und Reichweite seines Prinzips weit überschätzt. Er behauptet, wir fänden die Anwendung dieses Prinzips in allen Naturerscheinungen: Die Bewegung der Lebewesen, das Wachstum der Pflanzen, der Umlauf der Gestirne seien bloße Folgen. Das Schauspiel des Universums, so scheint ihm, werde größer, schöner und seines Urhebers würdiger, wenn eine kleine Anzahl von Gesetzen, die auf die weiseste Art aufgestellt seien, für alle Bewegungen genüge. Dann erst könne man eine richtige Vorstellung von der Macht und Weisheit des höchsten Wesens gewinnen; und nicht dann, wenn man es nach irgendeinem kleinen Teil beurteile, von dem wir weder den Bau, noch den Gebrauch, noch die Verbindung mit anderen kennten. Welche Befriedigung biete es für den menschlichen Geist, wenn er die Gesetze betrachte, die das Prinzip der Bewegung und der Ruhe aller Körper des Weltalls seien, und wenn er darin den Beweis für die Existenz dessen finde, der es lenke.[29]

11. Samuel Koenig
und die neue Kosmologie

Die Auseinandersetzungen um *Maupertuis'* Prinzip der kleinsten Aktion bringen jene einheitliche, Gott und die Welt, den
Schöpfer und seine Geschöpfe umspannende Teleologie zum
Zerfall, die sich seit den von Robert *Boyle* gestifteten Lectures
entwickelt und durch die neuen Prinzipien formal teleologischer
Extremalmethoden wieder belebt hatte. Dabei ist die Stellung
Maupertuis' nicht einfach die eines letzten Verteidigers einer
solchen einheitlichen, bis zu einem formal-teleologischen Gottesbeweis aufsteigenden Auffassung, sondern sie hat auch eine
andere, häufig übersehene Seite. Gerade durch sein Bemühen,
der Teleologie im Formalen ihr wahres Feld anzuweisen, wird
Maupertuis zu einem scharfen Kritiker der abgeschmackten
und leichtfertigen Auswüchse, welche die Betrachtung des
Inhaltlichen, bis hin zum in Wahrheit Bedeutungslosen, nach
und nach mit sich gebracht hatte.[1]

Es ist nicht erst *Voltaire* gewesen, der das Ende der nun
schon nicht mehr neuen, über zwei Generationen hinweg
anhaltenden Bewegung eingeleitet hat. Die ersten Schritte dazu
hat *Maupertuis* selbst durch seine Kritik unternommen. Auf die
absurden und lächerlichen Züge, die sich abzuzeichnen begannen, hat gerade er mit Nachdruck hingewiesen. Dagegen sind
die Auseinandersetzungen, in die sich *Maupertuis* durch sein
Eintreten für sein Prinzip der kleinsten Aktion verwickelt sah,
von ganz anderer Art. Es geht bei ihnen zunächst um physikalische Sachfragen, dann um seine Priorität und schließlich um
Persönliches.

Maupertuis hatte sein Metaprinzip mit erheblichem Anspruch verkündet, doch Beispiele, die seine umfassende Geltung hätten erläutern und belegen können, hatte er nur spärlich gegeben, und überdies warfen diese Beispiele, weil sie sich dem Prinzip durchweg nicht zu fügen schienen, mehr Fragen auf, als sie zu klären imstande waren. Demgegenüber wäre der Vorwurf, daß *Maupertuis* auch nicht den Ansatz eines Versuchs zum Beweis seines Prinzips unternahm, wohl im Rahmen seiner eigenen Vorstellungen unangemessen. Er betrachtete das Prinzip als metaphysisch und gerade nicht als physikalisch.[2]

Seine erste einschlägige Abhandlung[3] hatte *Maupertuis* im wesentlichen damit bestritten, daß er die Gesetze der Lichtfortpflanzung, vor allem das Brechungsgesetz, als mit seinem Prinzip in Übereinstimmung stehend nachzuweisen suchte. In seiner zweiten Abhandlung[4] hat *Maupertuis* dann drei Beispiele erörtert, die sein Prinzip als sowohl für die Dynamik, die Bewegung, wie die Statik, die Ruhe der Körper, maßgebend nachweisen sollten. Im dritten Abschnitt[5] untersucht er der Reihe nach den unelastischen und elastischen Stoß und das Gleichgewicht am Hebel, um darzutun, daß sich alle diese Erscheinungen seinem Prinzip unterordnen sollen. Das ist, wie wir heute wissen, im ersten Fall grundsätzlich ausgeschlossen, da hier der für die Gültigkeit seines Prinzips wesentliche Voraussetzung bildende Energiesatz verletzt ist; im zweiten Fall wäre eine solche Reduktion wohl möglich, doch das, was *Maupertuis* tut, kann auch bei wohlwollendster Würdigung nicht als eine Rückführung auf sein Prinzip angesehen werden.[6]

Besonders verwirrend ist sein drittes Beispiel, bei dem er nach den Abstandsverhältnissen des Hebelgesetzes an den Enden einer drehbaren Stange angebrachte Massen voraussetzt, dann eine Verschiebung[7] des Mechanismus annimmt und nachweist, daß sein Prinzip erfüllt ist. Dabei bleibt die hier doch entscheidende Wirkung der Schwerkraft völlig außer acht. Und wie sein Gesetz für die Bewegung gelten könnte, wenn es gerade die Ruhe kennzeichnen soll, ist noch weniger einzusehen.

Die Kritik ließ auch nicht lange auf sich warten. Chevalier Patrick *d'Arcy* legte der Pariser Akademie im Jahre 1749 eine Abhandlung[8] vor, in der er von den behandelten Beispielen ausgehend die Unstimmigkeiten und Willkürlichkeiten in den von *Maupertuis* vorgetragenen Analysen scharf kritisierte. Sein Verdienst ist es, in jedem Fall eine Präzisierung der Größe versucht zu haben, die *Maupertuis* als minimal betrachtet hatte. Dabei wurde die ungemein vage Form, in der *Maupertuis* seine Überlegungen vorgetragen hatte, scharf ins Licht gerückt, und es wurde klar, daß die minimierten Größen keineswegs so, wie *Maupertuis* das behauptet hatte, einheitlicher Natur waren.

In seiner ersten Abhandlung hatte *Maupertuis* die Aktion wie folgt erklärt: „Wenn ein Körper von einem Punkt zu einem anderen getragen wird, dann bedarf es dafür einer gewissen Action; diese Action hängt von der Geschwindigkeit ab, die der Körper besitzt, und von der Wegstrecke, die er durchläuft, doch sie ist weder die Geschwindigkeit noch die Wegstrecke getrennt genommen. Das Ausmaß der Action ist um so größer, je größer die Geschwindigkeit des Körpers ist und um so länger die durchlaufene Wegstrecke; es ist proportional zur Summe der Wegstrecken, jede multipliziert mit der Geschwindigkeit, mit welcher der Körper sie durchläuft."[9]

Das mochte genügen, wenn es darum ging, die Bahnen der *Newtonschen* Lichtpartikeln zu ermitteln. Ihre Masse spielte keine Rolle, denn die Kräfte in den Grenzschichten der spiegelnden oder brechenden Flächen sollten wie die Schwerkraft auf unserer Erde stets eine der Masse proportionale Wirkung ausüben. Doch in seiner zweiten Abhandlung betrachtete *Maupertuis* Stoßgesetze und Gleichgewicht am Hebel, und hier gingen wesentlich die Massen der beteiligten Körper ein. *Maupertuis* mußte seine Definition ergänzen: „Das Ausmaß der Action ist das Produkt der Masse der Körper mit ihrer Geschwindigkeit und der Wegstrecke, die sie durchlaufen."[10]

Wie spricht *Maupertuis* nun sein Prinzip aus? „Wenn in der Natur irgendeine Veränderung eintritt, so ist das Ausmaß der für diese Veränderung nötigen Action das kleinste, das möglich ist."[11] Der heutige Leser wird in diese Worte bedenkenlos seine eigenen Vorstellungen hineinlesen. Er wird für einen Körper des Systems Masse, Geschwindigkeitsbetrag und Bahnelement miteinander multiplizieren und über die Bahnkurve zwischen vorgegebener Anfangs- und Endlage integrieren; schließlich wird er untersuchen, unter welchen Bedingungen die Summe der sich für sämtliche Körper ergebenden Aktionen extremal wird.

Maupertuis faßte die von ihm genannten Veränderungen ganz anders auf. Er sieht in ihnen Änderungen der Geschwindigkeit. Wenn er geglaubt hat, sich zu Anfang seiner Abhandlung auf das Additamentum II.[12], auf den 2. Zusatz zu *Eulers* Methodus inveniendi lineas curvas maximi minimive proprietate gaudentes, seiner Methode, Kurven zu finden, die sich einer Maximum- oder Minimumeigenschaft erfreuen, berufen zu dürfen, so hat er sich wie uns getäuscht. *Euler* hat das Prinzip dort im oben angegebenen und nicht in *Maupertuis'* Sinn verwandt, so daß wir es in seiner heutigen Form eigentlich nach *Euler* benennen müßten. Wie es *Maupertuis* verstanden hat, das zeigt der weitere Fortgang seiner Abhandlung. Er sucht in seinen Problemen I und II die Gesetze des unelastischen und elastischen geradlinigen zentralen Stoßes abzuleiten und ermittelt dazu für jeden Körper die Differenz der Geschwindigkeiten vor und nach dem Stoß; die so gewonnenen Geschwindigkeitsänderungen erhebt er zum Quadrat und multipliziert sie mit den Massen der entsprechenden Körper; und schließlich ermittelt er eine Bedingung, die erfüllt sein muß, wenn die Summe der für die beiden Körper so gewonnenen Größen miminal werden soll. Das kann wohl kaum als Anwendung des von ihm selbst gegebenen Prinzips gelten.

Die Ansprüche, die *Maupertuis* mit seinem Prinzip verband, wurden durch die von ihm vorgeführten Beispiele nicht eingelöst; sie waren vielmehr geeignet, Zweifel an diesen Ansprüchen und damit auch an dem ihnen zugrunde gelegten Prinzip anzumelden. Hatte schon *d'Arcy* sich zu einer Kritik herausgefordert gesehen, auf die *Maupertuis* die Antwort schuldig blieb,[13] so erstand ihm nun in einem alten Freund ein zunächst durchaus wohlwollender Kritiker, der in ein noch gefährlicheres Wasser steuerte. Johann Samuel *Koenig* hatte bei einem Kuraufenthalt in Aachen von *Maupertuis'* Arbeiten Kenntnis erhalten. *Koenig* war, wie eine Vielzahl der bedeutenden

Mathematiker und theoretischen Physiker der Zeit, schweizerischer Abstammung. Im Jahre 1712 geboren war er eine halbe Generation jünger als *Maupertuis*. Er hatte die Methoden der Analysis *Leibnizscher* Prägung durch die berufensten Lehrer, durch Johann *Bernoulli* und dessen Sohn Daniel in Basel kennengelernt. Er hatte dort *Maupertuis* getroffen, der sich wie er die beste Ausbildung in den neuen mathematischen Methoden zu verschaffen suchte, die sich damals gewinnen ließ.

Wie *Maupertuis* hatte auch *Koenig* sich eingehend mit *Newtons* Philosophiae naturalis principia mathematica auseinandergesetzt und so die Grundlagen der neuen Mechanik kennengelernt, die *Newton* für die Analyse der Himmelsbewegungen entwickelt hatte. Im Unterschied zu *Maupertuis* hatte *Koenig* aber durch Jacob *Hermann* (1678–1733) in Basel eine erste Einführung in die reiche Gedankenwelt *Leibnizens* erhalten, die ihn dazu bewog, unter Christian *Wolff* in Marburg diese Studien, die *Maupertuis* verschlossen bleiben sollten, nachhaltig fortzusetzen.

Als *Koenig* am Ende des Jahres 1738 nach Paris ging, kreuzte sich sein Weg zum zweiten Mal mit dem von *Maupertuis*, der durch seine Lapplandexpedition inzwischen zu einem hochberühmten Mann geworden war. *Maupertuis* hatte *Koenig* bei der Marquise *du Châtelet* eingeführt. Sie arbeitete, durch ihren Hausfreund *Voltaire* dazu bewogen, an einer Übersetzung der *Newtonschen* Principia[14] und suchte in *Leibniz'* System tiefer einzudringen. *Koenig* leistete ihr bei diesen Unternehmungen einen Beistand, wie er sich besser wohl kaum wünschen ließ.

Koenig, von Haus aus Jurist, hatte sich schließlich in Bern niedergelassen. Sein für die dortigen Verhältnisse etwas zu liberaler Freimut hatte ihm im Jahre 1744 eine zehnjährige Verbannung eingebracht, und er hatte schließlich in den Niederlanden, an der hochberühmten Universität, dem sogenannten Athenaeum der kleinen friesländischen Stadt Franeker, eine Professur für Philosophie und Mathematik erhalten.

Koenig hatte stets in freundschaftlichsten Beziehungen zu *Maupertuis* gestanden. Nachdem im Jahre 1738 in Paris unter dem Titel La figure de la terre déterminée par les observations de *M. de Maupertuis,* ...ein Bericht über die Lappland-Expedition erschienen war, hatte ihn *Koenig* dem deutschsprachigen Publikum zugänglich gemacht: Figur der Erden bestimmt durch die Beobachtungen des Herrn von *Maupertuis* ...[15] Als im Jahre 1746 *Maupertuis* zum Präsidenten der Preußischen Akademie der Wissenschaften bestellt worden war, hatte man im Jahre 1749 *Koenig* ehrenvoll zum Mitglied der gelehrten Körperschaft ernannt. *Koenig* schuldete seinem Freund Dank, und er kam im Herbst des Jahres 1751 auf eine Woche nach Berlin. Daß er ihm bei dieser Gelegenheit auch mitteilen wollte, was er, angeregt durch *Maupertuis'* einschlägige Arbeiten, zum Prinzip der kleinsten Aktion sich während der Muße seiner Aachen-Reise erarbeitet hatte, versteht sich von selbst.

Wie weit der vielbeschäftigte und -geschäftige Präsident die Zeit fand, dem zu folgen, was *Koenig* zu sagen hatte, muß offen bleiben. Man schied in gutem Einvernehmen. *Maupertuis* sorgte auf die schriftliche Bitte von *Koenig* dafür, daß einer von dessen Schützlingen ebenfalls in die Preußische Akademie aufgenommen wurde, und *Koenig* kündigte ihm später an, daß er ihm seine Abhandlung zur Naturphilosophie zusenden werde.[16] Als dann *Koenig* seine Auseinandersetzung mit *Maupertuis'* Prinzip 1751 in Leipzig in den Nova acta eruditorum unter dem Titel De universali principio aequilibrii et motus in vi viva reperto, deque nexu inter vim vivam et actionem, utriusque minimo, dissertatio erscheinen ließ,[17] sah *Maupertuis* in dieser Erörterung über das allumfassende, in der lebendigen Kraft entdeckte Prinzip von Gleichgewicht und Bewegung und über die wahre Verknüpfung zwischen lebendiger Kraft und Aktion sowie ihrer beider Minimum etwas ganz anderes, als ihr Titel anzuzeigen schien, nämlich einen vehementen Angriff gegen sein Prinzip und ihn selbst.[18] Warum?

Der schon im Titel umrissene Inhalt scheint dazu wenig Anlaß zu geben. *Koenig* zollt den neuen Ansätzen durchaus seinen Beifall. Er hat über solche Fragen schon in Paris bei der Marquise *du Châtelet* nachgedacht und möchte, da seine Aufzeichnungen verlorengegangen sind, das ihm davon im

Gedächtnis Gebliebene jetzt mitteilen.[19] Natürlich ist er als rechter Professor in einigen Punkten anderer Meinung als sein Freund; doch es geht ihm ganz offensichtlich gar nicht so sehr um eine Kritik, so wie der Chevalier *d'Arcy* sie vorgetragen hatte, sondern um seine eigenen Gedanken.

Koenig fühlte sich der *Leibniz-Wolffschen* Philosophie verpflichtet. Er hatte gerade einen Versuch unternommen, ihre Verträglichkeit mit *Newtons* Methoden nachzuweisen: De optimis *Wolfianae* et *Newtonianae* philosophiae methodis earumque consensu, Über die besten Methoden der *Wolffschen* und *Newtonschen* Philosophie und ihre Übereinstimmung.[20] Nun hatte *Leibniz* mit den Anhängern des *Descartes* eine berühmte Auseinandersetzung über das wahre Kraftmaß vom Zaun gebrochen. *Leibniz* wollte dieses Kraftmaß in der lebendigen Kraft, dem Produkt aus der Masse und dem Quadrat der Geschwindigkeit eines bewegten Körpers sehen, während er bei seinen Gegnern die Bewegungsgröße aus dem Produkt von Masse und Geschwindigkeit glaubte bekämpfen zu müssen. Wir würden heute im ersten Fall – bis auf einen Normierungsfaktor – von kinetischer Energie und im zweiten vom Betrag des Impulses sprechen.

Koenig glaubt nun – und daran liegt ihm offensichtlich viel mehr als an einer Auseinandersetzung mit *Maupertuis* –, noch einmal eine Lanze für *Leibnizens* lebendige Kraft brechen zu können. Er ist der Überzeugung, daß sich an dieser Größe Entscheidendes für die mechanischen Verhältnisse ablesen lassen muß. Die weitere Entwicklung hat ihm darin Recht gegeben. Weniger glücklich muß *Koenigs* über *Leibniz* und seine Anhänger hinausgehender Versuch beurteilt werden, die Annahme der Gegner für bar jeglichen Sinns zu erklären, omnino sensu carentem.[21] Im Gegensatz zur Erhaltung der Energie findet sich eine Erhaltung des Impulses für jedes abgeschlossene System, und *Newton* hatte in seinem zweiten Gesetz die Wirkung einer Kraft dem Maß proportional gesetzt, in dem sich die Impulsgröße ändert. Auf dieser eigentümlichen Grundlage sucht *Koenig* eine im Prinzipiellen nicht immer durchsichtige Argumentation aufzubauen. Fruchtbarer sind seine Einzelanalysen, bei denen er von *Maupertuis'* Beispielen seinen Ausgang nimmt. Dabei kommt er zu wichtigen Ergebnissen. Als Gleichgewichtskriterium scheint ihm die Aktion nicht angebracht, im Gegensatz zur lebendigen Kraft: Herrscht Gleichgewicht, so verschwindet die kinetische Energie und umgekehrt. *Koenig* empfiehlt für die Behandlung von Gleichgewichtsfällen ein principium nullitatis Vis vivae et Actionis, ein Prinzip des Verschwindens der lebendigen Kraft und Aktion.[22] Daß die Aktion verschwindet, ist eine selbstverständliche Folge, wenn es die lebendige Kraft, die kinetische Energie tut, und so sollte man nach Meinung von *Koenig* auf das primäre Kriterium zurückgehen.

Die Anwendung des Prinzips wollen wir am einfachsten Fall des Hebels verfolgen. *Koenig* nimmt an, ein Hebel befinde sich mit den an ihn angehangenen Gewichten nicht im Gleichgewicht, sondern eines der Gewichte sinke um einen bestimmten Betrag x, während das am anderen Ende angebrachte steige. Er rechnet die dabei freiwerdende bzw. aufgewandte Arbeit aus und verlangt nun, aufgrund seines principium nullitatis Vis vivae, daß sie sich gerade aufheben. Das führt, wenn es für beliebige Beträge x gelten soll, zum Hebelgesetz.[23] Ganz analog sind die übrigen Fälle behandelt, das Gleichgewicht auf der schiefen Ebene, bei drei an einem Punkt angreifenden Kräften und bei einem System kommunizierender, mit einer Flüssigkeit gefüllter Röhren, das *Koenig* mit einem geistreichen Kunstgriff auf sein Prinzip zurückführt.

Das von *Koenig* jeweils angewandte Verfahren läuft im Grunde auf das Prinzip der virtuellen Verrückungen hinaus, das wir oben[24] schon einmal kurz berührt haben. Nur brauchen diese Verrückungen in den von *Koenig* betrachteten Fällen nicht infinitesimal, sie können vielmehr endlich angenommen werden. Doch schließlich, bei seinem nur angedeuteten und nicht mehr ausführlich behandelten letzten Beispiel, der sogenannten elastica,[25] einer eindimensionalen elastischen Kurve, muß er auf infinitesimale Verrückungen zurückgreifen, und es wird unübersehbar, daß *Koenigs* Prinzip im Grunde nichts anderes besagt als das der virtuellen Arbeiten.

Davon will *Koenig* selbst allerdings nichts wissen. Für ihn läuft sein Prinzip auf das völlige Verschwinden der kinetischen Energie hinaus. Von einem Extremwert der lebendigen Kraft sei nur insofern zu reden, meint er, als er, bei Bewegung des betrachteten Systems, immer beim Durchgang durch die Lagen entstehe, in denen das ruhend angenommene System im Gleichgewicht verharren würde, beispielsweise beim Durchgang eines Pendels durch seine tiefste Lage. Das Extremum könne aber, wie schon dies Beispiel zeige, ein Maximum wie ein Minimum sein.[26]

Anschließend zeigt *Koenig*, was *Maupertuis* bei seiner Behandlung des Hebelgesetzes in Wahrheit bewiesen hat. Für eine Stange mit zwei Massen an ihren Enden hat *Maupertuis* einen Drehpunkt bestimmt, bei dem die lebendige Kraft und damit die Aktion minimal wird. Und mit Recht bemerkt er: „Eben dies ist das eigentliche Problem, das in der Tat gelöst wurde; aus seiner Lösung kann die Regel für den Gleichgewichtszustand, nach meinem Urteil wenigstens, nicht abgeleitet werden, da die hier und dort an den Körpern angebrachten Anstöße nicht in Rechnung kommen."[27] Betrachtet man *Koenigs* Abhandlung als eine Kritik zur Sache, so bietet er mit diesen Überlegungen sicherlich das Beste. In allen übrigen Abschnitten zieht er es vor, seine eigenen Ansichten von der Lösung der Probleme zu entwickeln und ihre Vorzüge hervorzukehren, ohne daß *Maupertuis'* Darlegungen mehr als den Anlaß zu seinen Erörterungen gäben. Nur am Rand geht er kritisch auf sie ein.

„Doch nun komme ich", fährt *Koenig* fort, „zu der Art, die Gesetze der Bewegung aus dem Minimum der Action abzuleiten, der Action, die uns die Geburt einer neuen Kosmologie gebracht hat, die von jener anderen der deutschen Philosophie in der Sache insgesamt und umfassend in der Lehrmeinung abweicht, die ich jedenfalls, wenn der phoronomische in der gehörigen Weise vom dynamischen Teil geschieden wird und die Schlüsse auf plastische Körper allein oder aber elastische allein zurückgeführt werden, mit Nachdruck billige; sie ist nämlich sowohl elegant wie einfach und stimmt zusammen mit den sichersten Wahrheiten.‶[28] Wenn *Koenig* hier von der Geburt einer neuen Kosmologie spricht, so ist das, wie der weitere Fortgang zeigt, ganz sicher nicht ironisch gemeint. Er ist sogar bereit, ihr jene andere, der deutschen – das heißt hier: der *Leibniz-Wolffschen* – zuzurechnende Kosmologie aufzuopfern, mit der er großgeworden war. Was er dafür verlangt, das ist nur eine klare Unterscheidung zwischen der rein mathematischen Beschreibung der Bewegungsverhältnisse, der von ihm so genannten Phoronomie,[29] und einer Analyse der wirkenden Kräfte, der Dynamik. Die dynamische muß nach dieser Auffassung über die phoronomische Behandlung hinaus jeweils besonders vorgenommen werden, je nach den wirkenden physikalischen Kräften. Sie muß anders für die Körper ausfallen, die sich beim Stoß plastisch verformen und dabei Bewegungsenergie verlieren, und anders für diejenigen, die unter Erhaltung ihrer Bewegungsenergie elastisch ihre ursprüngliche Form wieder annehmen.

Koenig scheint offensichtlich gewisse Bedenken gegen die Behandlung der Stoßprozesse durch seinen Freund zu haben. Er sehe, so schreibt er weiter, es gehe darum, daß Phoronomisches für Dynamisches genommen werde, wo es doch davon gesondert behandelt werden müsse, so daß die aufgefundenen Gesetze auch, unter Zurückweisung des Prinzips der Kontinuität, den vollkommen harten Körpern beigelegt worden seien. Doch zeige die Theorie der lebendigen Kräfte, daß hier eine Grenzlinie übersprungen werde.[30]

Koenigs Einwände scheinen sich vor allem gegen *Maupertuis'* Beitrag zur Theorie des Stoßes unelastischer Körper zu richten. Er entwickelt dazu im folgenden ausführlich seine eigenen Ansichten. Als Voraussetzungen nimmt er dafür das Prinzip der Gleichheit von Wirkung und Gegenwirkung in Anspruch, weiter die für ihn daraus folgende Annahme, daß die Geschwindigkeitsänderungen, worunter er des näheren deren Beträge versteht, sich in jedem Augenblick der Wirkung umgekehrt wie die Massen der beteiligten Körper verhalten, und schließlich das Trägheitsgesetz für die Bewegung des gemeinsamen Schwerpunkts des Systems. Er zeigt dann, wie sich die Geschwindigkeiten der zum Stoß kommenden Körper in einem Bezugssystem darstellen, das sich gradlinig und gleichförmig gegen das ursprüngliche bewegt.[31]

Koenig beweist dann einen hübschen, heute noch gelegentlich mit seinem Namen verbundenen Satz, der die Behandlung der Stoßprozesse erheblich vereinfacht. Er sucht ein gegen die sich stoßenden Körper geradlinig und gleichförmig bewegtes Bezugssystem, in dem ihre kinetische Energie minimal wird, und findet es in dem System, das sich mit der Geschwindigkeit des gemeinsamen Schwerpunkts bewegt. Die gesamte lebendige Kraft läßt sich dann als Summe aus der relativ zu diesem System genommenen Summe der lebendigen Kräfte der beteiligten Körper und der lebendigen Kraft ihres mit der gesamten Masse versehenen Schwerpunktes darstellen. *Koenig* führt den Beweis für zwei sich stoßende Körper und bemerkt ausdrücklich, daß er auch für beliebig viele gelte.[32]

Dieser Satz gibt *Koenig* die Möglichkeit, die dynamischen Verhältnisse in besonders übersichtlicher Weise zu behandeln. Er untersucht Wirkung und Gegenwirkung beim Stoß plastisch verformbarer Körper im mit dem gemeinsamen Schwerpunkt bewegten Bezugssystem, in dem die Geschwindigkeiten sich umgekehrt wie die Massen der beiden Körper verhalten.[33]

Koenig versucht insbesondere nachzuweisen, daß der Austausch der Impulsgrößen schließlich zu einem Verschwinden der Geschwindigkeiten im Schwerpunktsystem führen müsse. Er beruft sich dabei auf das Prinzip der Gleichheit von Wirkung und Gegenwirkung, womit er hier das meint, was wir die Impulse nennen würden, die in den einzelnen Phasen des Stoßprozesses jeweils von dem einen auf den anderen Körper übergehen. Da im Schwerpunktsystem die Ausgangsimpulse gleich sind, müssen sie unter diesen Umständen beim Stoßvorgang schließlich verschwinden. Wenn das geschehen ist, muß aber bei völlig unelastisch angenommenen Körpern der Impulsaustausch aufhören, und die beiden Körper kommen im Schwerpunktsystem zur Ruhe.[34] Verwirrend an der Argumentation von *Koenig* ist, daß er für Wirkung und Gegenwirkung die Termini actio und reactio verwendet, was zumal hier, wo es ja um das Prinzip der kleinsten actio gehen soll, nicht gerade zur Klarheit beiträgt.

Die Schlüsse, die *Koenig* aus dieser Analyse zieht, gründen sich auf die Theorie des Stoßes, die *Leibniz* im Zusammenhang mit seiner Lehre von der Erhaltung der lebendigen Kraft geschaffen und die *Wolff* weiter entwickelt hatte. Von entscheidender Bedeutung ist für sie das Prinzip der Gleichheit von Wirkung und Gegenwirkung,[35] in dem Sinn verstanden, in dem wir es bei *Koenig* verwandt sehen. Wird dies Prinzip aufgehoben, so wird der Theorie ihre Grundlage entzogen.

Nun hatte *Maupertuis* zunächst den völlig unelastischen Stoß behandelt und die dabei beteiligten Körper als „harte" (Corpora dura) eingeführt, was *Koenig* als hypothesis corporum absolute durorum, ubi partes tendi, intensaeque in contrarias partes niti, nequeunt präzisieren möchte, als Annahme von uneingeschränkt harten Körpern, bei denen die Teile nicht in einen Spannungszustand versetzt und die in ihm befindlichen nicht in die entgegengesetzte Richtung drängen können.[36] Warum hatte *Maupertuis* den unelastischen Stoß gerade in dieser eigentümlichen Form behandelt?

Seit *Descartes* versucht hatte, die Welt aus der Bewegung materieller Partikeln zu erklären, hatten die Gesetze des Stoßes fundamentale Bedeutung gewonnen; und nichts hatte dabei die Gemüter so erhitzt wie die in dieser Form unlösbare Frage, wie sich dabei starre Körper verhalten. Im 2. Teil seiner Untersuchung über die aus einem metaphysischen Prinzip abgeleiteten Gesetze der Ruhe und Bewegung hatte *Maupertuis* erklärt, gerade diese schwierige Frage lösen zu wollen. Er hatte dabei die Universalität der von den streitenden Parteien in Anspruch genommenen Gesetze bestritten: des von den *Cartesianern* behaupteten Gesetzes von der Erhaltung der Bewegungsgröße und des Gesetzes von der Erhaltung der lebendigen Kraft, das *Leibniz* und seine Anhänger zur Grundlage ihrer Theorien machen wollten. Er hatte damit Recht gehabt: *Descartes* hatte nur mit den Beträgen der Impulse gerechnet und sich damit um den Erhaltungssatz gebracht, der für sie selbst gilt; und *Leibniz'* Satz von der Erhaltung der lebendigen Kraft gilt nur, wenn keine

Energie beim Stoß verloren geht. *Maupertuis* hatte weiter das von *Leibniz* proklamierte Gesetz der Kontinuität in Zweifel gezogen und gefragt, warum nicht beim Stoß und bei anderen Naturprozessen Änderungen sprunghaft auftreten sollten. Er hatte sich aber getäuscht, als er glaubte, mit seinem Prinzip der kleinsten Aktion eine Grundlage gefunden zu haben, die alle Probleme zu lösen gestatte, auch das der Gesetze des Stoßes für harte oder starre Körper.

Es sei klar, so wendet nun *Koenig* gegen *Maupertuis* ein, daß bei diesem Ansatz eine Gleichheit von Wirkung und Gegenwirkung sich nicht vorstellen lasse. Deshalb bestehe auch keine Möglichkeit, die für corpora mollia, für weiche, das heißt verformbare Körper geltenden Stoßgesetze, den harten, wir würden sagen: starren Körpern zu unterstellen. Es käme zu einer sprunghaften Änderung der Bewegung, und der stehe das Principium continuitatis *Leibnitianum* entgegen, das *Leibniz-sche* Prinzip der Kontinuität, das einen Durchgang durch alle Zwischenstadien verlange und ruckartige Änderungen verbiete. Ein Umsturz dieses Prinzips würde, wie *Koenig* meint, jede einsichtige Erklärung von Veränderungen und somit alle Natur-philosophie zum Zusammenbruch bringen.[37]

Für *Koenig* ist damit völlig klar, was von jenem Minimum der lebendigen Kraft und der Action, metaphysisch betrachtet, zu halten sei. In diesem Gesetz würde für ihn so viel an blindem Fatum oder weisem Ratschluß stecken, wie im Gesetz der Gleichheit von Wirkung und Gegenwirkung an Notwendigkeit (necessitas) oder Bedingtheit (contingentia) zu finden wäre. Und für eine dieser beiden Alternativen würde man sich dann zu Recht entscheiden, wenn zuvor feststünde, aus welchem Prinzip, dem vom Widerspruch oder dem vom zureichenden Grunde, dieses den ersten Rang einnehmende Gesetz der Wissenschaft von der Bewegung hervorgehe. *Leibniz* und *Wolff* hätten diese Quellen für einen echten Beweis der göttlichen Existenz längst aufs klarste gesehen und mit der ausnehmend-sten Kunst der Allgemeinheit erschlossen.[38]

Was für *Koenig* als Schüler von Christian *Wolff* völlig klar ist, bedarf für uns vielleicht doch einer Erläuterung. Was phoronomisch ist, gilt ihm als Teil der Mathematik und folgt so für ihn aus dem Satz vom Widerspruch; es führt auf Fatum und Notwendigkeit. Was aber dynamisch ist, wie das Minimum der lebendigen Kraft und der Aktion, das muß im metaphysischen Sinn als weisem Ratschluß entsprungen und wie das Gesetz von der Gleichheit der Wirkung und Gegenwirkung als bedingt angesehen werden: das erste Gesetz der Wissenschaft von der Bewegung kann, wenn sie nicht auf bloße Phoronomie reduziert wird, nur aus dem Prinzip vom zureichenden Grunde hervorgehen und durch die Existenz eines Unbedingten bedingt sein.

Am Schluß fügt *Koenig* noch an, es habe allen Anschein, daß *Leibniz* eine viel weiter reichende Theorie der Action besessen habe, als man im Augenblick auch nur ahnen könne. Es gebe nämlich einen Brief von ihm an Jacob *Hermann*, in dem er schreibe: „Die Action ist nicht das, was sie denken, die Betrachtung der Zeit geht in sie ein; sie verhält sich wie das Produkt aus der Masse mit der Wegstrecke und der Geschwindigkeit oder der Zeit mit der lebendigen Kraft. Ich habe bemerkt, daß sie bei den Variationen der Bewegungen in der Regel ein Maximum oder Minimum wird. Man kann daraus mehrere Sätze mit weitreichenden Folgen herleiten; sie könnte dazu dienen, die Kurven zu bestimmen, welche die von einem oder mehreren Zentren angezogenen Körper beschreiben. Ich wollte über diese Dinge unter anderen im zweiten Teil meiner Dynamik handeln, den ich unterdrückt habe; die schlechte Aufnahme, die das Vorurteil dem ersten bereitet hat, hat mir die Lust dazu genommen."[39]

Was ist von *Koenigs* Abhandlung zu halten? Die Richtung, in die sie zielt, ist nicht unmittelbar zu erkennen, Anlaß zu Mißverständnissen gegeben. Vielleicht sollten wir uns zunächst einmal klar machen, worum es bei dem Prinzip der geringsten Aktion geht. Die von *Maupertuis* gewählten und von *Koenig* übernommenen Beispiele stellen sozusagen ausgeartete Fälle dar, die das Wesentliche eher verdecken als erhellen.

Nehmen wir an, ein mechanisches System bewege sich ohne Energieverlust, seine Gesamtenergie E bleibe erhalten. Wirken keine Kräfte, so bleibt auch seine lebendige Kraft, seine kinetische Energie T unveränderlich; und *Maupertuis* Prinzip besagt, daß der Übergang zwischen zwei aufeinanderfolgenden Lagen des Systems unter allen möglichen anderen denkbaren Übergängen von der ersten in die zweite Lage dadurch ausgezeichnet ist, daß die für ihn benötigte Zeit extremal wird, ja sie wird sogar minimal, wenn die betrachteten Lagen nicht zu weit auseinanderliegen.

Seine volle Kraft erweist das Prinzip aber erst, wenn wir annehmen, daß auf das System Kräfte wirken, welche seine kinetische Energie T ändern. Besonders einfach gestalten sich die Verhältnisse, wenn die Kräfte sich aus einer ortsabhängigen Potentialfunktion ergeben. Da wir die Gesamtenergie E, die Summe $T + V$ aus kinetischer Energie T und potentieller V als konstant voraussetzen, ist für die augenblickliche Lage des Systems mit der potentiellen Energie V auch die kinetische mit $T = E - V$ gegeben, und mit der kinetischen Energie T liegt auch die Aktion $T\,dt$ für das folgende Zeitelement dt fest. Doch wie sich diese Aktion auf die einzelnen Massen des Systems verteilt, welche Geschwindigkeiten sie dabei gewinnen, welche der unbeschränkt vielen Möglichkeiten Wirklichkeit wird, das bleibt zunächst völlig offen. Durch das Prinzip der geringsten Aktion wird eben diese Unbestimmtheit beseitigt. Es besagt, daß die Bewegung so erfolgt, daß die Lage des Systems nach Ablauf der Zeit dt von der Ausgangslage aus nicht durch eine geringere Aktion als $T\,dt$ hätte erreicht werden können.

An den von *Maupertuis* gebotenen Beispielen läßt sich davon nichts ablesen. *Koenigs* Abhandlung hilft da auch nicht weiter, denn er übernimmt die Beispiele samt dem Ansatz seines Freundes, und was er darüber hinaus selbst beisteuert, ist auch nicht einschlägig. Wohl hatte *Euler* in seinem Additamentum II zu seiner Methodus inveniendi lineas curvas maximi minimive proprietate gaudentes, seiner Methode, Kurven zu finden, die sich einer Maximum- oder Minimumeigenschaft erfreuen, die ersten Schritte in diese Richtung getan. Aber darauf geht *Koenig* an keiner Stelle ein.

Koenigs Beitrag in den Acta eruditorum zielt in eine ganz andere Richtung. Er plädiert für ein Prinzip der kleinsten oder auch extremalen Energie und glaubt, daraus ergebe sich als Folge ein Extremwert für die Aktion. Das hat mit dem Prinzip der geringsten Aktion, so wie wir es eben geschildert haben, so gut wie nichts mehr zu tun. Das Prinzip der geringsten Aktion ist ein Variationsprinzip. Bei ihm wird nicht einfach ein Extremwert gesucht, sondern eine Bahnkurve zwischen zwei vorgegebenen Punkten, längs deren ein bestimmtes Integral, eben die Aktion, extremal wird. Es geht um eine Funktion, deren Argument wieder eine Funktion ist: Für welche Argumentfunktion nimmt diese Funktionen-Funktion einen Extremwert an? *Koenig* hingegen kommt im Verfolg der *Maupertuisschen* Beispiele zu der Ansicht, es handle sich um eine einfache Maximum-Minimum-Aufgabe, bei der es um eine gewöhnliche Funktion, die kinetische Energie, und um die Bedingungen gehe, unter denen sie einen Extremwert annehmen könne.

Selbst wenn wir von alledem absehen, bleibt weithin unklar, was *Koenig* eigentlich will. Nur eines ist unübersehbar: Er will die Grundlagen verteidigen, auf denen *Leibniz* seine Wissenschaft von der Natur einschließlich seiner Mechanik aufgebaut hatte; und so wendet er sich sowohl gegen die für ihn offenbar immer noch zählenden Einwürfe der *Cartesianer* aus dem Streit um das rechte Kraftmaß, wie gegen die Ansprüche der Anhänger *Newtons,* durch den die Impulsübertragung und die Erhaltung des Gesamtimpulses in einem abgeschlossenen System zum Angelpunkt der neuen Mechanik geworden war.

Koenig setzt sich in seiner Arbeit nur am Rande kritisch mit *Maupertuis'* Beiträgen auseinander, eben weil es für ihn im wesentlichen darum zu gehen scheint, die Grundlage der *Leibnizschen* Wissenschaft von der Natur zu sichern und auf ihr weiterzubauen. Kritische Töne schlägt er nur bei den wenigen Punkten an, in denen er diese Grundlage durch *Maupertuis'* Vorgehen in Gefahr sieht. Im übrigen ist er bereit, die herkömmliche Kosmologie *Leibniz-Wolffscher* Prägung aufzugeben und zum Ansatz des Freundes überzugehen. Er hält diesen Ansatz, wenn nur auf die Grundsätze *Leibniz'* die gebührende Rücksicht genommen wird, für elegant, einfach und mit den sichersten Wahrheiten übereinstimmend. Ihm kommt, so könnten wir hinzufügen, gar nicht der Gedanke, die Art, wie *Maupertuis* den Begriff der Action faßt, grundsätzlich in Zweifel zu ziehen, sondern er folgt dessen Spuren. Es hat allen Anschein, als hoffe er, den Freund von orthodoxer Observanz der *Newtonschen* Lehre zur eigenen Haltung bekehren zu können, durch die er einen Ausgleich zwischen *Leibniz'* und *Newtons* Grundsätzen zu erreichen sucht. Daß sein Freund sich um formal-teleologische Prinzipien bemühte und in ihnen die einzige Grundlage für einen Gottesbeweis sah, wird ihm ebenso hoffnungsvoller wie willkommener Anlaß gewesen sein, ihn zu gemeinsamer Arbeit an einer neuen Kosmologie zu gewinnen.

Das Wort Kosmologie besaß seinerzeit noch eine etwas andere Bedeutung als heute. Christian *Wolff* hatte dem in der Spätscholastik gelegentlich auftauchenden Terminus durch seine Cosmologia generalis, methodo scientifica pertracta, quâ ad solidam, imprimis Dei atque naturae, cognitionem via sternitur einen neuen Sinn gegeben,[40] durch seine allgemeine, mit wissenschaftlicher Methode abgehandelte Kosmologie, durch welche der Weg zur gediegenen Erkenntnis, vor allem Gottes wie der Natur, geebnet wird. Das Werk war im Jahre 1731 in Frankfurt und Leipzig erschienen. *Wolff* hatte zwei Jahre zuvor seine Ontologia herausgegeben und veröffentlichte nun als zweiten Teil seiner Metaphysik die Cosmologia generalis. Sie sollte ihm die Prinzipien liefern, aus denen er die Existenz und Eigenschaften Gottes aufgrund der Bedingtheit des Weltalls und der Ordnung der Natur beweisen wollte. Die Cosmologia generalis stand für ihn zur Physik in demselben Verhältnis, in dem er die Ontologia zur übrigen Philosophie sah. Der Ausdruck Kosmologie hatte sich dann als Bezeichnung für eine allgemein gehaltene Betrachtung der physikalischen Gesetze nach ihrer Analogie und Einheit unter metaphysischen Gesichtspunkten durchgesetzt, für eben das, was *Maupertuis* beabsichtigte und wozu *Koenig* ihm seine Hilfe bot.

12. Maupertuis' Streit mit Koenig und das Eingreifen Voltaires

„Ich habe das Prinzip der geringsten Action in einigen Arbeiten mitgeteilt, die zu verschiedenen Zeiten erschienen sind. Herr *Koenig*, Professor im Haag, hielt es für geraten, in die Leipziger Acta (eruditorum) eine Abhandlung einzurücken, in welcher er zwei Ziele ins Auge faßte; für einen so eifernden Anhänger von Herrn von *Leibniz*, wie er es ist, waren es zwei recht widersprüchliche Ziele, doch hatte er gleichwohl Mittel und Wege gefunden, sie zu vereinen. Er griff im ganzen Verlauf dieser Abhandlung mein Prinzip an und schloß damit, es diesem großen Mann zuschreiben zu wollen: das heißt doch, daß der Eifer, den man für die besitzt, die man im höchsten Maße verehrt, nicht so mächtig ist wie der geringste Grad von Haß oder Neid."[1] So hat *Maupertuis* später die Abhandlung Samuel *Koenigs* beurteilt. Will er zu verstehen geben, daß der Freund unversehens zum Feind geworden sei und ihm die Urheberschaft seines Prinzips zugunsten des von ihm mit Eifer verehrten *Leibniz* habe rauben und blind vor Haß und Neid zugleich eben dieses für seinen Meister in Anspruch genommene Prinzip habe bekämpfen wollen, nur weil es der Angegriffene vertreten habe? *Maupertuis* schwächt diese Unterstellung ab, nur um sie schließlich doch in der Schwebe zu lassen: „Gleichwohl sollte ich nichts von diesen beiden Beweggründen bei Herrn *Koenig* argwöhnen: Die Art, in der sich unser Umgang stets vollzogen hat, sollte mich des einen versichern und ich sollte nicht fürchten, daß mein bißchen Ansehen das andere erregt haben könnte. Sei dem wie ihm wolle, er griff mit allen seinen Kräften mein Prinzip an; und für die, denen er nicht hatte einreden können, daß es falsch sei, zitierte er ein Bruchstück eines

Leibniz-Briefs, woraus man folgern konnte, daß es in seinem Besitze sei. Das war wirklich das befremdlichste Betragen, und doch war es das Betragen von Herrn *Koenig*."²

Einleitend hat *Maupertuis* vorausgeschickt, man solle die Öffentlichkeit eigentlich nicht mit seinen Affären unterhalten, doch habe die hier geschilderte genügend Lärm verursacht, um die Neugier zu erregen, oder sie sei doch der Art, daß sie möglicherweise als anekdotischer Beitrag zur Geschichte des menschlichen Geistes dienen könne. Man werde dabei sehen, daß ein Geschehen literarischer Art erst Streitgespräche, dann Schmähschriften und schließlich Schandstücke hervorgebracht habe.

Maupertuis gibt uns von seiner Sicht der Ereignisse Kunde in einem Brief Sur ce qui s'est passé à l'occasion du principe de la moindre quantité d'action, Über das, was sich gelegentlich des Prinzips der geringsten Größe der Aktion zugetragen hat. Er hat diesen Brief als 10. in eine Sammlung aufgenommen, der er sinnigerweise das Motto voranstellte Nec mihi, si aliter sentias, molestum; nicht soll mich verdrießen, wenn du anderer Meinung bist.

Offenbar hatte *Koenigs* Abhandlung *Maupertuis* sehr verdrossen. Seine Reaktionen steigerten sich schnell bis zur Maßlosigkeit, so daß er sich völlig ins Unrecht setzte. Was hatte *Koenig* geschrieben, das Anlaß zu solchem Verhalten geben konnte?

Wir haben gesehen, daß im Widerspruch zu allen andersartigen Behauptungen das Verhältnis *Maupertuis'* gegen *Koenig* bis zur Veröffentlichung von dessen Abhandlung freundschaftlich geblieben war. Den Umschwung muß die Abhandlung herbeigeführt haben. Sie war vielleicht nicht immer völlig durchsichtig in ihren Zielsetzungen, doch scheint sie weder im Ton noch im Inhalt unfreundlich, ganz im Gegenteil. Wenn in ihr üblicherweise eine vehemente Kritik der *Maupertuisschen* Position gesehen wird, so wie *d'Arcy* sie vorgetragen hatte, so hält diese Ansicht einer näheren Überprüfung anhand des Wortlauts nicht stand. Um so dringlicher wird die Frage nach den von uns bisher offenbar übersehenen Punkten, die *Maupertuis* gereizt haben.

Am ehesten können wir Licht in dieses Dunkel bringen, wenn wir von dem zweiten von *Maupertuis* offenbar als kränkend empfundenen Umstand ausgehen, nämlich der Mitteilung des *Leibniz*-Zitats durch *Koenig* am Ende seiner Abhandlung. *Maupertuis* scheint zutiefst darüber verstimmt, daß man das von ihm entdeckte Prinzip schon bei *Leibniz* nachweisen will und für ihn hat die ganze Auseinandersetzung alsbald die Form eines Prioritätsstreits angenommen. Doch *Leibniz'* Brief war völlig unbekannt gewesen, ehe *Koenig* ihn zitiert hatte. Auch nach damaligen Maßstäben konnte das wohl kaum die Priorität von *Maupertuis* beeinträchtigen. Da gab es beispielsweise eine einschlägige frühe Arbeit von Christian *Wolff,* die in den Kommentaren der Petersburger Akademie veröffentlicht worden war[3] und die später auch in den Streit hineingezogen wurde, aber *Maupertuis* wenig beunruhigt zu haben scheint. In seiner oben zitierten Darstellung ist davon überhaupt nicht die Rede.

Es kann also nicht die Sache, es muß der Name gewesen sein, der Name *Leibnizens,* durch den sich *Maupertuis'* in diesem Zusammenhang provoziert fühlte. Nun war es *Maupertuis'* großes Verdienst, *Newtons* Lehre in der französischen Akademie der Wissenschaften Eingang verschafft zu haben. Er hatte bei seiner Reise nach England im Jahre 1728 die neue Lehre aus erster Hand kennengelernt und sie gegen seine Akademiekollegen mit allen Kräften verteidigt, bis er sie schließlich auf seine Seite gezogen hatte, nicht zuletzt durch seine Lapplandexpedition, welche die aus *Newtons* Theorie fließende Folge der Abplattung unserer Erde an ihren Polen und damit diese Theorie selbst bestätigt hatte. Auch *Voltaire,* der weiterhin für *Newton* auf dem Kontinent die Werbetrommel gerührt hatte, war, wie wir noch im einzelnen sehen werden, erst durch *Maupertuis* zum neuen Credo der universalen Gravitation bekehrt worden. *Maupertuis* hat es sich – zurecht – stets als besonderes Verdienst angerechnet, als erster mit Nachdruck und Erfolg für *Newton* auf dem Kontinent eingetreten zu sein.[4]

Maupertuis hatte als rechter *Newtonianer* zur *Leibnizschen* Philosophie und den an sie anknüpfenden deutschen Systembastlern vom Schlage eines Christian *Wolff* ein etwas gespanntes Verhältnis. Er hat sich in einer anderen Briefsammlung darüber nicht ohne Ironie geäußert.[5] Daß ausgerechnet er sich dabei ertappt sehen sollte, in den Spuren *Leibnizens* zu wandeln, kann ihn kaum gefreut haben. Und doch läuft, wie wir gesehen haben, *Koenigs* Abhandlung nicht zuletzt auf den Versuch hinaus, dem Freund klarzumachen, daß er ja schon so gut wie völlig zu *Leibniz* übergegangen sei. Und ebensowenig wird es *Maupertuis* erfreut haben, von seinem Freund nun ein wenig oberlehrerhaft darüber unterrichtet zu werden, wie er seine Argumentation abzuändern habe, um keinen der Grundsätze *Leibnizscher* Metaphysik zu verletzen.

Friedrich der Große hatte ursprünglich einmal Christian *Wolff* in der Leitung seiner Akademie sehen wollen. Doch der hatte, zumal nicht klar war, ob er unter Umständen zusammen mit *Maupertuis* sich diese Funktion hätte teilen müssen, ebenso höflich wie bestimmt sich hinter Ausflüchten verschanzt: „Ich bin an meinen Füßen auf eine ganz besondere Art incommodiret, daß keine Kälte daran vertragen kann, auch selbst im Sommer es mir beschwerlich ist, wenn nur kühles Wetter ist."[6] Herr *Maupertuis* rede nichts als französisch, und er selbst könne es lesen, doch nicht verstehen, viel weniger selbst reden. Und drittens erlaube eine erfolgreiche Arbeit an seinem Natur- und Völkerrecht keine Ablenkung durch andere Verpflichtungen. Friedrich der Große hatte auf den ersten Philosophen Deutschlands verzichten und sich mit dem großen *Maupertuis* begnügen müssen; und *Wolff* hatte unmißverständlich gegen von *Maupertuis* geduldete oder angeregte Angriffe auf seine Philosophie sich verwahrt. Der *Newtonianer Maupertuis* scheint sich zu einer Art von Waffenstillstand mit dem Erbfeind, dem *Leibnizianer Wolff* bereitgefunden zu haben, denn dieser dankt ihm in einem Brief vom 18. Juli 1747: „Ich weiß Dir, hervorragendster Mann, den größten Dank dafür, daß Du Dich um meinen Ruf kümmern und nicht dulden willst, daß irgend etwas veröffentlicht wird, was ihn verletzen könnte (Gratias tibi maximas habeo, vir summe, quod famae meae studere velis, nec permittere ut quicquam publicetur quod eamdem laedere possit)."[7] Eine

Publikationsgemeinschaft auf Gegenseitigkeit. Andererseits konnte sich *Maupertuis* in seiner deutschen Umgebung auch nicht nur auf Rosen gebettet fühlen. Man ließ im Jahre 1749 in die Kölner Zeitung die Nachricht einrücken, der Präsident sei in Ungnade gefallen und aus den preußischen Landen gejagt worden. Der König mußte energisch Richtigstellung verlangen.

Kein Wunder also, daß *Maupertuis* allem, was von seiten der *Leibnizschen* Konkurrenz kam, mit Mißtrauen begegnete. Und nun gar dieser törichte Versuch des ihm zu Dank verpflichteten Freundes *Koenig,* ihn zum *Leibnizianer* zu machen! *Maupertuis* konnte *Koenigs* Abhandlung nicht wie ein Unbeteiligter, er mußte sie voreingenommen gegen die Machinationen der Gegenseite lesen. Sicher, ihm selbst war klar, daß eine Kritik an seinem Prinzip und der Versuch, es *Leibniz* zuzuschreiben, sich schlecht zusammenreimten. Doch er konnte und wollte darin nichts anderes als Versuche sehen, der ihm verschlossenen Lehre *Leibnizens,* mit welchen Mitteln auch immer, zum Triumph zu verhelfen. Sein schönes Prinzip wurde in einer Weise verunstaltet, daß es nur noch eine Fortsetzung der *Leibnizschen* Metaphysik und nicht mehr die formale Krönung der auf Empirie gegründeten Naturwissenschaft *Newtons* zu sein schien.

Noch ein letzter Punkt wird den Zorn, in den sich der cholerische *Maupertuis* verrannte, bestärkt haben. An keiner Stelle hatte *Koenig* ihn mit Namen genannt. Zu Beginn seiner Abhandlung spricht er von dem Vir Clarus, dem berühmten Mann, der sich der Wahrheit nähere, und nennt ihn dann noch einmal als Clarissimus Vir, als hochberühmten Mann, mit dem er anläßlich einer Reise die Frage erörtert habe, wie der Satz zu beweisen sei, daß die Bewegung jedes Systems ständig zunehme, bis der Abstieg seines gemeinsamen Schwerpunktes maximal werde.[8] Vermutlich hielt es *Koenig* mit *Ciceros* Ausspruch: Homines notos sumere odiosum est, cum et illud incertum sit, velintne hi sese nominari (Berühmte Leute anzuführen ist widrig, da selbst jenes ungewiß ist, ob sie überhaupt genannt werden wollen).[9] Doch gerade damit hatte er das Falsche getan, nämlich die Neugier derer erregt, die nicht genau wußten, worum es eigentlich ging, und den Eindruck erweckt, als sei hier jemand besonderer Schonung bedürftig. So wird *Maupertuis* das Verfahren *Koenigs* aufgefaßt haben.

Das weitere Verhalten von *Maupertuis* bestätigt diese Deutung. Er hat sich sogleich auf das *Leibniz*-Zitat gestürzt und verlangt, daß *Koenig* seine Unterstellung der Preußischen Akademie der Wissenschaften gegenüber durch Vorlage des Originals rechtfertige. Die Geschichte der von ihm so zum Akademiestreit gemachten Auseinandersetzung ist oft und kompetent dargestellt worden.[10] Wir wollen und brauchen sie hier nicht in ihren Einzelheiten zu wiederholen. Der König, der sich selbst gern als Akademiker bezeichnete und als Protektor der durch ihn eigentlich erst zum Leben erweckten gelehrten Körperschaft gelten wollte, schaltete sich ein. Die Suche nach dem Original blieb erfolglos, der Brief mußte von den gelehrten Akademiemitgliedern zur böswilligen Fälschung erklärt werden. Samuel *Koenig* kam einem Ausschluß zuvor und gab seine Ernennung zurück, wendete sich aber zugleich mit seinem Appel au public, seinem Aufruf an die Öffentlichkeit, an die seinerzeit noch vorhandene öffentliche Meinung, die alsbald, namentlich in Deutschland, für ihn Partei ergriff. Selbst die Berliner Akademiker waren nicht durchweg von ihrer Sache überzeugt. Der Schweizer Johann Georg *Sulzer* (1720–1779), bekannt durch seine Beiträge zur Ästhetik, doch gleichzeitig in hohem Maß an mathematischen Fragen interessiert, der Mitglied der Berliner Akademie geworden war, hat in einem Brief an einen Freund der Stimmung in der gelehrten Körperschaft drastischen Ausdruck verliehen: „Weil *Maupertuis* alle Gewalt in Händen hat, und man nicht sehr laut gegen ihn reden darf, so ist die Verbitterung im Geheim desto stärker, und dieses thut der Akademie großen Schaden. Man siehet die Parteilichkeit überall."[11] In der ganzen Sache sieht er einen Streit de lana caprina, über Bockswolle (d. h. die Schur ergibt viel Geschrei und wenig Wolle), denn das, was *Maupertuis* minimum actionis nenne, sei nichts anderes als das, was *Leibniz* als minima vis viva, kleinste lebendige Kraft bezeichne. Offensichtlich hat *Koenigs* Abhandlung den Anstoß zu dieser Auffassung geliefert, wenn er auch sicher nicht solchen Kurzschlüssen hatte das Wort reden wollen.

Koenig hatte die Öffentlichkeit nicht zuletzt durch die Sachlichkeit und Bestimmtheit beeindruckt, die er trotz aller von *Maupertuis* gegen ihn gerichteter maßloser Angriffe stets bewahrt hat. Er wehrte sich vor allem dagegen, daß über die Frage der Echtheit des von ihm zitieren Briefs die Sachfrage völlig in Vergessenheit geriet. Man hatte sich vor allem in diese Nebenfrage verbissen, wohl weil sich über sie leichter streiten ließ als über das in Frage stehende Prinzip. Der *Leibniz*-Brief hätte wohl niemals Anlaß zu Bedenken gegeben, wäre ihm nicht von der Berliner Akademie die Schlüsselrolle in der Auseinandersetzung mit *Koenig* zugewiesen worden. Er bietet nach Form und Inhalt nicht mehr Anstoß als andere *Leibniz-Briefe.* *Helmholtz* hat später den Begriff der Aktion bei *Leibniz* anhand von dessen übrigen Aufzeichnungen untersucht und ist zu dem Ergebnis gekommen, die Sorgfalt und Ausführlichkeit sowie die besondere Art und Weise, in welcher er dort entwickelt werde, könne nur als Vorbereitung des Prinzips der kleinsten Aktion verstanden werden.[12] Man hat inzwischen sogar eine der *Koenigschen* ähnliche Sammlung von Abschriften *Leibniz* zugeschriebener Briefe entdeckt, die ebenfalls den strittigen Brief enthält.[13] Das Urteil, das man einer gelehrten Körperschaft abgepreßt hat, zählt demgegenüber kaum.

Koenig hatte mit seinem Appel au public die dringende Aufforderung verbunden, die Erörterung nicht auf die Frage der Echtheit und Bedeutung des von ihm in den Acta eruditorum des Jahres 1751 zitierten *Leibniz*-Briefs einzuengen, sondern endlich zur Sache selbst Stellung zu nehmen. Nur ein einziger ist darauf eingegangen: Leonhard *Euler,* und er tat es mehr als voreingenommen. Schon in seiner Petersburger Akademiezeit hatte *Euler* sich mit den Anhängern *Leibnizens* gestritten, die er als „Freigeister" verabscheute; und *Koenig* mußte er wohl auch zu ihnen rechnen. Wir müssen uns daran erinnern, daß der große Christian *Wolff* selbst auf Betreiben pietistischer Theologen im Jahre 1723 durch eine Kabinettsorder Friedrich Wilhelms I. seine Professur in Halle verloren hatte und daß ihm unter

112

Androhung des Strangs befohlen worden war, Halle binnen 24 Stunden und die preußischen Staaten in zwei Tagen zu verlassen.[14] Daß gerade dadurch *Wolff* letztlich seinen und seiner Anhänger Einfluß festigen konnte, hat *Euler* zutiefst bedauert. Abgesehen davon kann *Euler,* der in seinen Arbeiten stets Muster an durchsichtiger und klarer Darstellung zu liefern pflegte, die etwas diffuse, um nicht zu sagen zuweilen konfuse Art der *Koenigschen* Abhandlung wenig gefallen haben. Sie nun mit einer etwas formalistischen Kritik zu zerpflücken, war ihm ein Leichtes. Überdies war die mathematische Seite der *Koenigschen* Arbeit nicht unbedingt ihre Stärke, da ihr Verfasser es oft dem Leser überläßt, die für den Beweisgang erforderlichen näheren oder einschränkenden, doch unausgesprochen bleibenden Voraussetzungen zu ergänzen. *Euler* hat alle diese Formfehler genüßlich aufgespießt. Die Auseinandersetzung mit den Sachfragen wurde dadurch kaum gefördert. Eine Bedeutung haben diese Beiträge *Eulers* dadurch, daß er mit ihnen eine kompetente und immer noch lesenswerte Geschichte des Prinzips der geringsten Aktion aus seiner Sicht verband. Die sich immer weiter verschärfenden Auseinandersetzungen um das Prinzip veranlaßten ihn zu immer schärfere Töne der Polemik anschlagenden Zusätzen und Postskripten zu diesen nicht nur im Rahmen der Mémoires, sondern auch separat in lateinischer Form an die interessierte, zumal deutsche Öffentlichkeit gerichteten Beiträgen.[15] Ihr letzter schließt mit dem Absatz: „Welche Stirn besitzt schließlich ein Mann, wenigstens wenn er nicht seinen Verstand verloren hat, der es wagt, solch ungeheuerliche Irrtümer zu veröffentlichen? Das ist es, was man kaum zu begreifen vermochte: und da Herr *Koenig* nicht nur die Worte unseres hochberühmten Präsidenten mit so viel Verderbtheit gedeutet hat, sondern auch noch so, als hätte er dessen eigene Worte wiedergegeben, ihn genau das Gegenteil dessen sagen ließ, was er gesagt hatte, so wird man damit um so weniger Mühe haben, glaublich zu machen, daß er sich bei der Veröffentlichung des Briefs von *Leibniz* dieselbe Freiheit genommen hat und in ihm solche Veränderungen angebracht hat, wie er sie in ihm haben wollte.“[16]

Es ist *Euler* gewesen, der damit zum ersten Mal den Vorwurf der Fälschung ausgesprochen hatte. Die Vorstellung, der arme *Euler* sei durch den Akademietyrannen *Maupertuis* in die Affäre gegen seinen Willen hineingezogen worden, ist kaum haltbar. Eher hat *Euler* nur zu bereitwillig seinem Präsidenten Feuerschutz gegeben und ihn damit zu weiteren Angriffen ermuntert. *Euler* wurde in dieser Haltung noch dadurch bestärkt, daß dem angegriffenen *Koenig* nun ein Mann zur Seite trat, in dem er den Rattenfänger aller Freigeisterei sehen mußte, nämlich *Voltaire*.

Koenigs Appell hatte in der Öffentlichkeit ein ungeheures Echo gefunden, nicht nur bei den Anhängern *Wolffs* in Deutschland, die in *Maupertuis* den Usurpator auf dem Thron der nach den Ideen von *Leibniz* geschaffenen Berliner Akademie sahen. Auch aus Frankreich meldeten sich empört Stimmen. *Koenig* sah sich alsbald auch von Leuten unterstützt, denen es gar nicht so sehr um seine Sache ging, von der sie oft herzlich wenig verstanden, sondern um ganz anderes. Er selbst hat sich nie mit ihnen gemein gemacht und sich stets bereit gezeigt, Größe und Verdienste von *Maupertuis* anzuerkennen und sich mit ihm auszusöhnen.

Daß es dazu nicht gekommen ist, war die Folge von *Voltaires* Eingreifen, der damals, seit 1751, bei seinem *Apollon* und *Mars* zu Besuch weilte. Die sich unter den ebenso vielfältigen wie schillernden Äußerungen *Voltaires* verbergenden Triebfedern seines Handelns sind oft kaum mit Sicherheit zu ermitteln. Doch in seinem Wirken zeigt sich eine konstante Kraft: Sein kalter Zorn gegen alle Ungerechtigkeit, die in der Maske der Gerechtigkeit auftrat.

Mit *Maupertuis* hatte *Voltaire* seine Anteilnahme an der neuen Physik zusammengeführt, die er in England kennengelernt hatte. Er hatte sich ein eigenes Urteil über *Newtons* Gravitationstheorie bilden wollen und kam mit der Bestimmung der Zentrifugalbeschleunigung nicht ins reine, die der Mond bei seinem Lauf erfahren sollte. Er wollte *Newtons* Behauptung begreifen, daß ein und dieselbe Kraft den Stein fallen läßt und den Mond in seiner Bahn hält. *Maupertuis* muß ihm alles ausführlich erklärt haben. *Voltaire* dankte ihm am 15. November des Jahres 1732:

„Verzeihen Sie, mein Herr. Meine Versuchungen sind zum Teufel gegangen, woher sie kamen. Ihr erster Brief hat mich auf die neue *Newtonsche* Religion getauft, Ihr zweiter hat mir die Firmung gegeben. Ich bleibe voller Dank für Ihre Sakramente. Verbrennen Sie, bitte, meine lächerlichen Einwürfe. Sie stammen von einem Ungläubigen. Ich werde auf ewig ihre Briefe bewahren, sie kommen von einem großen Apostel *Newtons,* des lumen ad revelationem gentium (des Lichts zur Erleuchtung der Heiden). Ich bin mit viel Bewunderung, Anerkennung und Beschämung ihr sehr demütiger und unwürdiger Schüler *Voltaire.*"[17]

Voltaire und *Maupertuis* rückten sich in dem unregelmäßigen n-Ecks-Verhältnis, das die Marquise *du Châtelet* in le Cirey unterhielt, noch näher. Als *Maupertuis* im Sommer 1737 zunächst etwas kühl aufgenommen worden war, fand er Rückhalt in le Cirey, bis die Ergebnisse der nach Peru entsandten Kontrollexpedition ihm den völligen Triumph brachten. *Maupertuis'* Ruhm erstrahlte weithin durch die ganze gelehrte und gebildete Welt. *Voltaire* machte Friedrich den Großen auf den neuen Stern am Himmel der Wissenschaft aufmerksam und scheint ihn als erster auf den Gedanken gebracht zu haben, *Maupertuis* als Leiter der wiederzubelebenden Akademie nach Berlin zu holen. Gleichzeitig waren im Jahre 1738 in Amsterdam *Voltaires* Éléments de la Philosophie de *Newton* mis à la portée de tout le monde erschienen, die Elemente der Philosophie *Newtons* für die Fassungskraft von jedermann. Es geht ihm dort weniger um die Philosophia naturalis, die Naturwissenschaft des großen Engländers, als um dessen Philosophie im engeren Sinn. Sie erscheint ihm als die rechte Medizin, um die auf dem Kontinent grassierende Krankheit der Spekulation zu bekämpfen, als deren Symptom er die Konstruktionen eines *Descartes* in der Physik und eines *Leibniz* in der Metaphysik ansah. Im ersten Teil werden beide Philosophen *Newton* gegenübergestellt. Das Verfahren des Engländers, von der Erfahrung ausgehend verallgemeinernd zu Gesetzen zu gelangen, die wieder an der Erfahrung ihre Bestätigung zu finden haben, preist er als

Allheilmittel zur Aufklärung des Dunkels, das die Spekulation der beiden kontinentalen Philosophen verbreitet hat und das überhaupt jedes dogmatische Dunkel, auch das der Offenbarungsreligionen und insbesondere des Christentums, im Licht der Vernunft verschwinden lassen soll.

Voltaire begann, von *Maupertuis* und der Marquise *du Châtelet* beflügelt, sich ernsthaft an der Erforschung naturwissenschaftlicher Erscheinungen zu versuchen. *Voltaire* führte gemeinsam mit der Marquise Experimente aus. Beide erörterten leidenschaftlich die Frage des rechten Kraftmaßes und legten ihre Ansichten in Abhandlungen dar. *Voltaire* beteiligte sich an einem Preisausschreiben der Pariser Akademie der Wissenschaften über Natur und Fortpflanzung des Feuers. Doch nicht sein, sondern ein Beitrag *Eulers* wurde gekrönt. *Voltaires* Liebe zur Naturwissenschaft verlief, ganz im Gegensatz zu der seiner Freundin, etwas unglücklich. Schon bald spürt man, wie seine Begeisterung für *Maupertuis* und dessen Sache verfliegt. Am 5. April 1740 schreibt er dem mit der Leitung der Entwässerungsarbeiten in der Languedoc beauftragen Henri *Pitot:* „Mein werter Herr, ich möchte ihnen meinen Beifall dafür spenden, daß sie daran gehen, wüstes Wasser in fruchtbare Erde zu verwandeln; das ist weniger glanzvoll als die Erde zu vermessen und ihre Gestalt zu bestimmen, doch es ist nützlicher; und es hat mehr Wert, den Menschen einige Morgen der Erde zu geben, als zu wissen, ob sie an den Polen platt ist."[18]

Als *Voltaire* nach dem Tod der Marquise *du Châtelet* dem Ruf Friedrich des Großen an den Preußischen Hof folgt, rückt die Naturwissenschaft noch ferner und ganz anderes tritt in den Vordergrund. Wieder und wieder schildert *Voltaire* seinen Briefpartnern mit der ihm eigenen Vorliebe für solche Vergleiche, daß dieser Hof völlig anderer Art ist, als der Pariser. Gern greift er zum Vergleich mit einem Kloster, dem der König als Abt vorsteht, und in dessen nur von großen militärischen Paraden unterbrochener Weltabgeschiedenheit die Klosterbrüder sich um eine neue Religion bemühen. Nur beim abendlichen bescheidenen Souper trifft man sich mit dem Abt und den anderen Insassen, und dann tauscht frère *Voltaire,* Bruder

Voltaire, mit ihnen in geistreichem Gespräch seine Gedanken aus.

Ein Vierteljahr nach seiner Ankunft in Potsdam berichtet *Voltaire* seiner geliebten Nichte, Marie Louise *Denis,* wie herrlich er es getroffen hat; doch jedem Satz fügt er ein oder mehrere ‚aber...‘ hinzu, ohne sie doch ergänzen zu können oder zu wollen.[19] Ein Jahr später haben sich seine unausgesprochenen Vorbehalte in Mißtrauen verwandelt. Er fühlte sich, so schreibt er nun an seine Nichte, wie die hintergangenen Ehemänner, die sich in den Gedanken verrennen, ihre Frauen seien ungemein treu; im Grunde ihres Herzens verspürten die armen Kerle doch etwas, das ihnen ihr Verhängnis ankündige. Insgeheim oder im engsten Kreise mache der König sich über seine Tischgenossen lustig. „Was soll ich Ihnen sagen? Man muß sich trösten, wenn es wahr ist, daß die Großen die Kleinen lieben, über die sie sich lustig machen, aber auch dann, wenn sie sich über sie lustig machen, und sie nicht im mindesten lieben, was soll man tun? Sich über sie seinerseits ganz sachte lustig machen, und sie nichtsdestoweniger verlassen.‟ Er brauche nur noch einige Zeit, um seine Kapitalien, die er in dieses Land habe kommen lassen, wieder zurückzuziehen. „Der Mann, der von der Höhe eines Kirchturms fiel und der, als er sich höchst weich in der Luft dahingleiten fühlte, sagte: ‚Gut, vorausgesetzt, daß es von Dauer ist‘, der sah mir ziemlich ähnlich.‟[20]

Ein Wiedersehen mit *Maupertuis* hatte auf sich warten lassen. Drei Monate nach seiner Ankunft schrieb ihm *Voltaire* ein Billett: Er habe sich geschmeichelt, ihn hier zu sehen. Aber er sehe wohl, daß er ihn aufsuchen müsse.[21] Vierzehn Tage später in dem ersten der oben erwähnten Briefe an seine Nichte, berichtet er kurz, daß er ihn wiedergesehen habe. Ihm fehle der Schwung, er habe ihn betrachtet, als gehe es um die Vermessung des Erdglobus mit Hilfe eines astronomischen Instruments: „*Maupertuis* Federn besitzen nicht mehr die rechte Spannkraft; er nimmt ungerührt mit seinem Quadranten meine Maße‟, schreibt *Voltaire;* und er fährt fort: „Man sagt, er lasse ein wenig Neid in seine Probleme eingehen. Als Entschädigung gibt es hier einen Mann, der nur zu vergnügt ist; es ist *La Mettrie.*‟[22]

La Mettrie hatte als Vorleser bei Friedrich dem Großen Unterschlupf gefunden und gehörte bis zu seinem frühzeitigen Tod zu den Insassen des von *Voltaire* so genannten Klosters. Gelegentlich erschien auch *Maupertuis* zu Souper und Unterhaltung.

Noch kein Jahr vergeht, und *Voltaire* äußert sich schon recht gereizt. „*Maupertuis* ertrage ich, kann ich ihn schon nicht besänftigen", schreibt er an seine Nichte. *Maupertuis* grolle ihm, weil der König die Aufnahme eines Schützlings *Voltaires* in seine Akademie verfügt habe. Der Kardinal *Fleury* habe *Maupertuis* beim Abschied den *Vergil*-Vers „Ach, unterdrücke doch in dir die Herrschsucht" mit auf den Weg gegeben. Das hätte man, meint *Voltaire,* seiner Eminenz ebensowohl sagen können; doch der Kardinal *Fleury* habe wenigstens sanft und höflich seine Herrschaft ausgeübt. „Ich schwöre ihnen, daß *Maupertuis* sich nicht so benimmt in seiner Falschspieler-Kaschemme, wohin ich, Gott sei Dank, nie gehe."[23] Gemeint ist die Königlich Preußische Akademie der Wissenschaften. Noch hatte *Voltaire* keinen Grund zu diesem Ausspruch. Er scheint gefühlt zu haben, daß die Akademie zu einer Einrichtung geworden war, die für Friedrich den Großen zählte, und mag die Stellung ihres Präsidenten mit seiner eigenen prekären Situation verglichen haben. Wie ernst nahm der König die Dienste, die *Voltaire* ihm leistete, als er ihn in die tieferen Geheimnisse französischen Stils einweihte?

Voltaire sollte bald die Genugtuung erleben, daß diese Akademie selbst durch ihr Verhalten in der Affäre *Koenig* sein böses Wort zu bestätigen schien. Zunächst hört er nur von dem ergangenen Urteil. Aber schon am 1. Juli des Jahres 1752 ist *Voltaire* auf dem Kriegspfad. Er bittet die Gräfin Charlotte-Sophie von *Bentinck,* ihm ein Paket an Samuel *Koenig* und ein zweites an den Verleger des Journal des savants in Amsterdam zu besorgen.[24] Zwei Tage später ergänzt er seinen Brief, indem er ihr nahelegt, Kopien des Manuskripts anzufertigen und für ihre Verbreitung in England zu sorgen.[25] „Sie haben", so schreibt er ihr, „anhand dieses Manuskripts erkennen müssen, daß die vorgeblichen Philosophen, die ein solches Maß leeren

Hochmuts aus ihrer Algebra zu gewinnen wissen, mehr Selbst-herrlichkeit als Vernunft besitzen." Gräfin *Bentinck* scheint sich nicht vergeblich haben bitten zu lassen. *Voltaire* hatte sie ausgerechnet *Maupertuis* ausgespannt.[26] Sie ersetzt ihm die Marquise *du Châtelet,* wie er selbst ihr in etwas ungewöhnlicher Form gesteht: „Könnten die Ärzte mir die Zähne zurückgeben, die ich in Potsdam verloren habe und wird mir Gott Madame *du Châtelet* zurückgeben? Weder Gott noch Friedrich vermögen da irgend etwas. Doch Sie vermögen da einiges, indem Sie mir die Bezeugungen Ihrer Güte bewahren..."[27] Friedrich der Große hat der Gräfin später ihr Eintreten für den Freund mit einem recht ungnädig gehaltenen Schreiben voller Tadels vergolten.[28]

Am 24. Juli berichtet *Voltaire* seiner Nichte Marie-Louise *Denis* ausführlich aus seiner Sicht über den Fall *Koenig.*[29] „Ich habe erst gestern", bemerkt er abschließend, „alle diese Einzel-heiten in meiner Einsamkeit erfahren." Vermutlich noch im August dankt *Voltaire* Henri-Samuel *Formey,* dem ständigen Sekretär der Berliner Akademie, einem Anhänger *Wolffs,* für ein ihm übersandtes Buch.[30] Es muß sich, wie der Zusammen-hang des Briefs zeigt, um *Maupertuis'* im Jahre 1752 in Dresden erschienene Werke handeln. *Voltaire* macht in seinem Brief an *Formey* keinen Hehl daraus, daß ihm die strittigen Sachfragen müßig erscheinen: „Ich wünsche, daß das mathematische Prinzip, das in Frage steht, in hohem Maß dazu dienen möchte, die Existenz eines Gottes zu beweisen. Doch hege ich die Furcht, daß dieser Handel dem des Kaninchens und des Wiesels ähneln könnte, die um ein recht finsteres Loch stritten."[31] Mit dieser Anspielung auf eine der Fabeln *La Fontaines*[32] ist die grundsätz-liche Haltung *Voltaires* umrissen.

Im Heft für Juli-September der Bibliothèque raisonnée des ouvrages des savants de l'Europe, der nach vernünftigen Gesichtspunkten bearbeiteten Bibliothek von Werken der Ge-lehrten Europas, eines Rezensionsorgans, erscheint unter dem Titel Réponse d'un académicien de Berlin à un académicien de Paris, Erwiderung eines Akademiemitglieds von Berlin an ein Akademiemitglied von Paris, ein anonymer Artikel aus seiner Feder, in dem er zwar in Kürze, doch schonungslos den Streitfall schildert und am Schluß die für ihn daraus folgende entscheidende Konsequenz hervorhebt: „So ist der Herr p. p. Moreau *Maupertuis* im Angesicht des gelehrten Europa nicht nur eines Plagiats und Irrtums überführt worden, sondern auch des Umstands, seine Stellung dazu mißbraucht zu haben, den Schriftstellern ihre Freiheit zu nehmen und einen ehrenhaften Mann zu verfolgen, dem kein anderes Verbrechen zukam, als nicht seiner Meinung zu sein."[33] Aus *Maupertuis'* absurder Unterstellung eines Plagiats ist bei *Voltaire,* der seine Waffen nimmt, wo sie sich bieten, ein schwerer Vorwurf geworden, den er gegen seinen Urheber wendet. Daß ein unveröffentlichter *Leibniz*-Brief diesen Vorwurf nicht stützen kann, kümmert ihn wenig. Es geht ihm nicht um die Sache, sondern um den Tyrannen unter den Philosophen, und um ihn zu schlagen, ist jedes Mittel recht.

In einem Brief vom 1. Oktober des Jahres 1752 an seine Nichte Marie-Louise *Denis*[34] berichtet *Voltaire:* „*Maupertuis* ist ganz und gar verrückt geworden." Sie wisse wohl, daß man schon vor runden zwanzig Jahren ihn in Montpellier habe in Ketten legen müssen. Die Überzeugung, daß er es mit einem gemeingefährlichen Irren zu tun habe, hat *Voltaire* hinfort zeit seines Lebens beibehalten. Seine Feststellung war mehr als eine seiner Übertreibungen. Den Grund für sie lieferten die Lettres, die Briefe, die *Maupertuis* in Dresden bei Conrad *Walther,* der auch *Voltaire* als Verleger diente, erscheinen ließ.

Im ersten dieser Briefe verrät *Maupertuis* seinen Lesern, seine gegenwärtige Lage erlaube ihm kein Werk von langem Atem; er schreibe Briefe. Er verfolge dabei überhaupt keine Ordnung; er gehe die Gegenstände so durch, wie sie sich seinem Geist darböten. Er erlaube sich sogar Widersprüche. Wenn man ein Buch verfasse, dann bediene man sich dessen, was zum Beweis eines Systems diene, das man sich gebildet habe; man verwerfe eine ganze Reihe von Gedanken, die denen gleichwertig gewesen wären, deren man sich bediene, und die das Gegenteil erbracht hätten: Das bedeute eine Art von schlechtem Gewissen. Seine Briefe seien das Tagebuch seiner Gedanken. Er werde über jeden Gegenstand das sagen, was er in dem

Augenblick denke, da er schreibe; und welches seien die Dinge, über die man stets auf dieselbe Weise denken müsse? Sie seien gering an Zahl; über sie werde er kaum sprechen.

Das Werk hält, was das Vorwort verspricht. *Maupertuis* läßt in der Tat, unterstützt von seiner regen bretonischen Einbildungskraft, seinen Gedanken freien Lauf. Das Ergebnis mutet bisweilen bizarr an. Doch wenn *Maupertuis* die Frage erörtert, ob man nicht einmal das Gehirn der angeblich Riesenwuchs aufweisenden Ureinwohner von Feuerland sezieren solle, so heißt das noch nicht, daß er nach seiner arktischen Lapplandexpedition im Auftrag der Pariser Akademie am nächsten Tag mit den Mitgliedern der Preußischen zu einer Expedition in die antarktischen Gefilde hätte vordringen wollen. Doch gerade so, als ginge es um positive Feststellungen und Pläne, faßt *Voltaire* den Inhalt der Briefe auf und findet reiche Bestätigung für seine Behauptung, der Irrsinn sei bei *Maupertuis* ausgebrochen. Von diesem Punkt geht sein Dr. *Akakia* aus.

Am 15. Oktober weiß *Voltaire* seiner Nichte etwas Beispielloses, das keine Nachahmung finden wird, etwas geradezu Einzigartiges zu berichten.[35] Der König selbst habe in die literarische Fehde eingegriffen. Er habe mit einer Lettre d'un académicien de Berlin à un académicien de Paris, einem Brief eines Akademiemitglieds von Berlin an ein Akademiemitglied von Paris, die als besondere Broschüre, geschmückt mit dem preußischen Adler und Zepter erschien, so daß sich über den Urheber niemand im Zweifel sein konnte, versucht, *Voltaires* Réponse die Spitze zu nehmen und seine Akademie zu verteidigen. Hinter *Maupertuis* erhebt sich ein neuer Gegner: Friedrich der Große. Doch *Voltaire* ist unverzagt: „Ich besitze gar kein Zepter, doch ich besitze eine Feder; und ich hatte, ich weiß nicht wie, diese Feder derart zugeschnitten, daß sie *Platon* ein wenig ins Lächerliche gekehrt hat mit seinen Riesen, seinen Voraussagen, seinen Sektionen, seinem ungehörigen Streit mit *Koenig*."[36] Dessen Appel au public gibt ihm den Anlaß zum nächsten Schritt. Mit der Gräfin *Bentinck* hatte er schon am 25. September seine Meinung über diesen Appel ausgetauscht. „Ich stimme zu", schreibt er ihr, „daß die Lettres provinciales besser geschrieben sind als der *Appel au public* von *Koenig*. Er enthält indessen Stellen, die wohl getroffen sind. Die Schrift ist überzeugend, und das ist alles, dessen es bedarf."[37] Am 17. November schickt *Voltaire* an *Koenig* eine ausführliche Stellungnahme,[38] in der er ihm, ohne den Hinweis auf *Pascals* polemisches Meisterstück, Gleiches bestätigt. Es ist deutlich, daß dieser Brief von Anbeginn an auf eine Veröffentlichung berechnet war, wie sie dann auch schon im nächsten Jahr erfolgte. Noch vorher zirkulierten bereits Kopien.[39] *Koenig* mag sich gewundert haben, ausgerechnet von dieser Seite Unterstützung zu erhalten, denn er hatte *Voltaire* aus ihrer gemeinsamen Zeit in le Cirey nicht gerade als ihm besonders gewogen in Erinnerung behalten. Wir wollen hier nicht weiter auf *Voltaires* Ausführungen zur persönlichen Seite des Streits eingehen, sondern kurz die sachliche berühren, die dann in den Schriften des Dr. *Akakia* im satirischen Strudel nahezu untergeht. Dabei erweist sich die von *Voltaire* gebotene Hilfe, so willkommen sie gegen die Anmaßungen *Maupertuis'* auch sein mochte, als tödlich für die Sache.

Voltaire erinnert *Koenig* an die Streitgespräche über die lebendigen Kräfte, welche die Marquise *du Châtelet* mit *Koenig* auf der einen und er als Vertreter der Gegenseite geführt haben. „Sie werden also nicht überrascht sein", fährt er fort, „wenn ich Ihnen mit jenem unerschrockenen Freimut, der Ihnen bekannt ist, sage, daß alle diese Auseinandersetzungen, in denen eine Mischung von Metaphysik die Mathematik von ihrem Weg abbringt, mir als Spiele des Geistes erscheinen, die ihn üben und überhaupt nichts klären. Der Streit über die lebendigen Kräfte war ohne jede Einschränkung ein solcher Fall. Man schrieb hundert Bände dafür und dawider, ohne jemals irgend etwas in der Mechanik zu ändern; es ist klar, daß man stets derselben Anzahl von Pferden bedarf, um dieselben Lasten zu ziehen, und derselben Ladung Pulver für eine Kanonenkugel, mag man nun die Masse mit der Geschwindigkeit, oder mag man sie mit dem Quadrat der Geschwindigkeit multiplizieren."

„Gestatten Sie, daß ich Ihnen erkläre, daß die Auseinandersetzung über die geringste Action noch viel eitler ist. Wahr an allem scheint mir nur dieser alte Grundsatz zu sein, daß die Natur stets auf den einfachsten Wegen wirkt. Und auch dieser Leitsatz bedarf noch beträchtlicher Erläuterung."[40]

Voltaire vermag nicht einzusehen, weshalb man etwas, das so klar ist, unter zweideutigen Fachausdrücken verhüllt. Der Gedanke wird für ihn ins Lächerliche verkehrt, wenn man vorgibt, Gott verwende stets nur den geringsten Betrag an Action. *Voltaire* sucht Gegenbeispiele zu geben: Am Arm greifen die Muskeln mit 50 Pfund an, um 1 Pfund zu heben; das Herz pumpt mit einer erstaunlichen Kraft bei Systole und Diastole, um nur einen einzigen Tropfen Blut herauszupressen, dessen Gewicht in der Größenordnung der vom Apotheker verwandten Gewichte liegt. Die ganze Natur ist für *Voltaire* voll von solchen Beispielen und zeigt bei tausend Gelegenheiten mehr Verschwendung als Sparsamkeit.

Man mag darüber streiten, ob unter den tausend möglichen gerade die beiden gewählten Beispiele das Gemeinte erklären helfen. *Voltaire* meint, daß alle unsere spitzfindigen Auseinandersetzungen die Natur nicht hindern könnten, ihren unsichtbaren und ewigen Gesetzen zu folgen. Welches Unglück für die Menschheit, wäre die Welt so, wie die Mehrzahl der Philosophen sie machen will. *Voltaire* beruft sich auf den *Garo la Fontaines,* jenen Bauern und tiefen Metaphysiker, der meinte, die gewaltigen Kürbisse gehörten an einen wahrhaft starken Baum wie die Eiche und nicht an einen dünnen Stengel, und der schließlich, als ihm eine Eichel die Nase blutig schlug, einsehen mußte, daß Gott es wohl doch besser als er geregelt hatte.[41]

„Sehen sie doch", so wendet sich *Voltaire* schließlich an *Koenig,* „was es heißt, den Beweis für die Existenz Gottes nur in einer Formel der Algebra finden zu wollen, die sich auf den dunkelsten Punkt der Dynamik und sicherlich auf ihren für den Gebrauch nutzlosesten bezieht. ,Sie werden sich gegen mich erbosen, doch ich kümmere mich nicht darum', sagte der selige Abbé *Conti* zum großen *Newton,* und ich denke mit dem Abbé *Conti,* daß mit Ausnahme einer runden Vierzig von grundlegenden Sätzen, die nützlich sind, die tiefen Untersuchungen der Mathematik nur der Nährboden einer geistreichen Neugier sind; und ich füge hinzu, daß allemal, da die Metaphysik sich damit verbindet, diese Neugier beträchtlich getäuscht wird. Die Metaphysik ist die Wolke, die den homerischen Helden den Feind entzieht, den sie schon zu packen glaubten."[42] Der Abbé Antonio Schinella *Conti,* ein Venetianer, war das, was man einen klugen Mann nennt. Er hatte nicht verstehen können, warum *Leibniz* und *Newton* in so erbitterten Streit gerieten, und verdarb es schließlich mit beiden. Es handelt sich auch für *Voltaire* bei dem Streit um eine ähnliche Auseinandersetzung, um eine knifflige Nichtigkeit, um einen Irrtum ohne irgendeine bedeutsame Folge, der mit einer trivialen Wahrheit in einen Topf geworfen wird; und dafür strengt man einen Strafprozeß an, erklärt einen ehrlichen Mann zum Fälscher, einen Studienkollegen und alten Freund: wahrhaftig eine betrübliche Wahrheit. Damit ist *Voltaire* wieder bei seinem eigentlichen Thema und fährt mit seinen persönlichen Angriffen fort.

Zum Schluß weist er noch auf die vor einem Monat erschienenen Briefe *Maupertuis'* hin. Er kann den Mann nur noch beklagen. Als Beleg fügt er eine lange Liste von in seinen Augen närrischen Äußerungen bei, die er den Briefen entnimmt. Der Dr. *Akakia* steht im Umriß vor uns.

13. Ein Satyrspiel zum Schluß

Dr. *Akakia*, Dr. *Ohne-Bosheit:* den dem Griechischen entlehnten Namen hat Voltaire mit Vorbedacht gewählt.[1] Der Doktor will in seiner Herzensgüte den armen Patienten *Maupertuis* von seinem krankhaften Irrsinn heilen. Dr. *Akakia* ist nicht irgendein Arzt: Er ist der Leibarzt des Papstes. *Voltaire* ist ein Meister der edlen Kunst, mit einem Schlag gleich zwei Gegner zu ohrfeigen oder besser noch, sie sich wechselseitig ohrfeigen zu lassen: *Maupertuis* und seine Kirche.

Maupertuis hat in seinen späteren Jahren eine immer trübere Ansicht vom Leben entwickelt. Er sprach oft vom mal de vivre,[2] dem Übel des Lebens, ein Ausdruck, der mit Weltschmerz nur unvollkommen wiedergegeben ist. *Voltaire* behauptet in seinen Briefen immer wieder, *Maupertuis* habe seinem Geist mit dem des Weines wieder aufhelfen wollen.[3] Seine Schriften zeigen etwas anderes: *Maupertuis* fand immer mehr in seiner Religion ein Mittel, dem mal de vivre zu begegnen. Er wurde wieder zum praktizierenden Katholiken und bemühte sich darum, der Berliner Gemeinde die Errichtung eines eigenen Gotteshauses zu ermöglichen. Was *Voltaire* davon hielt, zeigt seine Diatribe du Docteur *Akakia* Medicin du Pape. Diatribe war im griechischen Altertum ein Ausdruck für eine schulmäßige Abhandlung oder auch kritische Streitschrift gewesen; erst *Voltaire* scheint ihm den Sinn einer Schmähschrift beigelegt zu haben.

Die Diatribe diente *Voltaire* als Ausgangspunkt für eine Reihe ihr in geistreicher Weise angehangener Fortsetzungen, zu denen ihm der immer schärfere Gang der Auseinandersetzungen um *Maupertuis* und das daraus sich ergebende Zerwürfnis mit dem König Anlaß gaben. Jacques *Tuffet* hat in seiner Ausgabe der Histoire du Docteur *Akakia* et du natif du St. Malo,[4] der Geschichte des Doktor *Akakia* und des Eingeborenen von St. Malo, in seiner Einleitung und den beigegebenen Anmerkungen zum Text, die näheren historischen und insbesondere literarischen Umstände, unter denen die Einzelstücke erschienen sind, die schließlich unter diesem Titel zusammengefaßt wurden, aufs glänzendste ermittelt und geschildert. Der Einfachheit halber lege ich für das Folgende seine Ausgabe der einschlägigen Texte zugrunde.[5] Sie sollen hier nur soweit zur Sprache kommen, wie es um den Rahmen geht, in den sie sich einfügen und um für die vorliegende Untersuchung belangreiche Themen. Für alles weitere sei noch einmal auf *Tuffets* Einleitung verwiesen.

Hervorgehoben sei auch die Bedeutung seiner Anmerkungen, mit denen er zum ersten Mal einen vollständigen kritischen Vergleich dessen gegeben hat, was *Voltaire* zu Gegenständen seiner satirischen Kritik macht und was sich in Wirklichkeit in den Schriften *Maupertuis'* findet.[6]

Maupertuis hatte gerade seine an ein breites Publikum gerichteten Briefe auf einem eigentümlichen Zug aufgebaut, der die neue Naturwissenschaft auszeichnet: auf ihren paradox anmutenden Einsichten und Folgerungen, zu denen sie Anlaß gibt, und die dem gesunden Menschenverstand des Alltags wieder und wieder ins Gesicht zu schlagen scheinen. *Voltaire,* der auf diesem gesunden Menschenverstand besteht und der in der Betonung des Paradoxen nur etwas wie die Marktschreierei eines Quacksalbers sah, hatte bei seinen satirischen Talenten leichtes Spiel, als er sie ins Lächerliche zog. Die weitere Entwicklung der Naturwissenschaften hat gezeigt, daß *Maupertuis* und nicht *Voltaire* die sich abzeichnenden Tendenzen ihrer Entwicklung richtig einzuschätzen vermochte.

Schon durch die vielen Leiden, über die *Voltaire* in seinen Briefen ständig Klage führt,[7] scheint er mit der Medizin auf vertrautem Fuß geraten zu sein und sich eine beträchtliche medizinische Halbbildung angeeignet zu haben. Er gibt mit souveräner Beherrschung der Fachausdrücke der Zeit seine Ansichten kund und erteilt anderen seinen Rat. So schreibt er an Claude-Etienne *Darget,* den Sekretär des Königs, am 23. Mai des Jahres 1752: „Mein werter *Darget,* ich achte die Mediziner, ich verehre die Medizin in meiner Eigenschaft als alter Kranker." Er gibt ihm weiter zu verstehen, daß eine ihm von *Maupertuis,* der offenbar auch gern auf diesem Gebiet dilettierte, gestellte Diagnose unmöglich richtig sein könne und daß sein Übel von ganz anderer Art sei.[8] *La Mettrie* mit seinen eigenwilligen Ansichten wird der abendlichen Gesprächsrunde beim König auch Gelegenheit gegeben haben, medizinische Fragen zu erörtern. So lag es für *Voltaire* nur zu nahe, die Sache vom Gesichtspunkt des Mediziners aus anzugehen. „Nichts ist gewöhnlicher heutzutage", läßt *Voltaire* den Dr. *Akakia* seine Diatribe beginnen, „als junge Autoren, die unbekannt geblieben sind und die unter bekannte Namen Schriften setzen, die dessen wenig würdig sind. Es treten Marktschreier von aller Art auf. Hier kommt nun einer von ihnen, der sich den Namen eines Präsidenten einer hochberühmten Akademie zugelegt hat, um einen Einzelhandel mit recht eigenartigen Medikamenten zu betreiben."[9] In dieser Weise geht es munter weiter. Es ist für den Dr. *Ohne-Bosheit* schlüssig bewiesen, daß jener Präsident nicht der Verfasser der ihm beigelegten Schriften sein kann; denn dieser bewundernswürdige Philosoph, der entdeckt hat, daß die Natur stets nach den einfachsten Gesetzen wirkt, und der so weise hinzugefügt hat, daß sie sich dabei stets der Sparsamkeit befleißigt, der hätte doch sicherlich der kleinen Zahl der Leser, die in der Lage waren, sie zu lesen, die Mühe erspart, zweimal dasselbe zu lesen, einmal in einem Buch, das unter dem Titel seiner Werke läuft, und dann wieder in dem, das seine Briefe enthält.

Voltaire baut auf diesem Kunstgriff, zu behaupten, daß es ja gar nicht der berühmte *Maupertuis* sein könne, der all das gesagt habe, wogegen sich nun seine Kritik richtet, die ganze Diatribe auf. Erst in den angeführten Fortsetzungen wird dies geistreiche Versteckspiel aufgegeben, bis schließlich deutlich und namentlich *Voltaire* selbst hinter dem Dr. *Ohne-Bosheit*

sichtbar wird und sein Patient, der sich den Namen *Maupertuis'*
zugelegt hat, mit diesem wieder eins wird. Als Ansatzpunkt für
die spitze Nadel seines Spotts dient *Voltaire* die Unterstellung,
der junge Autor wolle die Ärzte Hungers sterben lassen und
verlange, sie nicht zu bezahlen, wenn unglücklicherweise der
Kranke nicht gesund werde. In seinem 16. Brief über die
Medizin[10] hatte *Maupertuis* gegen die Überbetonung der Theorie und unter anderem auch der Anatomie in der Medizin Front
gemacht, die durch das einflußreiche Vorbild der mathematisch
operierenden Naturwissenschaft, die von Erfolg zu Erfolg
fortschritt, in Schwang gekommen war. Er hatte einen der
Gründe für das Fehlen solchen Fortschritts in der Medizin
gerade darin gesehen, daß es immer noch als Schimpf galt, ein
der Beobachtung zugewandter Empiriker zu sein. Einen Haupt-
grund hatte er schließlich im Zweck erkennen wollen, den man
sich vorsetzte und in der Art und Weise, in der man ihn zu
erreichen trachte. Anders als in den übrigen Künsten werde
guter wie schlechter Erfolg in der gleichen Weise gelohnt. Das
Vermögen des Arztes hänge nur von der Anzahl seiner Visiten
und der Masse der verordneten Medikamente ab.

Dr. *Akakia* erinnert den Patienten diskret daran, daß er
einige kleine Verpflichtungen gegenüber den Chirurgen von
Montpellier habe bei Krankheiten, die beträchtliche Kenntnis
des Schädelinnern und einiger anderer in den Bereich der
Anatomie fallender Teile erforderten.[11] Er meint, dem jungen
Autor den Kopf zurechtrücken und seine Ansichten mit dem
berühmten Ausspruch von *Saint-Evremonds* Pater *Canaye*
„Point de raison! C'est la vraie réligion cela! Point de raison
(Nur keine Vernunft! Das ist die wahre Religion und nur das!
Nur keine Vernunft!)"[12] in Parallele setzen zu müssen. Wenn
diese gar nicht an wirkliche Empfänger gerichteten Briefe schon
von einem Präsidenten stammen sollten, dann höchstens vom
Präsidenten eines Bedlam: ein aus dem Namen des Londoner
Irrenhauses St. Mary of Bethlehem verballhornter und recht
vulgärer Ausdruck, den *Voltaire* vermutlich in England kennengelernt und den Dr. *Akakia* wohl um der durch ihn erweckten
religiösen Assoziationen willen gern verwendet. Zum Abschluß

zitiert der Dr. *Ohne-Bosheit La Fontaines* Fabel vom Esel im Löwenpelz, der sich durch ein Stückchen seines aus seinem Kostüm herausragenden Ohrs verrät.[13] Hier sehe man, meint der Doktor, schon Ohren in voller Ausdehnung.

Nach der Lektüre der Diatribe entdeckt der Pater Pancratius, Inquisitor für den Glauben, nach Anrufung des Heiligen Geistes in den Schriften des Unbekannten eine überwältigende Menge von leichtfertigen, übel klingenden, ketzerischen und nach Ketzerei schmeckenden Sätzen. Er verdammt sie insgesamt, für sich genommen und beziehungsweise. *Maupertuis* ist damit vor das Gericht gestellt, das er verdient hat.[14]

Speziell und insbesondere richtet der Inquisitor sein Anathema gegen den Essai de cosmologie, den Versuch einer Kosmologie, in dem *Maupertuis* seine Ansichten noch einmal zusammenfassend dargestellt hatte.[15] Der Unbekannte hat nach dem Pater Inquisitor, verblendet durch die Grundsätze der Kinder Belials und gewohnt, alles übel zu finden, in ihm unter anderem gegen das Wort der Schrift zu verstehen gegeben, daß es ein Mangel der Vorsehung ist, daß die Spinnen die Fliegen fangen, daß es keinen anderen Beweis für die Existenz Gottes gebe, als den in der Formel Z gleich BC dividiert durch A plus B beschlossenen.[16] Da diese Zeichen dem Handbuch der schwarzen Magie entnommen und sichtlich diabolischen Wesens sind, sieht er in ihnen Indizien für einen verbrecherischen Anschlag auf die Autorität des Heiligen Stuhls.

Und da der Inquisitor, wie es Brauch ist, nicht ein Wort von den Gegenständen versteht, die man als Physik, Mathematik, Dynamik, Metaphysik etc. bezeichnet, gibt er den ehrwürdigen Professoren des Collegium Sapientiae, der römischen Universität, auf, die Werke und Briefe des jungen Unbekannten zu prüfen und darüber getreulich Bericht zu erstatten.

Auch die als bescheiden vorgestellte wissenschaftliche Einsicht des Inquisitors reicht also für die Verdammung dieser beiden Sätze aus. Worum geht es? *Maupertuis* hatte sich gegen den groben, ja oft geradezu lächerlichen Mißbrauch teleologischer Argumente zum Nachweis des weisen Waltens des Schöpfers gewandt. Er hatte dabei insbesondere auf die Unstimmigkeiten hingewiesen, die sich ergeben, sobald die innere Zweckmäßigkeit eines Geschöpfs in einen umfassenderen äußeren Zweckzusammenhang eingespannt werden soll. „Verfolge", so hatte er geschrieben, „die Erzeugung einer Fliege oder einer Ameise; sie lassen dich die Fürsorge der Vorsehung für die Eier des Insekts bewundern, für die Ernährung der Jungen, für das in den Windeln der Puppe eingeschlossene Lebewesen, für die Entfaltung seiner Teile bei seiner Verwandlung. All dies führt dazu, ein Insekt zu erzeugen, lästig für die Menschen, das der erstbeste Vogel verschlingt oder das in die Fäden einer Spinne fällt."[17] Der Inquisitor scheint, befangen in den Lehren, welche die Teleologie dem gesunden Menschenverstand gegeben hat, die Schwierigkeit nicht sehen zu können oder zu wollen, auf die *Maupertuis* hier so nachdrücklich hinweist.

Die Aufhebung dieser Schwierigkeit durch den Gedanken einer nur noch formalen Teleologie sagt dem Inquisitor offensichtlich ebensowenig zu: Welcher Unfug, aus einer Formel wie

$$z = \frac{Bc}{A+B}$$

die Existenz Gottes beweisen zu wollen! In dieser Formel hatte *Maupertuis* das Hebelgesetz ausgedrückt: A und B sollten die Gewichte an den Enden des Hebels, C seine Länge und z der gesuchte Abstand des Gewichts A vom Drehpunkt des Hebels sein. Er hatte versucht, diese Beziehung aus seinem Prinzip der geringsten Aktion abzuleiten und seine Abhandlung stolz mit dieser Formel und der sie spezifizierenden Bemerkung Ce qui est la proposition fondamentale de la Statique, was der grundlegende Satz der Statik ist, beschlossen, nicht aber mit der Bemerkung, daß diese Formel der einzig mögliche Gottesbeweis sei.[18] Ihn hatte er vielmehr darin gesehen, daß alle einzelnen Naturgesetze diesem Metaprinzip gemäß sein und eine planvolle Abstimmung dieser Gesetze aufeinander zeigen sollen.

Jacques *Tuffet* hat *Voltaires* Verfahren vorzüglich analysiert.[19] Es besteht nach ihm darin, daß er zunächst einmal vereinfacht und den Gedankengang auf zwei Punkte zurückführt, von denen der eine, hier z. B. der Beweis der Existenz

Gottes, möglichst umfassend, und der andere, hier die Formel für das Hebelgesetz, so weit wie möglich eingeschränkt ist. Er nähert dann die beiden Punkte einander so weit an, daß die Nichtigkeit der Beziehung, in der sie stehen sollen, unmittelbar augenfällig scheint. Dabei verfährt er äußerlich im einzelnen, etwa bei den mannigfachen eingestreuten Zitaten, höchst genau. Ihre Umbiegung ins Lächerliche kommt dann oft schon dadurch zustande, daß sie aus ihrem Zusammenhang gerissen und in einen ihnen völlig unangemessenen versetzt werden.

Die Professoren des Collège de la sapience kommen zu folgendem Urteil:

„1. Wir erklären, daß die Gesetze des Stoßes der völlig harten Körper kindisch und bloße Einbildung sind, in Anbetracht der Tatsache, daß es keinen bekannten Körper gibt, der völlig hart wäre, doch sehr viel harte Gemüter, auf welche einzuwirken wir vergeblich versucht haben."

„2. Die Behauptung, daß das Produkt des Wegs mit der Geschwindigkeit stets ein Minimum sei, hat sich unserer Meinung nach als falsch erwiesen: denn dies Produkt ist bisweilen ein Maximum, so wie *Leibniz* es meinte und wie es bewiesen worden ist. Es hat den Anschein, daß der junge Verfasser nur die Hälfte des Gedankens von *Leibniz* übernommen hat; und in diesem Punkt, niemals einen Gedanken von *Leibniz* wirklich vollständig sich zu eigen gemacht zu haben, rechtfertigen wir ihn vollständig."[20]

Bei physikalischen Aussagen sind *Voltaires* Professoren bemerkenswert vorsichtig. Ihr Schöpfer wußte aus eigener Erfahrung, daß er seine Glaubwürdigkeit bei den Sachkennern sonst leicht verlieren konnte und er war davon überzeugt, daß es auf sie mehr als auf alle anderen ankam. „Die Meinung beherrscht die Welt", hat *Voltaire* einmal gesagt, „und die Philosophen beherrschen letztlich die Meinung der Menschen."[21] Dabei sollten wir uns daran erinnern, daß Philosophie für ihn eine weitere Bedeutung hatte als für uns und daß *Maupertuis* seine Arbeiten in der von ihm eigens geschaffenen Klasse der Akademie für spekulative Philosophie vorzulegen pflegte.

Beim ersten Punkt konnte sich *Voltaire* mindestens des Beifalls aus dem *Leibniz-Wolffschen* Lager gewiß sein. Wir wissen heute, daß die Frage in dem damals gezogenen Rahmen überhaupt nicht entscheidbar war.[22] Über den zweiten Punkt kann bei gehöriger Präzisierung des Prinzips kein Zweifel bestehen, mag auch die Bedeutung der Frage seinerzeit überschätzt worden sein. Für hinreichend kleine Bahnstücke gilt allerdings streng die Minimumseigenschaft.[23] Auch hier dient die Kritik im einzelnen *Voltaire* nur als Hebel, um die Gesamtkonzeption und ihren Urheber in Mißkredit zu bringen. Aus einem Zugeständnis in der Frage des Plagiats hat *Voltaire* sogleich eine neue Beleidigung gemacht.

Nachdem die Professoren dem armen Kandidaten noch einen Schlag versetzt haben, der im buchstäblichen Sinn unter die Gürtellinie zielt, gehen sie zur „Prüfung der Briefe eines jungen Verfassers" über, „der sich unter dem Namen eines Präsidenten verbirgt".[24] Da diese Prüfung zu den hier zu behandelnden Fragen nur wenig beiträgt, sei sie übergangen.

Friedrich der Große hatte, als alles andere gegen die Schmähschrift nicht mehr zu helfen schien, sie am Heiligen Abend des Jahres 1752 durch Henkershand auf den öffentlichen Plätzen verbrennen lassen. *Voltaire,* der es vom Fenster seiner Wohnung aus mit ansah, gab ihm mit dem neuen Jahr den goldenen Schlüssel eines Kammerherrn und den Orden Pour le Mérite zurück. Der Bruch war unvermeidlich, und dennoch konnte man sich nur schwer voneinander lösen. Nicht nur äußere Rücksichten, auch gemeinsame Arbeit und Gedankenaustausch in der Abgeschiedenheit von Potsdam mögen dazu beigetragen haben, daß auch nach solchen Auseinandersetzungen die Verbindung zwischen beiden nie völlig abgerissen ist. Zunächst einmal erhielt *Voltaire* vom König Urlaub, den er, vorgeblich um seine angegriffene Gesundheit durch eine Badekur wiederherzustellen, erbeten hatte. Am 25. März reiste er nach Leipzig ab.[25]

Am 23. Januar des Jahres 1753 hatte *Voltaire* an Henri-Samuel *Formey,* den ständigen Sekretär der Preußischen Akademie, geschrieben: „Wenn man mich angreift, so verteidige ich mich wie ein Teufel. Ich weiche niemandem, doch ich bin ein guter Teufel und lache zum Schluß.‘‘[26] Für die Gegenseite mag, was *Voltaire* nun an die Öffentlichkeit gab, weniger zum Lachen gewesen sein.

Zum Schluß ihres Gutachtens hatten die Professoren aus Rom dem Dr. *Akakia* empfohlen, dem Patienten kühlende Absude zu verabfolgen und ihn zu ermahnen, von seinen Torheiten abzulassen, was willkommene Gelegenheit geboten hatte, sie noch einmal im einzelnen aufzuführen. Doch nun mußten die Leser erfahren, daß dieses milde Heilmittel eine Wirkung gehabt hatte, die der von allen Fakultäten erhofften grade entgegengesetzt war. Die Galle des Eingeborenen von St. Malo geriet dadurch in Wallung, noch mehr als seine Seele, und er ließ mitleidlos die Verordnung des Arztes verbrennen und das Übel verschlimmerte sich. Er bestand auf seinem Vorsatz, seine Experimente auszuführen, und hielt zu diesem Zweck die denkwürdige Sitzung ab, deren getreulicher Bericht dann des weiteren gegeben wird.

Der Unterschied zwischen einem Präsidenten und einem Klapsmühlen-Präsidenten fällt. Es wird genüßlich geschildert, wie es in dem Bedlam zugeht, zu dem der Herr Präsident seine Körperschaft gemacht hat; und alles wird sorgfältigst mit Seitenangaben aus den Briefen des Herrn Präsidenten belegt. Daß weder *Maupertuis* noch die königlich preußische Akademie der Wissenschaften beim Namen genannt werden, kann weder ihren Herrn Präsidenten noch ihren königlichen Protektor sonderlich getröstet haben. Das Bild, das *Voltaire* zeichnet, könnte die von *Swifts Gulliver* geschilderten Akademiker von Lagado neidisch machen.[27]

Maupertuis hatte sich im 11. Brief seiner Sammlung über die Kunst, das Leben zu verlängern, ausgelassen.[28] Er hatte gemeint, man könne den mit dem Tod endenden Prozeß des Alterns unseres Körpers nicht einfach mit der Abnutzung gewöhnlicher Maschinen vergleichen, da im Gegensatz zu ihnen die menschliche Maschine sich selbst repariere und mit den Pflanzen Entwicklung und Wachstum teile. In Analogie zu anderen auf einen bestimmten Endzustand der Reife (maturité)[29] hinführenden Einzelprozessen hatte *Maupertuis* diese Vorstellung auch auf den Gesamtprozeß des Lebens angewandt und schließlich nach Faktoren gesucht, die den Ablauf vegetativer Erscheinungen verzögern, wie das Aufbewahren von Zwiebeln in einem kalten Keller, Kühlhalten von Eiern oder von Insektenpuppen.

„Am ersten der Kalenden des Oktober 1751", so gibt der Bericht in gelehrter Manier an, „versammelten sich in außerordentlicher Sitzung die Weisen unter Leitung ihres höchstweisen Präsidenten. Nachdem jeder seinen Platz eingenommen, verlas der Präsident den Nachruf auf eines der unlängst ausgereiften Mitglieder der Körperschaft, das heißt dahingeschiedenen, weil man nicht die Vorsichtsregel ergriffen hatte, ihm nach der neuen Methode die Poren zu verstopfen und es wie ein kühl gehaltenes Ei zu konservieren. Der Präsident führte dann den Nachweis, daß sein Arzt es getötet hatte, weil er auch versäumt habe, es nach den Gesetzen der Zentrifugalkraft zu behandeln; und er schloß, daß dem Arzt ein Verweis zu erteilen und er nicht im mindesten zu bezahlen sei. Er kam zum Ende, indem er nach seiner bescheidenen Gewohnheit einige Worte über sich selbst einfließen ließ."[30]

Anschließend schritt der Präsident mit großem Pomp zur Prüfung des Ausgangs von Experimenten, die er allen darob verblüfften Gelehrten Europas vorgeschlagen hatte. Zunächst führten zwei Mediziner jeweils einen mit Glaspech[31] überzogenen Patienten vor, und zwei Chirurgen durchbohrten ihnen Schenkel und Arm mit langen Nadeln. Alsbald liefen die Patienten, die sich vorher kaum zu rühren vermochten, eilends davon und schrien mit all ihren Kräften. Der Sekretär legte dies in seinem Protokoll nieder. Ein Apotheker nahte mit einem großen Topf Opium und setzte ihn, um seine Wirkung zu verdoppeln, auf einen Band, der als wirkungsvoll gemischtes Schlafmittel Werke des Präsidenten enthielt. Man ließ einen jungen kräftigen Mann eine Dosis davon nehmen: und tatsächlich, er schlief zum größten Erstaunen von jedermann ein. In seinem Schlummer hatte er einen glückerfüllten Traum, der den Damen einen Schrecken einjagte, die zu dieser feierlichen öffentlichen Sitzung herbeigeeilt waren. Die Natur seiner Seele wurde vollständig erkannt, so wie der Herr Präsident es sehr richtig vorausgeahnt hatte.

In diesem Stil geht es fröhlich fort. Alle Einzelheiten sind genauestens mit Seitenangaben der Briefe *Maupertuis'* belegt. Liest man die angegebenen Stellen nach, etwa seine Bemerkungen zu Fragen der Akupunktur, so sind sie keineswegs so lächerlich, wie sie in ihrer durch *Voltaire* ersonnenen Verbindung erscheinen.

Des weiteren stellten sich alle Arbeiter der Stadt ein, um geschwind ein Loch zu graben, das bis zum Zentrum der Erde gehen sollte, nach den genauen Befehlen des Herrn Präsidenten. Sein visionärer Blick reichte bis dorthin; als sich aber die Ausführung ein wenig in die Länge zog, verschob man es auf ein andermal, und der ständige Herr Sekretär verschaffte den Arbeitern ein Treffen mit den Maurern vom Turm zu Babel.

Unmittelbar danach befahl der Präsident, eilends ein Schiff zu rüsten, um die Riesen und die behaarten Menschen mit langem Schwanz aus den Ländern der südlichen Halbkugel zu sezieren. Man ging dann aufgrund seines Befehls und gemäß seiner Prinzipien daran, im Hofe der Akademie einen Truthahn mit, sinnigerweise, einem Maultier zu kreuzen. Während der Dichter der Körperschaft das Hochzeitslied für die beiden verfaßte, ließ der Präsident, immer galant, den Damen einen überwältigenden Imbiß auftragen, zusammengesetzt aus Aalen, die jeweils einer im anderen enthalten waren und die wie die anderen Fische des Mahls spontan nach seinen Anweisungen durch Urzeugung entstanden waren. Und nun kommt der Höhepunkt: „Nachdem der Präsident ein Glas Schnaps getrunken hatte, bewies er der Versammlung, daß es ebenso leicht für die Seele ist, die Zukunft zu sehen wie die Vergangenheit; er leckte sich alsdann die Lippen mit seiner Zunge, schüttelte lange sein Haupt, schwang sich mit seiner Einbildungskraft empor und prophezeite. Man teilt seine Prophezeiung hier gar nicht mit, weil man sie im Kalender der Akademie in vollem Umfang finden wird."[32]

Die Sitzung fand ihren Abschluß mit einer höchstberedten Ansprache des ständigen Sekretärs; „es sollte schon ein *Erasmus*

sein", sagte er, „der ihr Lob sprechen müßte."[33] Anspielung auf
das berühmte Encomium stultitiae, das Lob der Torheit des
Erasmus von Rotterdam. Alsdann erhob er die Monade des
Präsidenten bis zu den Wolken, oder doch mindestens bis zum
Dunstkreis. Er stellte ihn kühn an die Seite von *Cyrano de
Bergerac.*[34] Schließlich errichtete man dem Präsidenten einen
Thron aus Schweinsblasen, und er sollte am folgenden Tag zum
Monde fliegen.

Es kam aber anders: Der Eingeborene von St. Malo mußte
sich damit begnügen, den Mond anzubellen. Als der Dr. *Akakia*
in seiner Güte sah, daß sich sein Übel verschlimmerte, faßte er
mit einigen seiner Amtsbrüder den Plan, die Schärfe seiner Säfte
durch Aufsetzen eines Friedensvertrags mit dem Schweizer
Doktor zu mildern, der ihm dadurch so sehr mißfallen hatte,
daß er ihn auf seine Grenzen hingewiesen hatte. Also schlug der
Arzt im Glauben, die Antipathie sei ein Übel, das sich heilen
lasse, den folgenden Friedensvertrag, geschlossen zwischen dem
Herrn Präsidenten und dem Herrn Professor am 1. Januar des
Jahres 1753, vor. Zu den Einzelheiten gleich mehr. Sie sind uns
bereits durchweg aus dem Vorangegangenen vertraut, sie
werden nur unter einem neuen Gesichtspunkt wiederholt. Der
Präsident hat nun gegenüber seinem Kontrahenten für alles, was
er ihm angetan, und für allen angeblich von ihm behaupteten
Unfug Abbitte zu leisten. *Voltaire* wußte, daß gewisse Späße
durch Neuauflage gewinnen können, wenn sie durch Abwand-
lung der Form, in der sie geboten werden, unterhaltsam bleiben.
Vor allem aber wußte er, daß man dem Publikum seine
Meinung einhämmern muß, wenn man mit ihr durchdringen
will. *Voltaire* ist das gelungen.

Der Vertrag beginnt mit der folgenden Vorbemerkung, die
Voltaires Meinung über die Sachfrage in prägnanter Form
enthält und die eigentlich beiden Parteien zu denken geben
konnte: „Da ganz Europa durch das gefährliche Gezänk über
eine Formel der Algebra etc. in Aufruhr geraten ist, und da die
beiden an diesem Krieg hauptsächlich Anteil nehmenden Parteien einem weiteren, auf lange Sicht für alle Leser unerträglich
werdenden Verspritzen von Tinte vorbeugen wollen, sind sie

endlich über einen philosophischen Frieden in der im folgenden angegebenen Weise übereingekommen."[35] Wieder das Verfahren der sinnfälligen Vereinfachung: Kann etwas, das so unwichtig wie eine Formel der Algebra ist, solch leidenschaftliche Auseinandersetzungen rechtfertigen? Mit der damit aufgedrängten rhetorischen Frage ist im Grunde ihre Antwort schon vorweggenommen: Die Auseinandersetzungen sind völlig müßig, denn im Kern geht es um eine algebraische Formel, und alle Metaphysik, die man ins Spiel gebracht hat, führt nur zur Verschleierung dieser Bagatelle. *Voltaire* hat seine Parteinahme für *Koenig* als Eintreten für die Freiheit geistiger Auseinandersetzung verstanden, kaum als einen Beitrag zur Entscheidung der Sachfrage, die ihm, wie man sie auch lösen mochte, ins dornenreiche und unfruchtbare Feld metaphysischer Spekulation zu führen schien. Die Masse der Leser wird es allerdings anders gesehen und in *Voltaires* satirischen Beiträgen zugleich einen entscheidenden Schlag gegen die von *Maupertuis* vertretene Thesen erblickt haben, die sich hier als klarerweise abwegig und lächerlich zu erweisen schienen.

Nachdem *Maupertuis* im ersten Punkt des Vertrags Samuel *Koenig* um Verzeihung dafür gebeten hat, daß er wegen einer Geringfügigkeit solchen Lärm geschlagen und einen ernsthaften Professor, der nie etwas anderes als Monaden und prästabilierte Harmonie angenommen hat, zum Fälscher erklärt hat, gibt er im zweiten Punkt mit Brief und Siegel der Republik des Schrifttums ihre Freiheit zurück. Punkt 3 hat folgenden Wortlaut: „Wir bitten Gott um Verzeihung, wenn wir den Anspruch erhoben haben, daß es keinen anderen Beweis für sein Dasein gibt als in *A* plus *B* dividiert durch *Z* usw., und wir flehen die Herren Inquisitoren an, uns doch nicht mit aller Strenge in dieser Sache richten zu wollen, die sie nicht mehr als wir verstehen."[36] Wieder eine Doppelohrfeige Voltairscher Prägung. Nachdem der Präsident in einer ganzen Reihe von Punkten, die uns zum großen Teil bereits geläufig sind, Widerruf hat leisten müssen, kommt ein aufschlußreicher und offensichtlich mit Nachdruck an den Schluß gestellter Punkt 15: „Wir wollen hinfort nicht mehr in solchem Maß die Deutschen herabsetzen und wollen zugestehen, daß auch die *Kopernick,* die *Kepler,* die *Leibniz,* die *Wolf,* die *Haller,* die *Mascau,* die *Gotsched* etwas darstellen, und daß wir selbst unter den *Bernoulli* studiert haben und noch studieren wollen."[37] Dieser Ton war schon einmal, wenn auch nicht in solcher Lautstärke, bei der Prüfung der Briefe des jungen Kandidaten angeklungen. Mit Bezug auf die deutsche Nation, hatten die Professoren der Universität Rom dort unter Punkt 5 erklärt, die er geringschätze und die er mit gleichbedeutenden Ausdrücken praktisch als schwachsinnig behandle, erscheine ihnen dies undankbar und unrecht; sich zu täuschen, damit sei es nicht getan, man müsse auch höflich sein: es könne der Fall vorliegen, daß der Kandidat geglaubt habe, irgend etwas nach *Leibniz* entdeckt zu haben, doch sie wollten diesem jungen Mann sagen, daß nicht er es sei, der das Pulver erfunden habe. Die Gutachter hatten sich auf zwei Stellen aus *Maupertuis'* 7. Brief „Über die Systeme"[38] berufen, jener schon kurz erwähnten Auseinandersetzung mit den Anhängern von *Leibnizens* System. Er hatte dort dessen Prinzip vom zureichenden Grunde leicht ironisch kritisiert und hinzugefügt, die Deutschen meinten noch immer in gutem Glauben, damit mehrere Jahrhunderte vor den Franzosen und Engländern gewonnen zu haben.[39] Einer der größten Geister Frankreichs, der Abbé *de Condillac,* habe unlängst in einer ausgezeichneten Arbeit das System erklärt und seine Unstimmigkeiten und Mängel vor Augen geführt: die deutschen Philosophen hätten sich mit der Erklärung begnügt, er habe nichts davon verstanden.[40]

Das klingt etwas anders als das, was *Voltaire* im Schlußpunkt des Friedensvertrags daraus gemacht hat. Übrigens ist bei dem Gutachten, das den Professoren der Universität Rom in die Feder gegeben wird, unüberhörbar, daß die oder der Verfasser die Bedeutung, die man *Leibniz* beimißt, auch ausgesprochen ironisch betrachten. Der Fall, daß jemand nach *Leibniz* etwas entdecken könnte, wird ja für *Voltaire* wie seine Leser kaum so irreal gewesen sein, wie er hier *Maupertuis* vorgehalten wird. Im Grunde waren auch *Voltaires* Ansichten in diesem Punkt gar nicht so weit von denen seines Gegners entfernt. Schon im Jahre

1755 gab *Voltaire* das große Erdbeben von Lissabon den äußeren Anstoß, ihnen Ausdruck zu geben, und was uns dann als Endergebnis der damit eingeleiteten Entwicklung im 1758 erscheinenden *Candide Voltaires* begegnet, das zeigt uns dies noch deutlicher; und die Deutschen kommen da auch nicht gerade besonders gut weg. Doch die gelegentlichen ironischen Töne, die diese Entwicklung schon hier anzukündigen scheinen, wurden in der Hitze des Gefechts wohl von den wenigsten gehört.

Gottsched und seine Frau hatten *Voltaire* in Leipzig als willkommenen Bundesgenossen empfangen. *Gottsched* hatte sogar gemeint, bei *Voltaire* mehr Tugend, Gelehrsamkeit, Gründlichkeit und Billigkeit gegen die Deutschen zu finden, als er gedacht habe; trotzdem scheinen er und vor allem seine Frau ihm mit einer gewissen Zurückhaltung begegnet zu sein.[41] Nach Halle zu *Wolff* unternahm *Voltaire* einen Abstecher; doch *Wolff* hat sich in der ganzen Auseinandersetzung vorsichtig im Hintergrund gehalten und seine Hilfstruppen, zu denen *Voltaire* damals noch gehörte, für sich kämpfen lassen. Johann Jacob *Mascov* (1689–1761) war ein heute fast vergessener, zu seiner Zeit hochberühmter Staatsrechtslehrer, der damals vielgelesene Abrisse zur deutschen Geschichte auch in deutscher Sprache veröffentlicht hatte. In ihnen hatte er zum ersten Mal die Nation und nicht die Herrscher in den Mittelpunkt seiner Darstellung gerückt. Selbst Friedrich der Große, bekannt durch sein herbes Urteil über die deutsche Literatur im allgemeinen und ihre Geschichtsschreibung insbesondere, glaubte, jenen Abriß noch als den am wenigsten mangelhaften und einziges einschlägiges Werk anführen zu können.[42] Übrigens ist deutlich zu erkennen, daß die Deutschen, von denen der Punkt 15 des Friedensvertrags handelt, ähnlich wie die deutsche Nation, von der im Punkt 5 des Gutachtens die Rede ist, noch die Zugehörigkeit zu einer Sprache und Kultur im Gegensatz zur französischen bezeichnen. Doch *Voltaire* wußte, daß er des breiten Beifalls derer gewiß sein durfte, die dafür eintraten, sich von der sklavischen Befolgung welscher Vorbilder frei zu machen.

Gegenstück zu den 15 vom Präsidenten anerkannten Punkten des Vertrages ist eine kurze Erklärung des Herrn Professors *Koenig,* die vom Herrn ständigen Sekretär der Akademie verlesen wird. Sie ist durchsetzt mit einigen recht maßvollen, ironisch gehaltenen Seitenhieben auf dessen von *Leibnizens* Philosophie bestimmte Überzeugungen. Nach den gewichtigen mit den 15 vorangehenden Punkten ausgeteilten Schlägen erscheinen sie kaum spürbar und nur um einer Art von äußerlich einzuhaltendem Rahmen des Gleichgewichts willen erteilt, so daß die Richtung, in die sie zielen, nur aufmerksameren Lesern bemerklich geworden sein wird.

Schließlich ist man durch den vorstehenden Vertrag übereingekommen, daß alle Literaten als Brüder leben sollten, gerechnet von dem Tag an, an dem die Frauen, die auf Schönheit Anspruch erheben, ohne Eifersucht wären. Nach Anstimmen eines Tedeum wurde ein Hochamt gefeiert, bei dem ein Jesuit die Messe las, mit einem *Calvinisten* als Diakon und einem *Jansenisten* als Subdiakon; und der Frieden herrschte bei allen Christen.

Auch *Euler* bekam sein Fett. Der Friedensvertrag enthält in bestimmten Fassungen auch einige auf ihn bezügliche Artikel. Doch scheint *Voltaire,* wie die von diesen Zusätzen freien Versionen des Vertrags zeigen, es nicht in solchem Maß darauf angelegt zu haben, den schon damals als ersten Mathematiker seiner Zeit berühmten Mann zu reizen, wie beim Präsidenten der Akademie. Er hat, wie wir gesehen haben, die neue Macht, die mit der Mathematik und den von ihr methodisch getragenen Disziplinen der Naturwissenschaft auf die Bühne der Weltgeschichte getreten war, wenn schon nicht geliebt, so doch respektiert. Er wußte, sich ihr entgegenzustellen hätte ihm vor allem die Gunst derer entzogen, welche die Öffentlichkeit entscheidend zu beeinflussen vermochten und auf deren Meinung er besonderen Wert legte. *Euler* soll zunächst einmal bekennen, nie die Philosophie gelernt zu haben und sich hinfort auf den Ruhm beschränken, unter allen Mathematikern Europas derjenige zu sein, der in kürzester Zeit die längste Rechnung aufs Papier werfen kann. Im dritten Artikel wird dem Phoenix der Algebraiker aufgegeben, darüber zu erröten und stets in

Zukunft weiter zu erröten, gegen den gesunden Menschenverstand und die landläufigsten Vorstellungen sich aufgelehnt zu haben, als er aus seinen Formeln geschlossen habe, daß ein von Kräften, die seine Bewegung beständig beschleunigen, angezogener Körper plötzlich im stärksten Fluge anhalten, in gewissen Fällen auch ohne irgendeine Ursache zurückkehren werde, ja, was noch wunderbarer wäre, daß er in einem bestimmten Sonderfall plötzlich verschwinden würde, ohne daß man sagen könne, wohin er geraten sei. Dieser Sonderfall hat *Voltaire* offenbar besonderen Eindruck gemacht, denn er zitiert zu ihm in voller Länge den einschlägigen lateinischen Originaltext. *Euler* hatte sich in seiner Mechanica[43] aus dem Jahre 1736 in der Tat um die Frage gemüht, wie ein auf einer Geraden beweglicher und von einem ihrer Punkte nach einem bestimmten Gesetz angezogener Körper sich beim Durchgang durch dieses Kraftzentrum verhalten werde. Er hatte verschiedene Möglichkeiten erörtert und schließlich die Bewegung auf einer Geraden als Grenzfall einer räumlichen Kurve zu behandeln versucht, die sich auf den Abschnitt einer Geraden zusammenzog; beispielsweise hatte er durch eine *Kepler*-Ellipse mit über alle Grenzen wachsender Exzentrität einen solchen Fall annähern wollen. Er war auf andere Fälle gestoßen, in denen von der Zeit an, zu welcher der Körper zum Zentrum hingelangt, die räumliche Koordinate, wie der mathematische Terminus lautet, imaginäre Werte annimmt; und über die Möglichkeiten, solche Verhältnisse zu deuten, hatte *Euler* noch recht unvollkommene Vorstellungen. Letztlich muß man den Mut bewundern, mit dem er sich auf sie eingelassen hat.

Eine besondere Schwierigkeit hatten bei diesen Untersuchungen für ihn auch Grenzübergänge gebildet, bei denen bestimmte die Bewegung charakterisierende und im Regelfall endliche Größen unendlich wurden. Er hatte dazu festgestellt, die Ergebnisse schienen nicht mit der Wahrheit übereinzustimmen und weiter bemerkt: „Wie dem auch sei, hier muß man der Rechnung mehr als unserem Urteil trauen und feststellen, daß wir einen Sprung, wenn er aus dem Unendlichen ins Endliche geschieht, überhaupt nicht verstehen."[44] *Voltaire* zitiert im vierten Artikel den ersten Teil dieser Bemerkung und läßt geflissentlich den zweiten weg; *Euler* soll nun, und für diese verkürzte Form wäre das ja durchaus berechtigt, auf den Knien allen Logikern für sie Abbitte leisten. *Voltaire*, der wieder den Text mit genauen Stellennachweisen begleitet und die Einzelheiten mit einer Sorgfalt wiedergibt, die nur von seiner Unbekümmertheit um den Gesamtzusammenhang übertroffen wird, gibt unumwunden zu, daß seine Einwände gegen die angeführten Stellen nicht von ihm selbst stammen, sondern von dem englischen Gelehrten Benjamin *Robins* (1707–1751),[45] und daß er bereut, diese Stellen ehemals bewundert und damit den Geometern, das heißt nach damaliger Ausdrucksweise, den Vertretern der reinen Mathematik, einen Stein des Anstoßes gegeben zu haben. Es ist durchaus glaublich, daß *Voltaire* bei seinen naturwissenschaftlichen Studien sachkundigen Ratgebern wie der Marquise *du Châtelet* oder, nicht zu vergessen, *Maupertuis* folgend, *Eulers* Mechanica, seinerzeit sicher das beste Lehrbuch der neuen Wissenschaft, studiert und sich mit ihnen auf Auseinandersetzungen über solche Stellen eingelassen hat.

Eine mathematische Konstruktion, welche die Möglichkeit bietet, ihre Elemente zu variieren, kann damit über sich hinausweisen. Ein Vertreter der theoretischen Mechanik wird der Frage nicht ausweichen, was aus der *Kepler*-Bewegung wird, wenn die Exzentrizität über alle Grenzen wächst. Wenn sich dabei ergibt, daß die Geschwindigkeit in der Nähe des Kraftzentrums und Brennpunkts sich unbeschränkt steigern und die Ellipse selbst immer näher an ihn heranrücken muß, so bleibt die Frage, wie weit sich das noch physikalisch deuten läßt. Stehen Kraftzentrum und beweglicher Punkt für ausgedehnte Körper, so wird es irgendwann zu einem Zusammenstoß kommen. Für *Voltaire* wird mit dem Grenzfall zugleich die Grenze des Absurden erreicht; dem Vertreter der theoretischen Mechanik liefert er zugleich einen ersten Anhalt bei der Beurteilung der Tragweite seiner mathematischen Konstruktion und ihrer nötigen Einschränkungen oder Abänderungen, wenn sie physikalisch sinnvoll bleiben soll. *Voltaire* legt im

Namen des gesunden Menschenverstands sein Veto ein, während der Vertreter der theoretischen Mechanik von der Schwierigkeit gebannt nach neuen Wegen suchen wird.

Maupertuis hatte sich klugerweise, seinem cholerischen Temperament zum Trotz, jeder Antwort auf die Angriffe *Voltaires* enthalten und dem König, der ihn nicht zuletzt zu dieser Haltung bewogen zu haben scheint, und der Akademie seine Verteidigung überlassen. Als er davon hörte, daß sein Peiniger neue Angriffe gegen ihn vorbereitete, hat er ihm unklugerweise einen Brief geschrieben. Er nimmt das Gerücht zum Anlaß, *Voltaire* zu sagen, daß er niemals etwas gegen ihn geschrieben oder gesagt, ja, es für unter seiner Würde gehalten habe, auf die von seinem Gegner verbreiteten Ungehörigkeiten einzugehen. Er habe lieber die Dinge laufen lassen, als einen so unschicklichen Krieg zu führen. Der König habe ihm ja gegenüber den ersten Schriften *Voltaires* Gerechtigkeit verschafft, und seine Krankheit sowie die geringe Bedeutung, die er seinen Werken beimesse, hätten bis jetzt seine Untätigkeit rechtfertigen können. Sollte aber *Voltaire* mit persönlichen Angriffen fortfahren, so erkläre er ihm anstelle einer Antwort durch schriftliche Verlautbarungen, daß seine Gesundheit noch gut genug sei, um ihn überall, wo er auch sein sollte, aufzufinden und von ihm die vollständigste Genugtuung zu erlangen. Er solle der Achtung und dem Gehorsam dankbar sein, die seinen Arm bisher zurückgehalten hätten und die *Voltaire* das unglücklichste Abenteuer erspart hätten, das ihm bisher begegnet wäre.[46]

Voltaire hatte nichts Eiligeres zu tun, als diesen Brief zu einer Morddrohung, teils zu verkürzen, teils zu ergänzen: „Ich erkläre Ihnen, daß meine Gesundheit noch gut genug ist, um überallhin, wo Sie auch sein sollten, Sie aufzufinden zu kommen, um von Ihnen die vollständigste Genugtuung zu erlangen."

„Sie sollten der Achtung und dem Gehorsam dankbar sein, die meinen Arm bisher zurückgehalten haben. Sie sollten zittern!"[47]

Als Friedrich der Große die Originalfassung veröffentlichen

ließ und sich mit seiner Autorität für sie verbürgte, da war es längst zu spät. *Voltaire* ließ seine Version unter dem Titel L'art de bien argumenter en philosophie reduit en pratique par un vieux capitaine de cavallerie, travestie en philosophe drucken: Die Kunst der rechten Beweisführung in der Philosophie, ins Werk gesetzt von einem alten Hauptmann der Kavallerie in der Kriegsbemalung eines Philosophen. Eine beigefügte Antwort, Lettre du Docteur *Akakia* au natif de St. Malo, Brief des Doktor *Akakia* an den Eingeborenen von St. Malo, hält, was der Titel verspricht. Es scheint ihm, daß es seinem Patienten nicht gut geht. Dessen Briefe, welche Undankbarkeit gegen den armen Doktor *Akakia!* Er beglückwünscht ihn zu seiner guten Gesundheit, zumal er selbst seit 15 Tagen zu Bett liegt. Und nun folgen verschiedene, auf die Briefe *Maupertuis'* gemünzte und uns zur Genüge bekannte Anzüglichkeiten. Er unterstellt, *Maupertuis* wolle ihn töten, um ihn wie seine feuerländischen Riesen sezieren zu können. Will er seine Feindseligkeit so weit treiben?

„Im übrigen bin ich noch recht schwach. Sie werden mich im Bett finden, und ich kann Ihnen nur meine Klistierspritze und meinen Nachttopf an den Kopf werfen. Doch wenn ich wieder ein wenig zu Kräften gekommen sein werde, will ich meine Pistolen laden lassen, cum pulvere pyrio [mit Schießpulver], und dann werde ich die Masse mit dem Quadrat der Geschwindigkeit multiplizieren, bis die Aktion und Sie selbst auf null zurückgeführt sind; ich werde Ihnen Blei ins Hirn jagen; es scheint seiner sehr zu bedürfen."

„Es mag betrüblich für Sie sein, daß die Deutschen, die Sie so gering schätzen, das Pulver erfunden haben, so wie Sie darüber Klage führen müssen, daß sie den Buchdruck erfunden haben."

„Gott befohlen, mein werter Präsident."

„*Akakia*"[48]

Noch im April des Jahres 1753 erschien unter dem Titel *Maupertuisiana* eine Sammlung von Schriftstücken, die den Streit um das Prinzip der kleinsten Aktion dokumentarisch festhalten sollte. Der mit Hamburg angegebene Verlagsort ist fingiert; die Sammlung muß auf den Amsterdamer Verleger *Luzac* zurückgehen, und wir wissen, daß Samuel *Koenig* an ihrem Zustandekommen beteiligt gewesen ist.[49] Frau *Gottsched* fertigte eine Übersetzung ins Deutsche.[50] Auf dem Titelblatt sieht man *Maupertuis,* der als *Don Quixote* eine in idyllischer Landschaft vor einem Dörfchen gelegene Windmühle angreift, während der Müller die Faust ballt. Die Lanze des Helden ist zerbrochen, sein Helm fällt ihm vom Kopf, doch aus seinem Mund ringelt sich ein Spruchband, ausgerechnet mit der Inschrift „Tremblés!", „Sie sollten zittern!", die *Voltaires* Feder dem Brief von *Maupertuis* so wirkungsvoll hinzugefügt hatte. Der den Ritter begleitende Sancho *Pansa* auf seinem Esel hat, halb flehend, halb entsetzt, die Hände zum Himmel gekehrt. Er wirkt mit seiner Halskrause und seinem Barett merkwürdig akademisch: *Euler?* Ein Satyr[51] betrachtet das Geschehen und kommentiert es durch ein weiteres Spruchband: Sic itur ad astra, so gelangt man zu den Sternen, so blamiert man sich unsterblich. Im Hintergrund scheinen einige Dorfbewohner dem Geschehen verwundert zuzusehen. So ist *Maupertuis* mit seinem Versuch, die geringste Aktion als formal teleologisches Prinzip einzuführen, ins Bewußtsein der breiteren Öffentlichkeit eingegangen, und auch die wenigen, die glaubten, es besser zu wissen, haben daran nichts ändern können.

14. D'Alemberts Urteil über den Streit und die spätere Haltung der Betroffenen

Der Streit um das Prinzip der geringsten Aktion zeigt, in welchem Maß die Ansichten über die Rolle und die Bedeutung der Zweckmäßigkeit in der Natur in Frage gestellt zu werden begannen. Seit langem waren in dem Gesamtgebäude Risse spürbar geworden. Sie wurden nun unübersehbar, ja ganze Teile brachen aus der scheinbar so wohlgefügten Ordnung.

Maupertuis hatte vor allem das Widersinnige in jenen Formen von teleologischen Erklärungen deutlich gemacht, bei denen man sich auf den zweckmäßigen Bau der Geschöpfe berufen und daraus auf das Walten eines weisen Schöpfers geschlossen hatte: das Dasein Gottes bewiesen aus den Falten in der Haut eines Rhinozeros! Waren die auf dem rechten Weg, die ihre kleinkarierten Vorstellungen von Nützlichkeit dem Schöpfer unterstellten, so als hätten sie ihm bei seinem Werk zugesehen? Einander widersprechende Deutungen, Versuche, das auf den ersten Blick unzweckmäßig Scheinende mit dem nötigen Aufwand an Vernünftelei ins Zweckmäßige und insbesondere für uns Menschen Nützliche umzumünzen, wurden durch *Maupertuis'* Kritik in ihrer Fragwürdigkeit sichtbar. Wie sollte man die verschiedenen einander ausschließenden Zwecke der Natur gegeneinander aufrechnen, die *Maupertuis* so eindrucksvoll geschildert hatte, ihre Fürsorge beispielsweise beim Hervorbringen des Wunderbaus eines Insekts, die Plage, die es für den Menschen bedeuten kann, oder den Umstand, daß es im Netz einer Spinne endet?

Maupertuis hatte den Ausweg aus diesen Schwierigkeiten in einer Teleologie gesehen, die sich solcher inhaltlicher Betrach-

tungen enthielt und statt dessen die formale Seite der Naturgesetze zum Angelpunkt ihrer Überlegungen machen sollte. Doch
sein dafür vorgeschlagenes Prinzip der geringsten Aktion war
durch den Doktor *Akakia* vor einer breiten, begeistert Beifall
spendenden Öffentlichkeit ins Zwielicht der Lächerlichkeit
gezogen worden. Hatte *Maupertuis* seinen Lesern zu bedenken
gegeben, daß es abgeschmackt sei, Gottes Dasein aus den Falten
des Rhinozeros beweisen zu wollen, so schlug *Voltaire* nun bei
Maupertuis' formal teleologischem Prinzip in die gleiche Kerbe:
Es war geradezu lächerlich, das Dasein Gottes aus der Formel

$$z = \frac{Bc}{A+B}$$

abzuleiten. Die neue Kosmologie, der Versuch, aus Gesetzen der
Physik, wie *Newton* sie aus der Erfahrung gewonnen hatte, auf
ihnen zugrundeliegende formale Prinzipien zu schließen und
umgekehrt aus diesen, hinter der Physik liegenden metaphysischen Prinzipien wieder die Gesetze der Physik zu gewinnen,
schien, kaum da er unternommen war, bereits gescheitert.

Bei den Vertretern der neuen Wissenschaft, die mit den
neuen mathematischen Methoden arbeiteten, setzte sich allmählich eine Einsicht durch, die verhindert hat, daß weiterhin
Versuche zu einer solchen Kosmologie unternommen worden
sind. Schon Daniel *Bernoulli* hatte in dem oben[1] zitierten Brief
aus dem Jahre 1741 seinen Freund *Euler* gefragt, ob er nicht die
Planetenbahnen methodo isoperimetrico, durch die Methode
der Variationsrechnung mit Nebenbedingungen, herausbringen
könne. *Euler* hatte das, wenn auch in etwas anderer Weise, als es
Bernoulli vorschwebte, im Zusatz II[2] zu seiner Darstellung der
Variationsrechnung geleistet. Es zeigte sich, daß die neuen
Methoden, bei denen es zunächst den Anschein hatte, als hafte
den mit ihnen behandelten Naturvorgängen eine eigentümliche
teleologische Auszeichnung an, sich auf beliebige Probleme der
Mechanik ausdehnen ließen. *Lagrange* hat schließlich seine
Mécanique analytique aus dem Jahr 1788 systematisch auf
ihnen aufgebaut. Heute wissen wir, daß das Prinzip der
kleinsten Aktion, recht formuliert, völlig gleichwertig ist mit

einem Prinzip, das *d'Alembert* für die Aufstellung der grundlegenden Differentialgleichungen der Mechanik aufgestellt hat.[3] Die Variationsprinzipien, bei denen eine bestimmte Größe, wie hier die Aktion, extremal oder stationär[4] werden soll, erweisen sich durchweg als eine besondere, mitunter ungemein vorteilhafte Form der mathematischen Behandlung, die sich mit anderen mathematischen Mitteln nicht erreichen läßt. Der teleologische Nimbus jener Prinzipien löst sich damit in rein mathematische Sachverhalte auf.

Nur ergänzend sei bemerkt, daß die Gleichwertigkeit des Prinzips der kleinsten Aktion mit den durch das *d'Alembertsche* Prinzip gelieferten Differentialgleichungen nicht so verstanden werden sollte, als sei das Prinzip der kleinsten Aktion damit gewissermaßen überflüssig. Nachdem es, wohl nicht zuletzt infolge seiner Geschichte, lange Zeit sich nur geringer Wertschätzung erfreut hatte, ist im Laufe der Zeit die Wirkung und ihr Minimalprinzip durch die Entwicklungen der neueren Physik als besonders fruchtbare Begriffsbildung erkannt worden. Dazu seien hier einige Bemerkungen von Max *Planck* aus dem Jahre 1915 angeführt: „Solange es eine physikalische Wissenschaft gibt, hat als ihr höchstes erstrebenswertes Ziel die Lösung der Aufgabe vorgeschwebt, alle beobachteten Naturerscheinungen in ein einziges Prinzip zusammenzufassen ... Unter den mehr oder weniger allgemeinen Gesetzen, welche die Errungenschaften der physikalischen Wissenschaften in der Entwicklung der letzten Jahrhunderte bezeichnen, ist gegenwärtig das Prinzip der kleinsten Wirkung (Aktion) wohl dasjenige, welches nach Form und Inhalt den Anspruch erheben darf, jenem idealen Endziel der Forschung am nächsten zu kommen."[5]

Es liegt im Wesen einer mit mathematischen Methoden arbeitenden Physik, daß bei Betrachtung ihrer formalen Seite, insbesondere bei der Frage nach der Zweckmäßigkeit und Einfachheit von Naturgesetzen, die Grenze zwischen der mathematischen und der physikalischen Seite nicht immer leicht zu ziehen ist. Noch der große französische Physiker Augustin-Jean *Fresnel* (1788–1827), der Schöpfer der Wellentheorie des Lichts,

148

wehrt sich in seiner großen Denkschrift über die Beugung dagegen, daß bloße mathematische Einfachheit als Siegel der Wahrheit genommen wird. Er vergleicht dort seine Hypothese mit der *Newtonschen,* nach der aus der Lichtquelle kleine Korpuskeln ausgeschleudert werden sollen; die Einfachheit der analytischen Behandlung scheint für die zweite Hypothese zu sprechen. „Doch bei der Wahl eines Systems", fährt er fort, „soll man allein auf die Einfachheit der Hypothesen acht haben; die Einfachheit der Rechnungen darf von keinem Gewicht beim Abwägen der Wahrscheinlichkeiten sein. Die Natur hat sich nicht mit den Schwierigkeiten der Analysis beschwert; sie hat nur die Verwicklung der Mittel vermieden. Sie scheint sich vorgesetzt zu haben, Viel mit Wenig zu bewirken. Dies ist ein Grundsatz, den die Vervollkommnung der physikalischen Wissenschaften unablässig durch neue Bestätigungen stützt. Vor allem die Astronomie, die Ehre des menschlichen Geistes, bietet dafür eine schlagende Bekräftigung. Alle *Keplerschen* Gesetze sind durch die Genialität von *Newton* auf das einzige der Gravitation zurückgeführt worden, das in der Folge dazu gedient hat, die verwickeltsten und unmerklichsten Störungen der Planetenbewegungen zu erklären und sogar zu entdecken."[6] *Fresnel* wollte aus seinem Grundsatz nicht die metaphysischen Folgerungen ziehen, die *Maupertuis* mit seinem Prinzip der kleinsten Aktion verband; doch seine Worte zeigen, daß die Frage nach Art und Bedeutung formal teleologischer Prinzipien nicht mit dem Widerspruch erledigt war, den *Maupertuis* erfahren hatte.

Es sollte nicht übersehen werden, daß die Analysis weithin in Auseinandersetzungen mit mechanischen Problemen entwickelt worden ist. Ihr im engeren Sinn mathematischer Teil hat sich erst allmählich aus diesen Bezügen gelöst. Die Terminologie täuscht darüber hinweg. Mathematik schloß seinerzeit auch die gesamten Anwendungen in sich. Schon im klassischen Altertum gehörten Astronomie, Optik und theoretische Harmonielehre dazu, nun die Mechanik. Wollte man betonen, daß es um reine Mathematik ging, so sprach man von Geometrie, gegebenenfalls auch von Arithmetik; die Vertreter der reinen

Mathematik hießen Geometer. Diese von der unseren so sehr abweichende Terminologie wird wieder und wieder zur Quelle von Mißverständnissen.[7]

Die hier geschilderten Vorstellungen finden wir in einem Artikel „Cosmologie", den *d'Alembert* für die berühmte Encyclopédie im Februar 1754 verfaßt hat.[8] Als Anlaß gibt *d'Alembert* die Auseinandersetzungen um *Maupertuis'* Prinzip an, von denen er im Hauptteil einen, wie er hofft, unparteiischen Bericht zu geben sich bemüht.[9] Zweifellos war *d'Alembert,* in gleicher Weise hervorragend als Vertreter der neuen theoretischen Mechanik und als Philosoph im engeren Sinn, wie kein anderer berufen, eine solche Darstellung zu geben; und der Artikel hält, was sein Verfasser verspricht.

Die Grundlage, auf der *d'Alembert* sich um eine Klärung der Streitfrage bemüht, ist seine Überzeugung, daß es sich bei den Grundbegriffen um mathematische Nominaldefinitionen handelt und daß auch ebenso die mit ihrer Hilfe entwickelten Sätze ausschließlich mathematische und nicht metaphysische Bedeutung haben. Der hier vorausgesetzte Begriff von Mathematik ist der eben geschilderte, das heißt, wir haben zu berücksichtigen, daß für *d'Alembert* die theoretische Mechanik in ihn eingeschlossen ist. *D'Alembert* leugnet keineswegs, daß Begriffe wie Bewegung, Kraft, Aktion daneben einen metaphysischen Inhalt haben können, der mit ihrer herkömmlichen Bedeutung im Rahmen der philosophischen Spekulation gegeben ist. Er versucht, diesen Unterschied anhand eines ruhenden Systems von Körpern zu erläutern, das er offenbar als aus zwei massengleichen Körpern bestehend voraussetzt, die sich relativ zu ihrem als ruhend angenommenen Schwerpunkt mit gleichen, aber entgegengesetzten Geschwindigkeiten bewegen. Das System ruht dann im mathematischen, das heißt im Sinn der theoretischen Mechanik, und diese Aussage läßt sich aus der Nominaldefinition für ein ruhendes System, welche die Mechanik anhand gibt, aufgrund ihrer Prinzipien beweisen; das heißt aber nicht, daß das System im metaphysischen Sinn ruht, denn an einer Bewegung im Sinn der hier maßgebenden Tradition kann kein Zweifel bestehen. *D'Alembert* glaubt, daß sich die meisten Streitigkeiten über mechanische Probleme in nichts auflösen, sobald man sich auf den eigentlich mathematischen Teil, das heißt die Nominaldefinitionen der theoretischen Mechanik und ihre Grundsätze beschränkt und es vermeidet, mit ihnen metaphysische Vorstellungen zu verquicken. Sieht man näher zu, was *d'Alembert* in solchen Fällen als metaphysischen Inhalt eines Begriffs betrachtet, so erkennt man bald, daß es sich um die Alltagserfahrung handelt, wie sie sich in den Fachausdrücken der traditionellen Schulphilosophie kristallisiert hatte. *D'Alembert* setzt an ihre Stelle eine kunstvoll und künstlich nominaldefinierte Wirklichkeit und zerschneidet die Nabelschnur zur Erfahrung des Alltags; die Verbindung kommt nur noch punktweise durch Beobachtungen und Experimente zustande, bei denen der Gesichtswinkel bereits durch die Theorie festgelegt ist.

D'Alembert entwickelt in dem Artikel zunächst den uns bereits geläufigen Begriff der neuen Kosmologie[10] und versucht, ihn am alten Bild der großen Kette des Seins[11] zu veranschaulichen, dem er einen neuen Sinn unterlegt. Für ihn stellen die einzelnen Kettenglieder die Naturerscheinungen dar, ihre Verbindung ihren naturgesetzlichen Zusammenhang. Wir kennen die Kettenglieder und ihre Verbindung nur stückweise und fassen nur einen Teil des uns möglicherweise auf immer verborgenen Gesamtzusammenhangs der Naturerscheinungen, den wir gleichwohl, aufgrund der Vorstellung, die wir uns von der Einheit und Einfachheit der Natur machen, annehmen. Die allgemeinen Gesetze der Kosmologie sind nur relativer Art, sie entsprechen den Verbindungen in den uns kenntlichen größeren Teilstücken der Kette.

Den Hauptnutzen, den wir aus der so verstandenen Kosmologie ziehen können, sieht *d'Alembert* aber darin, daß wir uns durch die allgemeinen Gesetze der Natur zur Kenntnis ihres Urhebers aufzuschwingen vermögen, dessen Weisheit diese Gesetze aufgestellt hat. Er hat uns das von ihnen erkennen lassen, was für unseren Nutzen oder für unsere Unterhaltung notwendig ist, und uns den Rest verborgen, um uns das Zweifeln zu lehren. So wird für *d'Alembert* die Kosmologie zur

Wissenschaft von der Welt oder vom Universum, wenn es im allgemeinen betrachtet wird und insofern ein zusammengesetztes und zugleich durch die Einheit und Harmonie seiner Teile einfaches Wesen ist, ein Ganzes, das von einer höchsten Intelligenz beherrscht wird, und dessen Triebfedern, von dieser Intelligenz zusammengesetzt, ins Spiel gebracht und abgewandelt werden.

Wohl um der Unparteilichkeit willen gibt *d'Alembert* anschließend einen wörtlichen Auszug aus einem Artikel von Jean-Henri-Samuel *Formey,* den ihm der Ständige Sekretär der Berliner Akademie übermittelt hat. In diesem Auszug wird von *Formey* die nähere Bestimmung des Begriffs der Kosmologie im Sinn der *Wolffschen* Philosophie gegeben.

Den Rest des Artikels bildet ein Referat über *Maupertuis'* Beiträge und die an sie sich anknüpfenden Auseinandersetzungen. *Maupertuis* habe, so erklärt *d'Alembert,* einen Versuch der Kosmologie vorgelegt, der nach den Prinzipien und den Gesichtspunkten gemäß verfaßt zu sein scheine, die er weiter oben auseinandergesetzt habe. Er geht dann zunächst auf die bereits erwähnte[12] Abhandlung *Wolffs* ein und kommt – mit Recht – zu dem Schluß, daß sie nicht im eigentlichen Sinn als Vorwegnahme des Ansatzes von *Maupertuis* gelten könne. Er geht dann in sieben Punkten auf die an *Maupertuis* geübte Kritik ein.

1. *Maupertuis'* Prinzip ist völlig verschieden von dem, daß die Natur stets auf dem einfachsten Weg wirke. Denn dort bleibe offen, was einfach heißen solle, indessen bei *Maupertuis* eine wohlbestimmte Größe zu minimieren sei.

2. *Leibniz'* Prinzip ist verschieden von dem, das *Maupertuis* vertritt. Denn bei *Leibniz* ist die Optik aus-, dagegen bei dem das Licht mechanisch deutenden *Newtonianer,* mit dem sich *d'Alembert* in diesem Punkt einig weiß, ist sie in sein Prinzip eingeschlossen.

3. Es stehe fest, so erklärt *d'Alembert,* daß dieses Prinzip bei Anwendung auf die Refraktion die Zweckursachen mit der Mechanik aussöhne. Darüber sollten gerade die Anhänger von *Leibniz* froh sein, die an Zweckursachen so interessiert seien. Es wäre anzumerken, daß die Ziele, die *Koenig* mit seiner Arbeit

ursprünglich verfolgt hatte, gerade von einer solchen Einsicht bestimmt gewesen waren.

4. Das Prinzip ist verschieden von dem des Verschwindens der lebendigen Kraft, da es sich bei ihm nicht um ein Verschwinden, sondern um ein Minimum handelt. Daß gewisse Verhältnisse sich mit beiden Prinzipien behandeln lassen, meint *d'Alembert,* spreche nicht dagegen.

5. Beim Konkavspiegel ergibt sich als Lichtweg unter Umständen ein Maximum. Man müsse daher, räumt *d'Alembert* ein, das Prinzip so aussprechen, daß, wenn nicht dieser Fall, dann der des Minimums eintrete. *D'Alembert* bezieht sich hier auf seinen Artikel Causes finales aus der Encyclopédie.[13] Er hat dort die Versuche von *Leibniz* und *Fermat* dargestellt, Spiegelung und Brechung aus dem Prinzip des räumlich oder zeitlich kürzesten Lichtwegs zu erklären, und darauf hingewiesen, wie gefährlich die Verwendung solcher Zweckursachen sei. Er nennt dann als abschreckendes Beispiel einen Versuch des Jesuitenpaters André *Tacquet,* eines Verfassers seinerzeit viel benutzter mathematischer und naturwissenschaftlicher Kompendien, die Schwierigkeit zu beheben, und bemerkt: „Ich gestehe, daß der Pater *Tacquet,* der in seiner Katoptrik[14] dies Prinzip des kürzesten Lichtwegs angenommen hat, um die Spiegelung zu erklären, sich nicht von der Schwierigkeit der konkaven Spiegel in Verlegenheit gesetzt findet. Wenn die Natur, sagt er, nicht den kürzesten Weg einschlagen kann, so schlägt sie den längsten ein, weil der längste eindeutig bestimmt ist, so wie der kürzeste Weg. Man kann hier wohl die folgenden Worte *Ciceros* anwenden: Nichts so Absurdes kann ausgedacht werden, daß es nicht von irgendeinem Philosophen gesagt worden wäre."[15]

6. *D'Alembert* setzt sich ausführlich mit der Herleitung der Stoßgesetze durch *Maupertuis* auseinander. Er bemerkt dazu zunächst: „Es ist wahr, daß die Anwendung hier ein wenig verwickelter, mehr auf Umwegen erfolgend, weniger einfach und möglicherweise weniger streng ist, als im Fall der Brechung."[16] Er stellt dasselbe fest, was wir bereits oben gesehen haben,[17] daß im Grunde nicht die Aktion längs des betrachteten

Weges, sondern die kinetische Energie minimiert wird, die den Geschwindigkeitsdifferenzen vor und nach dem Stoß entspricht, und schlägt eine entsprechende Umformung des Prinzips für diesen Fall vor. Trotz dieses seiner Beweisführung anhaftenden Schönheitsfehlers hat *Maupertuis* nach Meinung von *d'Alembert* als erster den Stoß der harten und elastischen Körper auf ein und dasselbe Gesetz zurückgeführt; und das ist für ihn der entscheidende Punkt, auf den es ankommt.

7. Erstaunlicherweise zeigt sich *d'Alembert* von *Maupertuis'* Ableitung des Hebelgesetzes befriedigt. Nur meint er, man müsse verschiedene zusätzliche Bedingungen von sich aus dem Beweisgang hinzufügen, wie zum Beispiel die Proportionalität der Schwere zu den Massen, die an den Hebelenden angenommen werden; doch diese Voraussetzung werde von der Natur selbst geliefert. Ich möchte bezweifeln, ob der Beweisgang *Maupertuis'* mit solchen Mitteln in Ordnung gebracht werden kann.

Gegen *d'Alemberts* Darstellung ließe sich einwenden, daß sie mitunter mehr auf die Erhaltung gewonnener Ergebnisse als auf deren Kritik gerichtet ist. Eine schärfere Analyse von den unter Punkt 6 behandelten Verhältnissen hätte gezeigt, daß hier ein anderes und überdies recht bemerkenswertes Prinzip zugrunde liegt. Trotzdem bleibt *d'Alemberts* Referat das beste, was über die Bedeutung der Beiträge *Maupertuis'* im Rahmen ihrer eigenen Maßstäbe gesagt worden ist.

Anschließend berichtet *d'Alembert* in unparteiischster Weise über den Verlauf des Akademiestreits und legt endlich sein eigenes Urteil in der Sachfrage dar: Er erklärt *Maupertuis'* Prinzip zu einem mathematischen im oben umrissenen Sinn.

Eine Schlußbemerkung lautet: „Wir müssen hinzufügen, daß Herr von *Maupertuis* niemals auf die Beleidigungen erwidert hat, die man gegen ihn bei dieser Gelegenheit gespieen hat, etwas, wovon wir sagen wollen: nec nominetur in vobis, sicut decet philosophos (Es soll nicht einmal mit Namen erwähnt werden unter euch, so wie es Philosophen geziemt). Dieses Gezänk um die Action, wenn es uns erlaubt ist, es zu sagen, hat gewissen religiösen Streitgesprächen geglichen, durch die Schärfe, die man hineingelegt hat und durch die Anzahl von Leuten, die sich dazu geäußert haben, ohne irgend etwas davon zu verstehen."[18]

Die Herkunft des lateinischen dictum hat mich lange und vergeblich beschäftigt, bis ich bei der Suche in der Tübinger Universitätsbibliothek meinen verehrten Kollegen Ernst Zinn getroffen und um Rat gefragt habe. Er hat mir mit nächster Post geantwortet: *D'Alembert* hat *Paulus'* Epheserbrief 5,3 sq. umgeprägt. *Paulus* hat die Epheser dort aufgefordert, Nachahmer Gottes, geliebtesten Kindern gleich, zu sein, und fährt fort: „Unzucht aber, und jegliche Unreinheit oder Habgier soll nicht einmal mit Namen erwähnt werden unter euch, so wie es Heiligen ziemt, oder auch Schändlichkeit, törichte Rede und Possenreißerei, die nicht zur Sache gehört; sondern vielmehr Üben von Dankesbezeugungen."[19] Den Bezug auf *Voltaires* Doktor *Akakia* konnte niemand, dem – anders als mir – die *Paulus*-Stelle geläufig war, verkennen.

Wichtiges zu den hier behandelten Fragen enthält noch *d'Alemberts* schon kurz erwähnter Artikel über Zweckursachen. Ihr Prinzip besteht nach ihm im Aufsuchen der Ursachen der Wirkungen der Natur vermittels des Zwecks, den ihr Urheber sich beim Hervorbringen dieser Wirkungen vorgesetzt haben muß. Man könne allgemeiner sagen, meint *d'Alembert*, das Prinzip der Zweckursachen bestehe darin, die Gesetze der Erscheinungen mittels metaphysischer Prinzipien aufzufinden.

Wenn in diesem allgemeinen Sinn die Rolle der Zweckursachen in der Natur geradezu mit den metaphysischen Prinzipien gleichgesetzt wird, so sollten wir nach der uns inzwischen bekannten Einschätzung des Einflusses der Metaphysik auf naturwissenschaftliche Fragen vermuten, daß *d'Alembert* die Suche nach solchen Ursachen ablehnt. Doch er verwirft zwar Zweckursachen von der Art des horror vacui der scholastischen Philosophen, geht dann aber des näheren auf die Wiedereinführung von Zweckursachen in die neuere Naturforschung ein. Nach seiner Ansicht hat sie mit jener Abhandlung von *Leibniz* aus dem Jahre 1682 ihren Anfang genommen, in der Optik des homogenen Mediums, Spiegeloptik und Optik der brechenden

Medien auf ein einziges Prinzip zurückgeführt werden sollen.[20] Den Fortgang von *d'Alemberts* Artikel bis zu seiner Kritik an *Tacquet* kennen wir bereits. Mit der Behandlung der Lichtbrechung durch *Fermat* und *Leibniz* kann sich *d'Alembert* auch nicht recht anfreunden, weil er fest davon überzeugt ist, daß die Geschwindigkeiten im Sinn der *Newtonschen* Theorie sich gerade umgekehrt wie dort angenommen verhalten.

Wenn er es aber auch für gefährlich hält, Zweckursachen à priori zur Auffindung der Gesetze der Erscheinungen zu benutzen, so kann es seiner Ansicht nach doch nützlich sein oder mindestens wissenswert, einsichtig zu machen, wie das Prinzip der Zweckursachen in Übereinstimmung mit den Gesetzen der Erscheinungen steht, vorausgesetzt, daß man den Anfang damit gemacht hat, zunächst einmal diese Gesetze nach den klaren und unbestreitbaren Prinzipien der Mechanik zu bestimmen. *D'Alembert* nennt die betreffenden Arbeiten *Maupertuis'* als Versuche, eben dies zu leisten, und rühmt die Kritik, die in ihnen an der herkömmlichen Verwendung von Zweckursachen geübt wird. Offensichtlich ist diese Kritik bei ihm auf fruchtbaren Boden gefallen, und er sieht das eigentliche Feld für die Zweckursachen in dem von *Maupertuis* eingeschlagenen Verfahren einer formal-teleologischen Reflexion, welche von der Grundlage der durch Erfahrung aufgefundenen Einzelgesetzmäßigkeiten ausgehend untersucht, wie weit sie sich als Folgen allgemeinster übergeordneter Prinzipien ergeben und damit auf einen sinnvollen Gesamtplan hinweisen, der sie beherrscht. Zweierlei wird bei *d'Alemberts* Auffassung noch deutlicher als bei *Maupertuis* selbst:

Zunächst einmal geht es nach ihr weniger um die Gegenstände der Natur und ihre Gesetze als um einen sinnvollen, nach den Kriterien eines Theoretikers zu beurteilenden architektonischen Zusammenhang dieser Gesetze mit ihnen übergeordneten allgemeinsten Prinzipien, auf welche dessen Überlegungen führen; die Maßstäbe, nach denen ein solcher Zusammenhang beurteilt wird, werden nicht den objektiven Naturerscheinungen entnommen, die das bloße Ausgangsmaterial der Konstruktion liefern, sondern sie gehören dem Bereich der Theorienbildung an. Für *d'Alembert* nimmt *Maupertuis'* Gesetz der geringsten Aktion den Charakter eines subjektiv formalen Prinzips an.

Des weiteren hängt damit eng zusammen, daß nach dieser Auffassung solche Prinzipien nur problematische Geltung beanspruchen können und daß sich nicht behaupten läßt, sie seien schlicht durch die Tatsachen objektiv oder gar mit Notwendigkeit gegeben. *D'Alembert* zitiert am Schluß seines Artikels den Nachruf auf *Leibniz,* den *Fontenelle,* der Sekretär der französischen Akademie der Wissenschaften, verfaßt hat und in dem er einschränkend bemerkt hatte, was der Weisheit des Schöpfers zukomme, das scheine noch viel weiter über unsere schwache Fassungskraft hinauszugehen, als das, was zu seiner Allmacht gehöre.[21]

Es ist deutlich, daß jene Auffassung, die Gott, Menschen und Welt in einem großen Zweckzusammenhang gesehen hatte, zerbrochen ist. Der eine findet noch hier, der andere noch dort Zweckbezüge, auf die als auf mehr oder weniger sichere, vom Zerfall des Gesamtzusammenhangs nicht betroffene Stützpunkte, er glaubt, sich zurückziehen zu können. Wie haben die streitenden Parteien sich verhalten? *Maupertuis'* und *Koenigs* Kräfte waren von den Folgen ihrer Auseinandersetzung voll in Anspruch genommen, zumal beide schwerkrank waren. *Koenig* hat noch einmal großzügig die Hand zur Versöhnung geboten.[22] Nach seinem Tod erschien noch eine Bearbeitung des *Euklid* für die Jugend.[23] Zu den mit *Maupertuis'* Prinzip verknüpften Fragen hat er nichts Neues mehr beigetragen. *Maupertuis* hat versucht, in seiner Heimat oder im Kreise von Freunden über das, was man ihm angetan hatte, hinwegzukommen und Heilung von seinem Leiden zu finden. Auch er hat sich nicht mehr zur Sache geäußert und sich auf die Neuherausgabe seiner Werke beschränkt.[24] Er starb im Jahre 1759.

Auf der Suche nach einem neuen Stützpunkt finden wir *Euler,* der an einem nun schon klassischen Gegenstand teleologischer Naturbetrachtung, nämlich dem Auge, etwas entdeckt haben will, das die Annahme eines weisen Schöpfers unausweichlich macht.

Es geht um folgendes. Bereits *Newton* hatte sich Gedanken gemacht über den möglichen Zusammenhang zwischen dem Maß der das Medium auszeichnenden Lichtbrechung, dem Brechungsindex, und dem Maß, in dem das Licht dabei in ein Spektrum auseinandergezogen wird, der sogenannten Dispersion, und hatte geglaubt, eine einfache Proportionalität zwischen beiden feststellen zu können. Daraus schloß er mit Recht, daß jede durch ein System von optischen Medien hervorgerufene Ablenkung des Lichts von einer entsprechenden Dispersion begleitet sein müsse. Auf Fernrohre und andere Linsensysteme angewandt hieße das: Ein Farbfehler ist unvermeidlich.

Der Instrumentenmacher John *Dollond* (1706–1761) war zunächst ein unnachgiebiger Verfechter der *Newton*schen Lehre und hatte sich mit *Euler* auf eine wissenschaftliche Fehde über die Frage eingelassen. *Euler* war im Gegensatz zu ihm fest davon überzeugt, daß der Farbfehler im Prinzip behebbar sei. Denn es gab ein System, das seiner Ansicht nach diesen Fehler nicht aufwies: das menschliche Auge. In seinem Examen d'une controverse sur la loi de refraction des rayons de differentes couleurs par rapport à la diversité des milieux transparens par lesquels il sont transmis, seiner Prüfung einer Meinungsverschiedenheit über das Gesetz der Brechung von Strahlen unterschiedlicher Farbe mit Bezug auf die Verschiedenheit der durchsichtigen Medien, durch welche sie hindurchgesandt werden, aus dem Jahre 1753,[25] schaltet *Euler* eine lange Reflexion über den Bau des Auges ein. Er geht davon aus, daß eine mit einer einzigen Linse bestückte camera kein fehlerfreies Bild zeichnen kann und stellt die Aufgabe, ein aus unterschiedlich brechenden Medien bestehendes System zu entwerfen, das dies leisten soll. Er weiß aus eigener Arbeit, daß diese Aufgabe alle mathematischen wie technischen Möglichkeiten überschreitet.

„Indessen das, was so weit die Fassungskraft des menschlichen Geistes überschreitet, wie auch die Geschicklichkeit der Kunst, findet sich im höchsten Grad der Vervollkommnung ausgeführt, nicht allein in den Augen des Menschen und aller anderen Tiere, sondern ohne Zweifel auch in denen der geringsten Insekten: Welche Unermeßlichkeit an Mathematik und Mechanik muß man da bewundern! Sollte es nach diesen Überlegungen noch möglich sein, daß die Leichtfertigkeit der Menschen bis zu der Behauptung ginge, daß die Augen nur das Werk eines blinden Zufalls seien? Wenn die anderen Argumente für das Dasein Gottes überhaupt keinen Eindruck auf den Geist der Atheisten machen, so muß doch die bloße Betrachtung des Baus des Auges sie vom Dasein eines unumschränkt weisen und mächtigen Wesens überzeugen, im Verhältnis zu dem die höchste Weisheit des Menschen sich auf nichts zurückführt, ganz so wie seine Kunst und Geschicklichkeit gänzlich verschwindet.«[26]

Wäre es möglich, so fragt *Euler* weiter, daß jemand, der ein Auge hergestellt hat, selbst nicht sähe? Und kennten wir den Bau des Ohrs, müßten wir da nicht die entsprechende Frage stellen? Noch einmal beruft sich *Euler* auf das Prinzip seines hochberühmten Präsidenten, das er allerdings vorsichtig als eines der Gesetze der Natur bezeichnet, die beständig ein Maximum oder Minimum einschlössen. Sie schließen seiner Überzeugung nach ein System des Zufalls aus, denn wie sollte unter den unbeschränkt vielen Möglichkeiten sich immer gerade die des Maximums oder Minimums ergeben? Genau so will *Euler* auch sein Argument verstanden wissen. Jede Bestimmung des Auges ist für ihn das Ergebnis eines mathematischen Problems, das die Kraft des überragendsten Mathematikers übersteigt.

Nehmen wir an, so überlegt *Euler* weiter, der Zufall habe glücklich die Anzahl und Qualität der verschiedenen zur Bildung des Auges geeigneten Medien getroffen, und es handle sich nur noch um die Bestimmung ihrer Form: Welche Abwegigkeit wäre es, die Behauptung aufrecht zu erhalten, daß der reine Zufall stets und beständig unter allen möglichen Formen, welche jedes dieser Medien annehmen kann, und deren Anzahl unbestreitbar unendlich ist, daß der Zufall von ihnen stets diejenige wählt, die am besten dem verfolgten Plan entspricht, und die auch der größte Mathematiker nicht zu finden vermag.

Die Schwäche des Arguments von *Euler* liegt gerade in dem Maß an neuem theoretischen Aufwand, das mit dem alten

Standardbeispiel verbunden wird. Die weitere Geschichte des Arguments war wechselvoll. Im Jahre 1758 brachte *Dollond* zum ersten Mal Fernrohre mit farbkorrigierten Objektiven auf den Markt. Das war der Tod der *Newton*schen Annahme einer Proportionalität zwischen Brechungsindex und Dispersion. Doch die Vorstellungen, die *Euler* und *Dollond* an ihre Stelle setzen wollten, scheiterten ebenfalls. Wir wissen heute, daß ein einfacher Zusammenhang zwischen beiden Größen, so wie sie ihn suchten, nicht gegeben ist. Schließlich wurde *Eulers* Argument die Ausgangsbasis entzogen: Es zeigte sich, daß unser Auge einen deutlichen Farbfehler besitzt. Was nun? Der Vergleich zwischen göttlicher und menschlicher Kunstfertigkeit verkehrt sich plötzlich mit der Fortentwicklung und Berichtigung der herangezogenen theoretischen Hilfsmittel in eine Blasphemie. *Euler* brauchte sich darüber nicht mehr zu beunruhigen, denn der Farbfehler des menschlichen Auges wurde erst im Jahre 1817 durch Joseph *Fraunhofer* gemessen.[27] *Euler* hat noch im Jahre 1774 sein Argument erneut vorgetragen.[28]

Voltaires Kritik an der Verwendung von Zweckursachen bei der Naturbetrachtung hat sich stets nur gegen ihre Auswüchse gerichtet, die dem gesunden Menschenverstand ins Gesicht schlagen, nie gegen das Verfahren als solches. Im Laufe der Zeit tritt er sogar immer nachdrücklicher für diese Betrachtungsweise ein, und kehrt dabei in immer größerer Breite zu traditionellen Auffassungen zurück, während seine Kritik sich auf einen ganz bestimmten Punkt zuspitzt.

Im Jahre 1756 veröffentlichte *Voltaire* Dialoge zwischen *Lukrez* und *Posidonius*.[29] Wer sie liest, erkennt bald, daß es *Voltaire* darum ging, Einwände gegen den Materialismus seiner Zeit zu erheben, dessen Ansichten er dem *Lukrez*, der ungefähr im Jahre 55 vor Christi Geburt starb, als eigene beilegt, wobei Passagen aus dem Lehrgedicht der Figur zusätzliche Tiefe verleihen. Der *Posidonius* des Dialogs hingegen kann mit dem wirklichen kaum etwas zu tun haben. Zu dem wenigen, was man damals wußte, gehört, daß er ungefähr mit seinem Dialogpartner gleichzeitig (rund 135–50 v. Christi Geburt) gelebt hat und damals der bedeutendste Vertreter der stoischen

Philosophie gewesen sein muß, die in scharfem Gegensatz zu der von *Lukrez* vertretenen *Epikur*eischen stand. Das wird *Voltaire* genügt haben für die von ihm getroffene Wahl, zumal er freie Hand hatte, *Posidonius* seine eigenen Einwände in den Mund zu legen. Sie lassen sich mit einem einzigen Schlagwort zusammenfassen, das *Voltaires Posidonius* der vom blinden Zufall beherrschten, aus Atomen bestehenden Welt seines Gegners entgegenhält: dessein, ein Wort, das sowohl die Absicht wie den für ihre Erreichung entworfenen Plan bezeichnet. Nach der ersten Unterhaltung hat *Posidonius* den *Lukrez* so weit gebracht, daß er ein höchstes Wesen anzuerkennen beginnt, das unseren Sinnen unzugänglich und durch unsere Vernunft erwiesen wird, das die Welt geschaffen hat und sie erhält. Der Erweis dieses Wesens durch unsere Vernunft geschieht mittelbar; es ist unmöglich, das dessein in unserer Welt zu übersehen und es aus bloßem Zufall, ohne ein höchstes Wesen von der angegebenen Art zu begreifen. Es ist nicht zu übersehen, daß es genauestens der von *Voltaire* vertretenen religiösen Ansicht eines sogenannten Deismus entspricht, der, wie man hier deutlich erkennt, weithin mit teleologischen Argumenten gestützt wird.

Ein aufschlußreiches Zeugnis für *Voltaires* Verhältnis zur Teleologie stellt ein Exemplar des Werks von *Nieuwentijt* dar, das er mit Randbemerkungen versehen hat.[30] *Voltaire* hat die französische Übersetzung von Pierre *Noguez* in einer Ausgabe von 1760 benutzt.[31] Die vorwiegend kritischen Bemerkungen, mit denen *Voltaire* den größten Teil des Werks begleitet hat, richten sich weniger gegen das, was *Nieuwentijt* zu sagen hat, sondern dagegen, wie er es tut. Natürlich hat *Voltaire* auch sachliche Einwände. Er mag *Nieuwentijts* Kritik an Gottlosigkeit und Unglaube, Deismus eingeschlossen, nicht einfach hinnehmen. Denn für *Voltaire* ist der Deismus die naturgegebene Religion. Er bezweifelt auch eine ganze Reihe der naturwissenschaftlichen Feststellungen, stellt, mit Recht, einen Mangel an Methode bei der Erörterung von Grenzfragen zwischen Naturwissenschaft und Religion und an Kritik gegenüber freigiebig aufgetischten Ammenmärchen fest. Doch vor allem stellt die aufdringlich geschwätzige und bisweilen abschreckend platte Form des Werks *Voltaires* Geduld auf eine harte Probe. Verbiage, leeres Gerede, notiert er wieder und wieder am Rande. „Dieser Schwätzer würde Lust machen, ein Atheist zu sein, wenn man es sein könnte", entringt es sich einmal dem gequälten *Voltaire*.[32] Den Kern seiner Kritik findet man in seiner Bemerkung: „Ach, mein Freund, du verdirbst eine ziemlich gute Arbeit mit recht lächerlichen Vernünfteleien!"[33] Gut, und damit hat *Voltaire* eine ganze Reihe von Stellen gekennzeichnet, findet er vor allem die Grundhaltung von *Nieuwentijt,* der die bloße Spekulation als Beweisgrund für das Dasein Gottes ablehnt und an ihre Stelle im Stil der neuen Wissenschaft wirkliche Erfahrungen setzen will.[34] Als gut beurteilt *Voltaire* schließlich das in diesem Rahmen vorgenommene teleologische Deutungsverfahren *Nieuwentijts,*[35] wenn er nicht gerade das Gehör dem Menschen von Gott in seiner Weisheit und seinem unendlichen Erbarmen gegeben sein läßt, um die Offenbarung zu vernehmen,[36] und nicht, so könnte man hinzufügen, wie diese Offenbarung selbst, ihm Ohren zu hören läßt.

Im Jahre 1768 veröffentlichte *Voltaire* eine Abhandlung Des singularités de la nature, Von den Sonderheiten der Natur.[37] Er nimmt sich vor, wie er einleitend bemerkt, hier mehrere Gegenstände unserer Wißbegierde zu prüfen, mit dem Mißtrauen, das man gegen jedes System hegen müsse, bis es für die Augen oder für die Vernunft erwiesen sei. Dies Mißtrauen gegen Systeme kennen wir von *Maupertuis.* Doch während der sich bemüht hatte, in den Spuren *Newtons* ausgehend von der Erfahrung zu allgemeinsten Prinzipien vorzudringen, um die aus ihnen sich ergebenden Folgen wieder an der Erfahrung zu prüfen, geht es *Voltaire* um die Sachen als solche. Damit sein Unternehmen nicht als unterhaltsame Sammlung von Absonderlichkeiten mißverstanden wird, verlangt er, alle Ergötzlichkeit aus dieser Untersuchung zu verbannen. Späße seien keine zwingenden Beweisstücke und Beleidigungen noch weniger.

„Die Erforschung der Natur ist keine Satire. Halten wir uns einzig und allein auf der Hut gegen die Erscheinungen, die so oft täuschen; gegen die Lehrautorität, die unterjochen will; gegen die Marktschreierei, die so oft die Wissenschaften begleitet und verdirbt; gegen die leichtgläubige Masse, die zeitweilig das Echo eines einzigen Menschen ist."[38]

Voltaire scheint nicht blind für die bedenklichen Seiten seines Doktor *Akakia* gewesen zu sein und die Warnungen vor der unduldsamen Autorität einer Lehre und der Marktschreierei, die er ja so nachdrücklich bei *Maupertuis* angegriffen hatte, als eine Art von ausgleichendem Hinweis einzuflechten, damit man nach Beispielen nicht nur bei ihm suche.

Kapitel 10 handelt über die Gebirge.[39] *Voltaire* unterscheidet von Einzelbergen die Gebirgsketten, die einen sinnfälligen Nutzen haben: Sie festigen die Erde; sie dienen dazu, sie zu bewässern; und sie schließen in ihrem Grunde alle Metalle und Minerale sein.

Bei dieser Gelegenheit, fährt *Voltaire* fort, möge es ihm erlaubt sein, zu bemerken, daß alle Teile dieser Weltmaschine eins für das andere gemacht seien. Diese Feststellung gibt *Voltaire* Anlaß, sich grundsätzlich gegen einige Philosophen zu wenden, die sich vorgeblich über diese von *Epikur* und *Lukrez* verworfenen Zweckursachen lustig machen, während man sich lieber über diese beiden hätte lustig machen sollen. Diese Philosophen sagten dir, das Auge sei überhaupt nicht zum Sehen gemacht, vielmehr habe man sich seiner zu diesem Gebrauch bedient, als man festgestellt hätte, daß die Augen dazu dienen könnten. Nach ihnen seien die Füße nicht zum Laufen, die Ohren nicht zum Hören. Gleichwohl gestünden diese Leute zu, daß die Schneider ihnen ihre Anzüge machten, um sie zu bekleiden, und die Maurer ihre Häuser, um sie unterzubringen; und sie wagten es, der Natur, dem großen Wesen, der allumfassenden Intelligenz zu bestreiten, was sie allen ihren geringsten Handlangern zubilligten.

Ohne Zweifel, fügt *Voltaire* hinzu, dürfe man mit den Zweckursachen keinen Mißbrauch treiben. Dafür gibt er ein an die Grenze des Lächerlichen gehendes Beispiel. Er meint weiter, wenn es darum gehe, sich des wahrhaften Zwecks zu versichern, für den eine Ursache wirke, so müsse diese Wirkung zu allen Zeiten und überall gegeben sein, im übrigen habe er schon anderwärts bemerkt, daß die Nasen nicht gemacht seien, Brillen zu tragen. Man merke, wie lächerlich die anmaßende Behauptung sei, die Natur habe zu allen Zeiten darauf hingearbeitet, sich den willkürlichen Erfindungen unserer Künste anzubequemen, die erst so spät in Erscheinung getreten seien; es sei aber sehr wohl einleuchtend, daß die Nasen, wenn schon nicht für die Augengläser, so für den Geruchssinn gemacht seien. *Cicero* habe trotz seinem Zweifel an allem gleichwohl nie an den Zweckursachen gezweifelt.

Voltaire hält es für schwer vorstellbar, daß die Zeugungsorgane nicht zum Fortbestand der Gattung gemacht sein sollten. Dieser Mechanismus sei ausgesprochen bewundernswert; doch die Empfindung, welche die Natur mit diesem Mechanismus verbunden habe, sei noch viel bewundernswerter. *Epikur* hätte zugeben müssen, daß die Lust göttlichen Ursprungs sei und daß diese Lust eine Zweckursache darstelle, durch welche ohne Unterlaß empfindende Wesen erzeugt würden, die nicht vermocht hätten, sich selbst diese Empfindung zu verleihen.

Voltaire hat seine Bemerkungen für wichtig genug gehalten, um sie im Jahre 1770 noch einmal mit seinen Questions sur l'Encyclopédie, Fragen zur Encyclopédie, unter dem Stichwort Causes finales,⁴⁰ Zweckursachen, abzudrucken. Er redet, wie man sieht, einer Teleologie im Sinn einer funktionalen Betrachtungsweise das Wort, wobei er sein Verfahren nicht auf Organismen im eigentlichen Sinn und insbesondere den menschlichen beschränkt sehen will, sondern auch die von vielen als eine Art von Hyperorganismus betrachtete Erde als Ganzes mit in den Kreis dieser Betrachtungen einbezogen wissen möchte. Bemerkenswert ist, daß er einem möglichen Mißbrauch durch die Forderung der zeitlich-räumlichen Allgemeinheit der angenommenen Beziehungen begegnen will, was genau dem Rahmen des statischen Weltbilds entspricht, auf dessen Bedeutung Hans *Freudenthal* bei seinen oben wiedergegebenen Bemerkungen über *Nieuwentijt* hingewiesen hat. Allerdings begibt sich *Voltaire* gerade mit der Übertragung seiner funktionalen Zweckbetrachtung in die Geologie in ein gefährliches Gelände, denn nichts hat so sehr zum Zusammenbrechen jenes statischen Weltbildes beigetragen, wie die aus jener Wissenschaft entspringende Einsicht, daß wir es in ihr mit Zeugnissen für eine durchaus nicht statische Geschichte zu tun haben, die unsere Erde durchlaufen hat.

Wir müssen diesen Hintergrund der allgemeinen Ansichten *Voltaires* über die Bedeutung teleologischer Betrachtungen berücksichtigen, wenn wir die heftigen Angriffe richtig beurteilen wollen, die er gegen einen ganz bestimmten Punkt des teleologischen Weltbildes gerichtet hat. Der Anlaß war der folgende:

„Durch ein außerordentliches Weltereigniß wurde jedoch die Gemüthsruhe des Knaben zum erstenmal im Tiefsten erschüttert. Am ersten November 1755 ereignete sich das Erdbeben von Lissabon, und verbreitete über die in Frieden und Ruhe schon eingewohnte Welt einen ungeheuren Schrecken. Eine große prächtige Residenz, zugleich Handels- und Hafenstadt, wird ungewarnt von dem furchtbarsten Unglück betroffen. Die Erde bebt und schwankt, das Meer braust auf, die Schiffe schlagen zusammen, die Häuser stürzen ein, Kirchen und Thürme darüber her, der königliche Palast zum Theil wird vom Meere verschlungen, die geborstene Erde scheint Flammen zu speien: denn überall meldet sich Rauch und Brand in den Ruinen. Sechzigtausend Menschen, einen Augenblick zuvor noch ruhig und behaglich, gehen mit einander zu Grunde, und der glücklichste darunter ist der zu nennen, dem keine Empfindung, keine Besinnung über das Unglück mehr gestattet ist. Die Flammen wüthen fort, und mit ihnen wüthet eine Schaar sonst verborgener, oder durch dieses Ereigniß in Freiheit gesetzter Verbrecher. Die unglücklichen Übriggebliebenen sind dem Raube, dem Morde, allen Mißhandlungen bloßgestellt; und so behauptet von allen Seiten die Natur ihre schrankenlose Willkür.“[41]

So hat *Goethe* im ersten Buch von Dichtung und Wahrheit

die Katastrophe geschildert. Er bemerkt dazu noch im weiteren: „Hierauf ließen es die Gottesfürchtigen nicht an Betrachtungen, die Philosophen nicht an Trostgründen, an Strafpredigten die Geistlichen nicht fehlen."[42] Auch *Voltaire* fühlte sich, wenn auch in etwas anderer Weise als von *Goethe* hier angedeutet, gedrängt, seinen Empfindungen Ausdruck zu verleihen. Noch im selben Jahr verfaßte er sein Poème sur le désaster de Lisbonne, ou examen de cet axiome: „Tout est bien",[43] sein Gedicht über den Unstern von Lissabon, oder Prüfung des Grundsatzes „Alles ist gut". Wie konnte ein allgerechter, allweiser und allgütiger Gott dies zulassen? Den Menschen bleibt in ihrem Leid nur noch eins, und mit diesem Wort schließt das Gedicht, l'espérance, die Hoffnung.

Wie schon der Untertitel zeigt, gerät das Poème weithin zu einer Auseinandersetzung mit den Lehren *Leibniz*ens und seiner Anhänger:

„*Leibnitz* ne m'apprend point par quels noeuds invisibles,
Dans le mieux ordonné des univers possibles,
Un désordre éternel, un chaos de malheurs,
Mêle à nos vains plaisirs de réelles douleurs,
Ni pourquoi l'innocent, ainsi que le coupable,
Subit également ce mal inévitable."[44]

(*Leibniz* lehrt mich überhaupt nicht, durch welche unsichtbaren Verknüpfungen in der am besten geordneten der möglichen Welten eine ewige Unordnung, ein Chaos von Unglücksfällen unseren nichtigen Lüsten wirkliche Schmerzen beimischt, auch nicht, warum der Unschuldige so wie der Schuldige gleichermaßen dieses unausweichliche Übel erlitt.)

Die damit aufgeworfenen Fragen haben *Voltaire* nicht losgelassen. In seinem *Candide* ou l'optimisme[45] hat er dann mit der überall nur das Beste entdeckenden Betrachtung der Welt durch die Anhänger der *Leibniz-Wolff*schen Philosophie die grundsätzliche Abrechnung gehalten, zu der sich die ersten Ansätze bereits in den gelegentlichen Spitzen finden, die er in der Geschichte des Doktor *Akakia* gegen diese Philosophie gerichtet hatte. In bezaubernd leichter und anschaulicher Form bietet *Voltaire* die Geschichte des jungen Mannes, der seinem

Leibniz' Überzeugungen von der besten aller Welten vertretenden Lehrer *Pangloss*, dem Zungenfertigen – das ist der Sinn des wieder sprechend gewählten und aus dem Griechischen entlehnten Namens[46] – Glauben schenkt und der erst durch eine Kette ebenso abenteuerlicher wie schauriger Erlebnisse zusammen mit seinem Lehrer schließlich eines Besseren belehrt wird, daß nämlich unsere Welt wohl doch nicht die beste aller möglichen ist. Gleich im ersten Kapitel hören wir, daß *Pangloss* die métaphysico-théolo-cosmolo-nigologie lehrt. Um diese Wortspielerei, die er auf die teleologische Metaphysik *Leibniz*scher Prägung samt ihrer Anwendung auf Gott und die Welt gemünzt hatte, recht zu würdigen, sei noch einmal an die damals übliche Bedeutung des Wortes Kosmologie erinnert,[47] bei dem es um den Zusammenhang der Naturgesetze mit metaphysischen ging. Das letzte Element in *Voltaires* Wortschöpfung ist dem französischen nigaud entlehnt, das für albern oder einen Menschen mit dieser Eigenschaft steht.

„Es ist bewiesen", so beginnt *Pangloss* seine Lehren, „daß die Dinge nicht anders sein können, denn da alles für einen Zweck gemacht ist, ist alles notwendigerweise für den besten. Bemerke wohl, daß die Nasen gemacht sind, um Brillen zu tragen, und so haben wir auch Brillen."[48] Was weiter folgt, lehrt den Helden des Romans, seinen Lehrer und den Leser das Grauen vor dieser Welt.

Dabei sollten wir nicht übersehen, daß auch hier das Erdbeben von Lissabon den Kristallisationspunkt bildet, um den herum sich die Teile des Ganzen zusammenfügen. Es ist nicht nur die moralische Unvollkommenheit der Welt, die grell beleuchtet wird, sondern auch und nicht zuletzt die einer allumfassenden teleologischen Betrachtung sich entziehende Natur, die uns durch ihre Katastrophen anderes zu lehren scheint. Der einheitliche und alles einschließende Zusammenhang ist für *Voltaire* zerbrochen; er verwirft die weit gespannten teleologischen Bezüge, die *Leibniz* geglaubt hatte, entdecken zu können, und zieht sich auf eine unmittelbar funktionale Teleologie zurück.

15. Ausblick:
Zu Kants Kritik und zur Geschichte der Natur und Kultur

Das Bild, das uns die verschiedenen Formen von Teleologie bieten, ist verwirrend, und im Laufe der Zeit scheint es zu keinen grundsätzlichen Klärungen, sondern weithin zu neuen Verwicklungen gekommen zu sein. Die Hemmungslosigkeit, mit der gewisse Verfahrensweisen auf die Spitze getrieben worden waren, hatte eine Kritik geradezu herausgefordert. Doch diese Kritik hatte sich nur gegen Einzelerscheinungen gerichtet: Aus dem Gesamtbau war durch sie hier dieses, dort jenes Stück herausgebrochen worden. Doch in den verbleibenden Trümmern hatte bis jetzt niemand Ordnung und Überblick geschaffen und untersucht, was an brauchbaren Fundamenten geblieben sein könnte.

Derjenige, der diese gewaltige Aufgabe angegangen und in eindrucksvoller Weise gelöst hat, war Immanuel *Kant*. Er war im Jahre 1755 zum Doktor promoviert worden und hatte die venia legendi, die Erlaubnis, Vorlesungen zu halten erworben. Im gleichen Jahr war seine berühmte allgemeine Naturgeschichte und Theorie des Himmels, oder Versuch, von der Verfassung und dem mechanischen Ursprunge des ganzen Weltgebäudes, nach *Newton*ischen Grundsätzen abgehandelt,[1] in Königsberg erschienen. Schon der Titel zeigt, daß wir bei ihm eine rege Teilnahme an naturwissenschaftlichen Fragen finden. Als 1755 die Katastrophe von Lissabon sich ereignete, hat *Kant* sogleich sich zu ihr geäußert und eine zweite, ausführliche Abhandlung über das Erdbeben folgen lassen.[2] Er hadert aber nicht wie *Voltaire* mit Gott und Kollegen, sondern erwägt Gründe für das Unglück und Möglichkeiten einer Vorsorge nach naturwissenschaftlichen Maßstäben, einen eigentümlichen Kontrast zu *Voltaires* leidenschaftlicher Stellungnahme bietend.

Kants Teilnahme an den Fragen der Naturwissenschaft, die im 17. und in seinem Jahrhundert zu solcher Blüte sich entfaltet hatte, ist immer lebendig geblieben. Er hat seine philosophischen Untersuchungen nicht zuletzt geleitet von den durch sie aufgeworfenen Problemen unternommen. Noch mit seiner letzten Arbeit hat er die Absicht verfolgt, zwischen Philosophie und Naturwissenschaft eine breitgegründete Verbindung zu schaffen.[3] Es ist ein besonderer Glücksfall, daß gerade er die mit dem Wildwuchs der Teleologie sich stellenden Fragen in seiner Kritik der Urteilskraft angegriffen hat, obwohl die Frage streng und systematisch genommen gar nicht in den Zusammenhang seiner Kritiken unserer Erkenntnisvermögen gehört hätte.

Eine eingehende Auseinandersetzung mit *Kants* Ansichten über Teleologie würde den Rahmen dieser Untersuchung sprengen. Wir können an seinen Beiträgen drei Seiten unterscheiden: Sie sind Teil eines weitgespannten systematischen Zusammenhangs; ihr Kernstück wird jeweils durch tiefgreifende Analysen und Beweisgänge gebildet; und die Ergebnisse schließlich, zu denen *Kant* gelangt, haben zum Teil auch unabhängig von dem systematischen Zusammenhang, in dem sie stehen, und von den Analysen und Beweisen, durch die sie gestützt werden, eine Bedeutung. Diese letzte Seite soll hier im Mittelpunkt unserer Betrachtungen stehen.

Die Kritik der Urteilskraft erschien nach denen der reinen und praktischen Vernunft zum ersten Mal im Jahre 1790.[4] *Kant* hat ihr eine Einleitung vorangestellt, in der er ihr ihren Platz im System anweist. Abschnitt V der Einleitung handelt vom Prinzip der subjetiv formalen Zweckmäßigkeit der Natur.[5] Diese Art von Zweckmäßigkeit findet ihren Ausdruck in bestimmten Grundsätzen, beispielsweise: ,Die Natur nimmt den kürzesten Weg; sie tut gleichwohl keinen Sprung; ihre große Mannigfaltigkeit ist gleichwohl Einheit unter wenigen Prinzipien'.

Kant hat in seiner Kritik der reinen Vernunft nachzuweisen versucht, daß mit jedem einzelnen Erfahrungssatz immer schon etwas Notwendiges vorausgesetzt wird, ohne das unverständlich bliebe, wie ich mit ihm beispielsweise eine notwendige, naturgesetzliche Abfolge zweier Ereignisse objektiv feststellen könnte. Aus unserer immer beschränkten Erfahrung kann diese Notwendigkeit ja wohl nicht stammen. Es bleibt aber zunächst offen, wie ich von solchen durch Erfahrung ermittelten besonderen Gesetzen zu allgemeinen, wie sie die Wissenschaft verlangt, aufsteigen sollte. Den Leitfaden dafür geben mir nun eben solche Grundsätze wie die oben angeführten an die Hand. Sie betreffen nicht die besonderen Inhalte meiner Erfahrungssätze, sind vielmehr formaler Art. Es wäre auch falsch, sie der Natur selbst beilegen zu wollen, denn sie sagen gar nichts über sie, sondern nur darüber etwas aus, wie wir unsere Einzelerkenntnisse zu einem Gesamtzusammenhang ordnen sollen. Mit *Kants* Ausdrücken: Ich reflektiere in solchen Fällen über den Gegenstand, doch bestimme ihn nicht; es handelt sich nicht um Gesetze, nach denen sich der Gegenstand, die Natur, verhält; jene Grundsätze sind nicht objektiv, sondern subjektiv, geben mir Anweisung, wie ich zu verfahren habe, wenn ich vor der Frage stehe, auf welche Weise ich meine Einzelerkenntnisse in einen einheitlichen Zusammenhang bringen soll.

Das allgemeine Prinzip solcher Grundsätze findet *Kant* in der Zweckmäßigkeit des Zusammenhangs, in den wir nach ihnen unsere Erkenntnisse bringen. Wir betrachten etwa eine Theorie, die mit weniger Voraussetzungen auskommt, als unserem Erkenntniszweck gemäßer als eine solche, die mehr Voraussetzungen in Anspruch nimmt. Solche Grundsätze sind nicht aus der Erfahrung ableitbar, und sie sind dennoch unerläßlich, wenn wir von den Einzelerfahrungen zu einer Gesamterfahrung gelangen wollen. *Kant* nennt ihr Prinzip transzendental, das heißt, es muß stets vorausgesetzt werden, wenn wir zu einer einheitlich zusammenhängenden Erfahrungserkenntnis der Natur kommen wollen.

Ganz anders liegen die Verhältnisse, wenn es um die Frage von Zwecken der Natur selbst geht, um die Frage also, ob es etwas in der Natur gibt, das nur als Zweck oder als ein Verhältnis zwischen Zweck und Mittel zu begreifen ist.[6] Hier beträfe die Zweckbeziehung nicht mehr nur unser Erkenntnisvermögen, sondern sie wird in seinem Objekt angenommen. *Kant* spricht in solchen Zusammenhängen von objektiver Zweckmäßigkeit. Wenn wir nicht Zwecke in die Natur hineinmogeln wollen, muß grundsätzlich offen bleiben, wie die Einführung von Zwecken, die nicht die unseren sind und für die wir auch nicht eine mit Verstand begabte Natur annehmen dürfen, für die Begründung einer Gesetzmäßigkeit der Natur nötig sein könnten, die außer den gewöhnlichen Naturgesetzen läge. Eine solche Möglichkeit objektiver Zweckmäßigkeit kann höchstens erwogen, aber sicher nicht erwiesen werden, sie muß, wie *Kant* es ausdrückt, problematisch genommen werden.

Betrachten wir die Organismen, so drängt sich die Ansicht auf, daß sie mehr sein müssen als bloße Automaten, ja, daß alle unsere Kenntnis der Naturgesetze nicht ausreicht, um ihr Verhalten völlig zu begreifen. Außer den Naturgesetzen kennen wir aber nur noch eine einzige andere Beziehung zwischen Ursache und Wirkung, die uns aus unserem planvollen Handeln geläufige Beziehung zwischen einem Zweck, den wir uns vorsetzen, und der Handlung, zu der er uns bestimmt. Daß die Übertragung dieser Vorstellungsweise auf die rätselvollen Organismen wieder und wieder Erfolg zeigt, kann selbstverständlich nichts daran ändern, daß wir auch weiterhin nur problematisch von Naturzwecken sprechen können; doch die Erfahrung liefert uns gute Gründe, diesen problematischen Gedanken zu verfolgen.

Kant geht es bei seinem kritisch-systematischen Unternehmen um die Grenze unserer Erkenntnisvermögen unter allgemeinsten Bedingungen. In diesem Sinn gehören seine Überlegungen zu den subjektiv formal-teleologischen Prinzipien wie seine Kritik der ästhetischen Urteilskraft wesentlich zum kritischen Unternehmen. Dagegen steht eine Behandlung objektiver Zweckmäßigkeit unter einer besonderen Bedingung, nämlich der, daß uns die besonderen Erfahrungen, die wir mit Organismen machen, auf diesen Gedanken führen. *Kant* betrachtet die Kritik der teleologischen Urteilskraft als eine Art von speziellem Anhang, der nicht eigentlich in den allgemeinen systematischen Rahmen der Kritiken gehört.

Kant hat, indem er die Organismen als mögliche Naturzwecke zum Ausgangspunkt seiner Überlegungen gemacht hat, die immer verworrener gewordenen Auseinandersetzungen um Fragen der Teleologie auf die Grundlage zurückgeholt, von der sie einmal bei *Aristoteles* ihren Ausgang genommen hatte. Die mannigfachen Fehlschläge bei der Übertragung teleologischer Begrifflichkeit in andere Bereiche, wie wir sie im Vorangehenden kennengelernt haben, und die ihm bei seiner staunenerregenden Belesenheit noch viel gegenwärtiger und eindrücklicher vor Augen gestanden haben müssen, mögen ihn, abgesehen von seinen systemtischen Überlegungen, in dieser Rückkehr zum ursprünglichen Ausgangspunkt bestärkt haben. Übrigens sind teleologische Ansätze nirgends so lange lebendig geblieben wie dort, wo es um Organismen geht, das heißt vor allem in den biologischen Disziplinen.

Ehe sich *Kant* diesem Gegenstand, der von ihm so genannten objektiv materialen Zweckmäßigkeit zuwendet, zieht er noch eine scharfe Trennungslinie zu zwei anderen Begriffen von Zweckmäßigkeit, die wieder und wieder mit ihr verquickt worden waren.

Der erste dieser Begriffe ist der einer objektiv formalen Zweckmäßigkeit, wie sie geometrische Figuren zeigen.[7] Sie sind nämlich als Mittel zur Auflösung einer Vielzahl von Problemen geeignet.

„Alle Kegelschnitte", schreibt *Kant*, „für sich, und in Vergleichung miteinander, sind fruchtbar an Prinzipien zur Auflösung einer Menge möglicher Probleme, so einfach auch ihre Erklärung ist, welche ihren Begriff bestimmt. – Es ist eine wahre Freude, den Eifer der alten Geometer anzusehen, mit dem sie diesen Eigenschaften der Linien dieser Art nachforschten, ohne sich durch die Frage eingeschränkter Köpfe irremachen zu lassen, wozu denn diese Kenntnis nutzen sollte, z. B. die der Parabel, ohne das Gesetz der Schwere auf der Erde zu kennen, welches ihnen die Anwendung derselben auf die Wurfslinie schwerer Körper (deren Richtung der Schwere in ihrer Bewegung als parallel angesehen werden kann) würde an die Hand gegeben haben; oder der Ellipse, ohne zu ahnen, daß auch eine Schwere an Himmelskörpern zu finden sei, und ohne ihr Gesetz in verschiedenen Entfernungen vom Anziehungspunkte zu kennen, welches macht, daß sie diese Linie in freier Bewegung beschreiben. Währenddessen, daß sie hierin ihnen selbst unbewußt, für die Nachkommenschaft arbeiteten, ergötzten sie sich an einer Zweckmäßigkeit in dem Wesen der Dinge, die sie doch völlig a priori in ihrer Notwendigkeit darstellen konnten."[8]

Es liegt bei dieser Art von Zweckmäßigkeit kein inhaltlich bestimmter, kein materialer Naturzweck zugrunde, sondern sie ist, wie die Geometrie selbst, formaler Art. Andererseits billigt *Kant* der Geometrie objektiven Charakter zu, insofern sie die räumlichen Verhältnisse der Erscheinungen objektiv wiedergibt. In solchem Sinn kann diese Zweckmäßigkeit als objektiv formal gelten. Sie hat, wie wir gesehen haben, in den Auseinandersetzungen um die teleologische Weltbetrachtung eine bedeutende Rolle gespielt. Allerdings wird es nicht immer leicht sein, sie in solchen Zusammenhängen klar von der subjektiv formalen Zweckmäßigkeit der Natur zu scheiden, sobald man der Geometrie ihren objektiven Charakter bestreitet. Auf jeden Fall ist damit ein Begriff geprägt, der eine gewisse Ordnung in den Wirrwarr der Argumente bringt und zur Klärung der Lage Erhebliches leistet.

Der andere von der objektiv materialen oder auch inneren Zweckmäßigkeit zu trennende Begriff ist die relative oder äußere.[9] Auch hier hat es ständig Verwirrung gegeben. Ist etwa die Entstehung von fruchtbarem Schwemmland, weil es für den Menschen nutzbar ist, als Zweck der Natur zu beurteilen? Was den sonstigen Landgeschöpfen zuwächst, geht ja denen des Wassers verloren. Ehe sich das alte Meer vom Land zurückzog, hat es Sandstriche hinter sich gelassen, auf denen Fichten besonders gut gedeihen. War es ein Zweck der Natur, diese Sandschichten abzusetzen, damit auf diesem für alle Kultur sonst unbrauchbaren Boden Fichtenwälder wachsen konnten? Die Fragen stellen, heißt sie beantworten: Nur wenn wir Menschen oder Fichten als Zweck der Natur anehmen, können diese Beziehungen als zweckmäßig hingenommen werden. Eine solche relative oder, wie *Kant* auch sagt, äußere Zweckmäßigkeit, die Zuträglichkeit von etwas für etwas, muß letztlich stets von einem Zweck der Natur abhängen, den wir nicht mehr als äußeren beurteilen.

Als Kern teleologischer Beziehungen erweist sich die objektiv materiale Zweckmäßigkeit, auf welche uns die Erfahrung leitet – unbeschadet des problematischen Charakters einer solchen Zweckmäßigkeit.[10] Wenn nicht gar in einer solchen Vorstellung eines objektiv materialen Naturzwecks ein Widerspruch liegen sollte, dann möchte *Kant* einen solchen Gegenstand, bei dem unser Wissen von Naturgesetzen nicht ausreicht, um ihn zu erklären, zunächst einmal durch eine eigentümliche Reflexivität der Beziehung von Ursache und Wirkung charakterisieren; ein solcher Gegenstand ist gewissermaßen von sich selbst sowohl Ursache wie Wirkung, nämlich durch Fortpflanzung, Entwicklung und Regeneration:[11] Ein Baum bringt der Gattung nach den gleichen hervor. Wachstum ist mehr als quantitative Zunahme, nämlich Verwandlung der Nahrungsstoffe zu einem lebendigen Bestandteil des eigenen Körpers; in diesem Sinn bringt der Baum und nicht die von ihm aufgenommenen Nahrungsstoffe sich selbst hervor. Ein einzelnes Reis genügt, um den ganzen Baum wieder aus ihm hervorgehen zu lassen.

Selbstverständlich ist das ein unscharfer Gebrauch des Begriffspaares von Ursache und Wirkung. Die Ketten von Ursache und Wirkung nach Naturgesetzen sind offen und schließen sich nicht zyklisch. Wohl kennen wir Derartiges aus unserem praktischen Handeln, wo die Mieteinnahmen Ursache für den Bau eines Hauses werden, das dann seinerseits die Mieteinnahmen verursacht. Auf solche Verhältnisse führt die Verknüpfung von Zweck- und anderen Ursachen im praktischen Handeln.[12]

Wollen wir ein Ding nach diesem Vorbild als Naturzweck betrachten, so müssen wir dazu folgendes fordern: 1. So wie in der Technik die Teile und ihre Form vom Gesamtplan des Geräts abhängen, so müssen wir uns auch bei einem Naturzweck die Teile vom Ganzen abhängig vorstellen. – Doch ein

Naturzweck ist damit nur unzureichend gekennzeichnet, er ist mehr als ein technisches Produkt. Dort wirkt der Techniker außerhalb des von ihm geformten und zusammengefügten Materials als vernünftige Ursache. Doch einen Naturzweck müssen wir uns, wie *Aristoteles* es einmal sehr eindringlich erläutert hat,[13] so vorstellen, als stecke die Kunst des Schiffbaus im Holz, das sich selbst zu einem Schiff formte. Damit wir auf einen solchen, im Material selbst wirksamen Gesamtzusammenhang geführt werden, müssen wir fordern, daß an dem Naturzweck erkennbare Ursachen und Wirkungen in einem System zusammenhängen: 2. Die Teile sollen sich dadurch zur Einheit des Ganzen verbinden, daß die Form jedes einzelnen durch die übrigen verursacht wird, so daß sie wechselseitig voneinander Ursache und Wirkung ihrer Form sind. Die Vorstellung von einem Ganzen, auf das wir so geführt werden, darf aber nicht als seine Ursache angesehen werden, als sein zu verwirklichender Plan; denn dann hätten wir wieder ein technisches Erzeugnis vor uns. Die auf dem geschilderten Weg zustandekommende Vorstellung von einem Ganzen dient vielmehr dem Betrachter als Ausgangspunkt bei seiner Beurteilung der systematischen Einheit der Form und der Verbindung der ganzen Mannigfaltigkeit, die das Material des Naturzwecks bietet.

Es mag gut sein, an dieser Stelle den Begriff einer systematischen Einheit anhand eines Beispiels aus der anorganischen Natur zu erläutern. Der *Ptolemaeischen* Planetentheorie fehlt eine solche systematische Einheit, sie stellt ein Bündel von Einzeltheorien dar, die nur die mathematischen Konstruktionsmittel miteinander teilen. Auf die Frage nach dem Grund für die augenfälligen Zusammenhänge zwischen der Bewegung von Sonne, Planeten sowie ihrer Perioden und Sichtbarkeitsverhältnisse muß *Ptolemaeus* die Antwort schuldig bleiben, wir erfahren von ihm nicht den Grund für diese wechselseitigen Beziehungen. Gerade sie rückt *Copernicus* in den Mittelpunkt seiner Betrachtungen, er erkennt in ihnen die systematische Einheit und vermag ihren Grund in seinem System der um die Sonne angeordneten Bahnbewegungen unserer Erde und der übrigen Planeten nachzuweisen. Durch vielfältige und lange Betrachtungen, so beschreibt *Copernicus* selbst in seinem Vorwort sein Unternehmen, habe er gefunden, daß bei seinem Ansatz „die Anordnungen und Größen der Sterne, aller Bahnkreise und der Himmel selbst so miteinander verknüpft seien, daß in keinem seiner Teile irgendetwas verrückt werden könne ohne Verwirrung aller übrigen und des gesamten Weltalls."[14]

Dieser systematische Zusammenhang geht bei Naturzwecken viel weiter. Die Regenerationserscheinungen, besonders bei primitiven Organismen, etwa einem Süßwasserpolypen, können zeigen, wie hier nicht nur jedes Teil von jedem abhängt, sondern wie ein verlorenes Teil von den übrigen Teilen, dem verstümmelten Restorganismus, ersetzt und buchstäblich neu erzeugt wird.[15] Jeder Teil eines Naturzwecks ist ein Werkzeug, das der Erhaltung, ja Erzeugung der anderen dient, so wie diese anderen ihm dienen. Sie sind mit dem griechischen Ausdruck für Werkzeuge Organe. Naturzwecke existieren als organisierte und sich selbst organisierende Wesen oder Organismen, in denen alles wechselseitig Zweck und Mittel und nichts umsonst ist.

Das heißt nicht, daß wir mit dieser Vorstellung von einem Naturzweck irgendetwas erklären könnten, was die Gesetze der Physik und Chemie nicht zu leisten vermöchten. Gegen dieses Mißverständnis hat *Kant* so entschieden Front gemacht, daß fast unverständlich bleibt, weshalb er damit nicht durchgedrungen ist. „Genau zu reden", schreibt *Kant,* „hat also die Organisation der Natur nichts Analogisches mit irgendeiner Kausalität, die wir kennen";[16] und er merkt dazu an, man könne umgekehrt, so wie es bei einer unlängst unternommenen gänzlichen Umbildung eines großen Volkes häufig geschehen sei, sich des Wortes Organisation für die Einrichtung der Magistraturen usw. bedienen: Anspielung auf den Sprachgebrauch der französischen Revolution.

Wenn aber schon nichts durch Rückgriff auf den Begriff eines Naturzwecks erklärt werden kann, wozu die umständliche Erörterung? Die Antwort ist wieder, wie bei dem Prinzip der subjektiv formalen Zweckmäßigkeit, daß *Kant* noch mit einer etwas reichhaltigeren Mannigfaltigkeit von Funktionen unserer Erkenntnisvermögen rechnet, als eine Ansicht, die Wissenschaft auf Protokollsätze und logisches Schließen schrumpfen lassen möchte. Der Begriff eines Naturzwecks dient nicht der Feststellung objektiver Sachverhalte, sondern ist ein Begriff der reflektierenden Urteilskraft, und sie gebraucht ihn als regulatives Prinzip.

Das heißt nun alles andere, als daß dieser Begriff für die Wissenschaft von den Organismen bedeutungslos wäre, im Gegenteil. Selbst die vehementen Gegner aller teleologischer Betrachtung, so wie sie in der zweiten Hälfte des vorigen Jahrhunderts auch in den biologischen Disziplinen den Ton angaben, kamen gar nicht darum herum, über die nackte Beobachtung und die Gesetze von Physik und Chemie hinauszugehen, wenn sie ihre Probleme als biologische auch nur formulieren wollten. Wie soll ich von der Entwicklung eines Organismus sprechen, oder Entwicklungsmechanik treiben, wenn ich mich dabei nicht von der Vorstellung leiten lasse, daß hier alles voneinander abhängt und daß ich mich am Ergebnis der Entwicklung orientieren muß, wenn ich ihre ersten Spuren erkennen will? *Cuvier* hat den Zusammenhang der Teile eines Organismus, so, daß jeder von allen übrigen wechselseitig abhängt, zum Leitfaden für seine Rekonstruktion ganzer Lebewesen aus ihren fossilen Resten gemacht. Die spätere Ablehnung aller Teleologie war weithin dadurch veranlaßt, daß man Zerrbilder der Zweckbetrachtung mit der als regulativem Begriff fungierenden Vorstellung eines Naturzwecks verwechselt hat.

Für *Kant* besaß der Begriff eines Naturzwecks eine noch weiter reichende Bedeutung. Sie liegt nicht dort, wo die Tradition sie immer wieder gesucht hatte. „Ein Ding seiner inneren Form halber", erklärt er dazu, „als Naturzweck beurteilen, ist ganz etwas anderes, als die Existenz dieses Dings für Zweck der Natur halten. Zu der letzteren Behauptung bedürfen wir nicht bloß den Begriff von einem möglichen Zweck, sondern die Erkenntnis des Endzwecks (scopus) der Natur, welches eine Beziehung derselben auf etwas Übersinnliches bedarf, die alle unsere teleologischen Naturerkenntnis weit übersteigt; denn der Zweck der Existenz der Natur selbst muß über die Natur hinausgesucht werden."[17] Wie wir die Versuche, auf dem Wege teleologischer Betrachtungen zu einer Gotteserkenntnis zu kommen, zu beurteilen haben, liegt auf der Hand. „Der Ausdruck eines Zwecks der Natur", schreibt *Kant* dazu, „beugt dieser Verwirrung schon genugsam vor, um Naturwissenschaft und die Veranlassung, die sie zur teleologischen Beurteilung ihrer Gegenstände gibt, nicht mit der Gottesbetrachtung und also einer theologischen Ableitung zu vermengen, und man muß es nicht als unbedeutend ansehen, ob man jenen Ausdruck mit dem eines göttlichen Zwecks in der Anordnung der Natur verwechsle, oder wohl gar den letzteren für schicklicher und einer frommen Seele angemessener ausgebe, weil es doch am Ende dahin kommen müsse, jene zweckmäßigen Formen in der Natur von einem weisen Welturheber abzuleiten, sondern sich sorgfältig und bescheiden auf den Ausdruck, der gerade mir soviel sagt, als wir wissen, nämlich eines Zwecks der Natur einschränken."[18] Wo aber liegt dann für *Kant* die weiterführende Bedeutung der Naturzwecke und der mit ihnen verbundenen Teleologie? Die Einführung von Naturzwecken weist in zweierlei Sinn über sich hinaus:

Kant hält daran fest, daß alle Naturerscheinungen nur aus Naturgesetzen erklärt werden können, daß aber unser beschränktes Erkenntnisvermögen damit bei Organismen nicht durchkommt und sich bei seiner naturgesetzlichen Erklärung am regulativen Prinzip eines Naturzwecks orientieren muß, wenn es nicht die Sache aus dem Auge verlieren will. Ein Naturforscher wird natürlich seine eigentliche Tätigkeit naturgesetzlicher Erklärung so wenig wie möglich einschränken und daher, wenn er nicht auf reinen Verlust arbeiten will,[19] wie *Kant* das ausdrückt, die teleologische Organisation erst an letzter Stelle bemühen wollen. Gerade darum wird er eine ursprüngliche Organisation so annehmen, daß sich aus ihr neue oder umgestaltete organische Formen auf rein naturgesetzlichem Wege entwickeln können. Die ursprüngliche Organisation enthält gewissermaßen etwa durch die Umweltbedingungen abrufbare oder auslösbare Möglichkeiten der Weiterentwicklung in sich. *Kant* selbst hat für die Entwicklung der Menschenrassen einen solchen Versuch vorgeführt.[20] Er sieht durch die vergleichende Anatomie und die durch sie in immer weiterem Umfang ermittelten Verwandtschaftsbeziehungen der verschiedenen Arten des Lebendigen ein weites Feld für solche Überlegungen. Es „läßt einen obgleich schwachen Strahl von Hoffnung in das Gemüt fallen, daß hier wohl etwas mit dem Prinzip des Mechanismus der Natur, ohne welches es ohnedem keine Naturwissenschaft geben kann, auszurichten sein möchte. Diese Analogie der Formen, sofern sie bei aller Verschiedenheit einem gemeinschaftlichen Urbilde gemäß erzeugt zu sein scheinen, verstärkt die Vermutung einer wirklichen Verwandtschaft derselben ..."[21] Nachdrücklich weist *Kant* darauf hin, daß damit keineswegs Naturzwecke auf naturgesetzliche Ursachen zurückgeführt seien, sondern die naturzweckhafte Organisation nur weiter hinauf in die Ursprungsform verschoben werde.

Kant bemerkt zu den hier sich eröffnenden Möglichkeiten: „Hier steht es nun dem Archäologen der Natur frei, aus den übriggebliebenen Spuren ihrer ältesten Revolutionen, nach allem ihm bekannten oder gemutmaßten Mechanismus derselben, jene große Familie von Geschöpfen (denn so müßte man sie sich vorstellen, wenn die genannte durchgängig zusammenhängende Verwandtschaft einen Grund haben soll) entspringen zu lassen."[22] Von dieser Möglichkeit, aus der Naturgeschichte eine Geschichte der Natur zu machen, haben die folgenden Generationen von Forschern reichlichen Gebrauch gemacht, allerdings blieben die dabei eingeführten, bzw. fehlenden Mechanismen die schwache Seite solcher Konstruktionen, bis *Darwin* dafür die natürliche Auslese vorschlug.

Naturzwecke führen in einem noch tiefer liegenden Sinn über sich selbst hinaus: „Denn dieser Begriff führt die Vernunft in eine ganz andere Ordnung der Dinge, als die eines bloßen Mechanismus der Natur, der uns hier nicht mehr genug tun will. Eine Idee soll der Möglichkeit des Naturprodukts zugrunde liegen."[23] Sich auf diese ganz andere Ordnung einzulassen bedeutet nun nicht, eine neue Metaphysik einzuführen. Es ist

nur die reflektierende Urteilskraft, welche die hier sich bietenden Möglichkeiten erwägt, ohne den von der Natur selbst
nahegelegten einheitlichen Zusammenhang des Reichs der
Zwecke mit dem der Naturgesetze dogmatisch zu behaupten.
Solche Behauptungen müssen, wie *Kant* im einzelnen und
systematisch nachweist, stets auf Widersprüche führen.[24] Wir
haben sie bei unserer Verfolgung teleologischen Denkens schon
in weitem Umfang kennengelernt.

Eine solche dogmatische Festlegung ausdrücklich ausschlie-
ßend geht *Kant* der Frage nach, ob wir am Menschen einen
letzten Zweck der Natur annehmen können.[25] Er sucht zu
zeigen, daß dieser Zweck nur die Tauglichkeit des Vernunftwe-
sens zu beliebigen Zwecken sein könne; das ist für *Kant* die
Kultur im weitesten Sinn: „Also kann nur die Kultur der letzte
Zweck sein, den man der Natur in Ansehung der Menschengat-
tung beizulegen Ursache hat."[26] *Kant* hat auf dieser Grundlage
eine ganze Kulturphilosophie aufgebaut, bei der es entscheidend
um die nach einem solchen Zweck zu beurteilende Entwicklung
der Kultur geht. Darauf näher einzugehen, ist hier nicht der Ort.

Fassen wir zusammen: *Kants* Untersuchungen zur Teleolo-
gie stutzen den eingerissenen Wildwuchs auf das fruchtbare
Holz zurück und schaffen Raum für zwei neue Zweige, eine
teleologische Betrachtung der Geschichte der Natur wie der
Kultur. Wenn wir die Entwicklung des teleologischen Denkens
nach dem Auseinanderbrechen des unkritischen teleologischen
Weltbilds betrachten, so finden wir dort die entsprechenden
Tendenzen. Einerseits finden wir einen Rückzug teleologischer
Betrachtungsweise in das Feld, von dem sie bei *Aristoteles* ihren
Ausgangspunkt genommen hatte, in das Feld der Biologie. Erst
in der zweiten Hälfte des 19. Jahrhunderts meint man, auch
dagegen Front machen zu müssen, wobei man die von *Kant* so
sorgfältig beiseite geräumten unkritischen Auswüchse mit dem
von ihm freigelegten Kern des Verfahrens verwechselte.

Zum anderen scheinen die neu sich erschließenden Bereiche
einer Geschichte der Natur und Kultur einen Ersatz für das
Verlorene zu liefern. Das bedeutendste Beispiel bieten *Herders*
in den Jahren 1784–1791 erschienenen Ideen zur Philosophie der

Geschichte der Menschheit.[27] *Herder* liefert mit diesen Ideen nicht nur ein Programm, sondern er geht zugleich an dessen Ausführung. Die Geschichte der Menschheit und Kultur wird eingebettet in eine Geschichte der Natur, die mit unserer Erde als Stern ihren Anfang nimmt und die physischen Verhältnisse des Pflanzen- und Tierreichs in ihren Beziehungen zum Menschen schildert. Die unterschiedlichen Gegebenheiten der natürlichen Umwelt, in denen wir die Völker vorfinden, werden zu den entscheidenden Rahmenbedingungen, unter denen ihre Geschichte gesehen wird.

Der Ausgangspunkt seines Unternehmens, versichert uns *Herder* in der Vorrede, sei der Gedanke gewesen, „ob denn, da Alles in der Welt seine Philosophie und Wissenschaft habe, nicht auch das, was uns am nächsten angeht, die Geschichte der Menschheit im ganzen und großen eine Philosophie und Wissenschaft haben sollte? Alles erinnert mich daran, Metaphysik und Moral, Physik und Naturgeschichte, die Religion endlich am meisten. Der Gott, der in der Natur alles nach Maß, Zahl und Gewicht geordnet, der darnach das Wesen der Dinge, ihre Gestalt und Verknüpfung, ihren Lauf und ihre Erhaltung eingerichtet hat, so daß vom großen Weltgebäude bis zum Staubkorn, von der Kraft, die Erden und Sonnen hält, bis zum Faden eines Spinnengewebes nur Eine Weisheit, Güte und Macht herrschet, Er, der auch im menschlichen Körper und in den Kräften der menschlichen Seele alles so wunderbar und göttlich überdacht hat, daß, wenn wir dem Alleinweisen fernerher nachzudenken wagen, wir uns in einem Abgrunde seiner Gedanken verlieren; wie, sprach ich zu mir, dieser Gott sollte in der Bestimmung und Einrichtung unseres Geschlechts im ganzen von seiner Weisheit und Güte ablassen und hier keinen Plan haben?"[28]

Herders Antwort auf die Frage gibt das gesamte Werk. Es wendet sich gerade entschieden gegen jede vorschnelle und vorlaute Behauptung über einen solchen Plan. Für jedes Volk wird die kaum übersehbare, reiche Vielfalt seiner Kultur, seiner Beziehungen zur umgebenden Natur und den Nachbarvölkern in den Blick genommen und unter den verschiedensten Gesichtswinkeln betrachtet. Die Einheit soll sich gerade nicht aus Verengung, sondern in und durch die größtmögliche Vielfalt ergeben. Nachdem *Herder* die Völker des Altertums bis zum Auftreten des Christentums behandelt hat, hält er auf halbem Wege inne, und stellt im Fünfzehnten Buch die Frage, was in der Geschichte außer Nichtigkeit und Verwesung bleibe. Der Zweck einer Sache, die nicht nur totes Mittel ist, müsse in ihr selbst liegen. *Herder* bestimmt ihn wie folgt: „Betrachten wir die Menschheit, wie wir sie kennen, nach den Gesetzen, die in ihr liegen, so kennen wir nichts höheres als Humanität im Menschen."[29]

Entscheidend ist aber nicht, daß, sondern wie *Herder* den auf dieses Ziel gerichteten Prozeß verfolgt. *Herders* Schlüsselwort ist nicht der Zweck als äußerer, sondern die Organisation, der Zweck als innerer eines Volkes. Alle Erscheinungen an ihm sieht er in ihrer wechselseitigen Abhängigkeit von Zweck und Mittel, jedes Teilstück hat seinen Sinn und seine Bedeutung für alle übrigen. Und die Kultur eines Volkes ist ihm die Blüte seines Daseins.[30] Aus der Geschichte als Rechenschaft ist eine Wissenschaft von der Geschichte geworden so, wie sie schon in der Ausgangsfrage gefordert war, eine Wissenschaft, die in einem lebendigen, an einem Volke sich vollziehenden Geschehen ihren Gegenstand und in der Ermittlung ihrer wechselseitigen, zweck- und mittelhaften Bezüge ihre Aufgabe hat.

Die Wirkung, die *Herder* nicht zuletzt dadurch entfaltet hat, daß er es nicht bei Ideen zu einer Philosophie der Geschichte der Menschheit gelassen hat, sondern diese Ideen in die Tat umzusetzen begann, war ungeheuer. Eine Entwicklung wie die von der gelehrten Philologie zur klassischen Altertumswissenschaft kann beispielhaft den eingeschlagenen Weg veranschaulichen . Er wurde zum Muster für die Beschäftigung mit anderen Kulturkreisen. Die Wissenschaft von der Geschichte begriff Geschichte zum ersten Mal als etwas Lebendiges.

Ein Wort noch zu der Entwicklung, welche die von *Kant* bereits ins Auge gefaßte Geschichte der Natur genommen hat. Sie ist vor allem mit dem Werk *Darwins* verbunden.

In England hat sich manches, was auf dem Kontinent

zusammenbrach, wesentlich länger gehalten. David *Hume* hatte zwar in seinen Dialogues concerning natural religion,[31] seinen natürliche Religion betreffenden Dialogen, eine ebenso geistreiche wie vernichtende Kritik an solchen Versuchen geübt. Er hatte sie seinem Freund, dem Nationalökonomen Adam *Smith* (1723–1790) mit der Bitte zu treuen Händen übergeben, sie erst nach seinem Tod zu veröffentlichen. Als sie im Jahre 1779, nach dem Tod *Humes* im Jahre 1776, in London erschienen, war die Wirkung vergleichsweise gering.

Kanzelredner wie William *Paley* (1743–1805) trugen weiterhin die uns zur Genüge bekannten teleologischen Standardargumente vor – *Paley* übrigens in meisterhafter Form –, um das Dasein Gottes, seine Weisheit und seine Güte aus der Natur nachzuweisen.[32]

Darwin berichtet in seiner Autobiographie,[33] wie es, um den Grad eines Bachelor of Arts in Cambridge zu erwerben, notwendig war, *Paleys* Evidences of Christianity, seine Beweisstücke des Christentums, und seine Moral Philosophy, seine Moralphilosophie durchzuarbeiten. Dies sei in gründlicher Weise geschehen und er sei überzeugt, er hätte den gesamten Inhalt der Evidences mit vollkommener Richtigkeit niederschreiben können, wenn auch nicht in der klaren Sprache *Paleys*. Die Logik dieses Buchs, und, wie er hinzufügen dürfe, seiner Natural Theology, seiner Natürlichen Theologie, hätten ihn ebenso entzückt wie *Euklid*. Das eingehende Studium dieser beiden Werke, ohne jeden Versuch, irgendwelche Teile sich nur äußerlich anzueignen, sei der einzige Teil der Universitätsausbildung gewesen, welcher, wie er damals empfunden habe und weiterhin empfinde, von irgendeinem Nutzen für ihn gewesen sei. Damals habe er sich nicht wegen der Voraussetzungen von *Paley* beunruhigt, und, sie in gutem Glauben hinnehmend, sei er bezaubert gewesen von der langen Linie des Beweisgangs. Dadurch, daß er in der Prüfung alle *Paley* betreffenden Fragen gut beantwortet, *Euklid* gut gemacht habe und an den Schriftstellern des klassischen Altertums nicht kläglich gescheitert sei, habe er einen guten Platz unter den Examenskandidaten gewinnen können.

Darwin fühlte sich der großen Tradition der beschreibenden Naturwissenschaft verbunden, die in England seit den Anfängen der neuen Wissenschaft sich herausgebildet hatte. Die verläßlichste und breiteste Beobachtungsgrundlage war ihm bei allen seinen Überlegungen das Wichtigste. Als die Frage, was eigentlich eine Art sei, ihn zu beunruhigen begann, hat er über mehr als ein Jahrzehnt hin unermüdlich alles einschlägige Beobachtungsmaterial gesammelt und in umfangreichen Notizbüchern zusammengestellt. Sein der Empirie verschworenes Unternehmen endete in einer höchst anspruchsvollen theoretischen Konstruktion, die er in seinem im Jahre 1859 in London erschienenen Werk The Origin of Species[34] niedergelegt hat. Es ist im Grunde ein Gewebe von Theorien,[35] das in ihm seine Darstellung findet. Das hat bis heute das volle Verständnis der *Darwin*schen Lehre erschwert. Was einleuchtend schien, wurde herausgegriffen und der Rest vergessen.

Zunächst einmal lehrte *Darwin* einen Wandel der Arten. Das war nichts Neues, und alle Welt fühlte sich durch die umfangreiche Beweisführung erleichtert, nun auch mit guten aus der Erfahrung gezogenen Gründen diese Ansicht vertreten zu dürfen. Wie bereits der Titel des Werks anzeigt, vertrat *Darwin* weiter eine bestimmte Ansicht über den Ursprung der Arten: Verwandte Arten sollten auf gemeinsame Vorfahren zurückgehen. Auch in diesem Punkt war man bald und gern bereit, ihm zu folgen. Eng damit zusammen hängt die von *Darwin* vorgetragene Lösung für das Problem der Artenvielfalt. Wie sind die 5–10 Millionen Tier-, die 1–2 Millionen Pflanzenarten und die Millionen Arten von Pilzen, Einzellern und Prokaryoten entstanden? *Darwin* hat als erster die Artenvielfalt aus der Artenbildung erklären können. Als wichtigsten Mechanismus der Artenbildung erkannte er die Isolation von Teilen einer Population, die sich nun unabhängig voneinander in unterschiedlicher Weise entwickeln, wie es die von ihm auf den Galapagosinseln aufgefundenen Finkenarten zeigten.

Auf heftigen Widerstand traf seine Theorie, nach der alle Entwicklung der Arten nicht sprunghaft, sondern in sozusagen infinitesimalen Schritten erfolgen sollte. Das verstieß zunächst gegen die seit *Aristoteles* traditionelle Vorstellung von wohlde-finierten Arten. Wo waren die Zwischenstufen geblieben; und welcher Mechanismus hätte diese mähliche Änderung erklären können?

Darwin war überzeugt, in seiner natürlichen Auslese einen solchen Mechanismus gefunden zu haben. Doch diesen Teil seiner Lehre wollten ihm nicht einmal seine engsten Freunde und Mitstreiter abnehmen. Und doch war sie das wichtigste theoretische Element in seinem Werk. *Darwin* ging davon aus, daß wir in jeder Generation einer Population zufällige Variatio-nen finden, durch welche sich die einzelnen Individuen geringfü-gig voneinander unterscheiden. Die dann einsetzende natürliche Auslese ist der Fortpflanzungsvorteil oder -nachteil, den die betreffende Variation für das einzelne Mitglied der Population mit sich bringt.

Die immer gegebene Überproduktion an Nachkommen macht einen solchen Prozeß der Auswahl notwendig. Diese Auswahl ist nicht mehr zufällig, sondern bestimmt durch die Eigenschaften, die solchen Individuen erlauben, besser mit ihrer Umwelt zurechtzukommen als die übrigen und so sich eher als sie fortzupflanzen. Wenn die Begünstigung der Träger dieser Eigenschaft über Generationen hinweg besteht, so hat sie, wenn die Eigenschaft erblich ist, zur Folge, daß sich der Anteil dieser Individuen ständig erhöhen wird und die Art der Population sich in diese Richtung verschiebt. Der Auswahlprozeß betrifft nicht Arten, auch nicht Erbanlagen oder Populationen, sondern deren einzelne Individuen. Die Auswahl ist für das einzelne Individuum zu einem gewissen Grad zufällig, aber für eine große Zahl und bei ständiger Wiederholung statistischen Gesetzen unterworfen, die schließlich das Überwiegen des bevorzugten Merkmals bei der Population und eine insgesamt bessere Anpassung zur Folge haben; sie braucht und wird im allgemeinen keineswegs vollkommen sein. Sie wird dafür sorgen, daß sich unterschiedlich gerichtetem Druck der Umwelt ausgesetzte ursprünglich gleichartige Populationen durchweg in unterschiedliche Richtungen auseinander entwickeln werden.

Damit hat *Darwin* eben jenen Mechanismus der Artdifferenzierung gefunden, für den *Kant* einen obzwar schwachen Strahl der Hoffnung gesehen hatte. Erinnern sollten wir auch an *Kants* anschließenden Hinweis, daß damit keineswegs Naturzwecke auf naturgesetzliche Ursachen zurückgeführt sind, sondern naturzweckhafte Organisationen nur weiter hinauf in die Ursprungsformen verschoben werden. Die Organismen bleiben so rätselhaft und naturgesetzlich so wenig erklärbar wie je, auch wenn wir für ihre Anpassung und die Differenzierung ihrer Arten einen Mechanismus angeben können.

Daß die natürliche Auslese so entschiedene Ablehnung fand, hängt mit tiefverwurzelten teleologischen Vorstellungen zusammen. *Darwin* sah im Wachsen des Stammbaums der Arten, dessen Zweige in 999 von 1000 Fällen durch Aussterben enden, einen nur von den Bedingungen der Umwelt abhängigen und im übrigen völlig blinden Prozeß. Seine Zeitgenossen kamen nicht los von der Vorstellung, daß eine geradlinige Entwicklungstendenz von der Urform einer Art zu ihrer gegenwärtigen Ausprägung führen müsse, daß wir, wie der Fachausdruck lautet, orthogenetische Verhältnisse finden, vergleichbar denen, die vom Keim zum ausgebildeten Wesen führen. Ernst *Haeckel* (1834–1919) und viele andere haben eine solche orthogenetische Entwicklungstheorie als *Darwin*ismus ausgegeben und für ihre Verbreitung gesorgt. Sie hat vor allem deshalb so begeistert Zuspruch gefunden, weil sie genau das bietet, was man noch immer von der Naturbetrachtung erwartet: klare Entwicklungslinien im großen, die uns zeigen, welchem Ziel unsere Welt zustrebt, und die uns das Recht geben, sie auch anderswo zu suchen oder zu fordern. Doch gerade dafür kann die Theorie *Darwins* überhaupt keine Hilfestellung bieten.

Darwins Evolution ist immer wieder als ein Mechanismus mißverstanden worden, aus dem sich rein naturgesetzlich die orthogenetisch, zielstrebige Höherentwicklung hin zu immer besser angepaßten und vollkommeneren Formen ergeben sollte; und sie wird noch immer so mißverstanden, aus gutem Grund: Das Bedürfnis, in der Natur Sinn und Ziel finden zu wollen, läßt sich nicht ersticken. Wenn teleologische Betrachtungen als schlechthin unwissenschaftlich verpönt werden, so wie es in der zweiten Hälfte des vorigen Jahrhunderts geschah, dann ist man nur um so glücklicher, statt dessen eine den strengen Maßstäben teleologiefreier Naturwissenschaft genügende Theorie geboten zu bekommen, die dasselbe wie die Teleologie leistet, nämlich in die Natur auf ein bestimmtes Ziel hin ablaufende Prozesse einzuführen. Wenn erst einmal diese Möglichkeit eröffnet ist, läuft alles nach den Mustern teleologischer Argumentation weiter, nur mit dem Unterschied, daß jeder Einwand mit der Bemerkung zurückgewiesen wird, daß es sich hier um alles andere als teleologische Spekulationen, sondern um strenge naturwissenschaftlich begründete Erkenntnis handle. Ob der im vorigen Jahrhundert so beliebte Sozialdarwinismus, ob die heute zu einer Modetorheit ausufernde evolutionäre Erkenntnistheorie: sie alle haben nichts mit *Darwins* Lehre zu tun und alles mit einer unkritischen Teleologie, deren Kritik längst gegeben und wieder vergessen wurde.

Das Bild, das uns solche sogenannten evolutionären Theorien bieten, ist nur ein kleiner Ausschnitt aus dem Spektrum dessen, was die große Tradition unkritischen teleologischen Denkens fortführt. Gerade solche Teleologie ist nicht tot, sondern hat einen neuen Tummelplatz in Geschichte, Human- und Sozialwissenschaft gefunden. Dazu gehört zunächst einmal das, was man die Naturalisierung des gesamten Gebiets praktischen Handelns nennen könnte. Geschichte, menschliches und zwischenmenschliches Verhalten werden entweder direkt zu Naturerscheinungen oder doch zu solchen erklärt, die mit der so erfolgreichen naturwissenschaftlichen Methode behandelt werden müssen; vor allem mit der Statistik läßt sich die Sache stets in eine Form bringen, die von der eines naturwissenschaftlichen Objekts nicht mehr zu unterscheiden ist.

Was dabei auf der Strecke bleibt, das ist der eigentlich praktische Bezug auf unser Handeln als Menschen, von dem Geschichte, Human- und Sozialwissenschaften einmal ihren Ausgang genommen hatten. Dafür gewinnen wir mit der Umformung ihrer Gegenstände in naturwissenschaftliche Objekte die Möglichkeit, nach den Gesetzen und Richtungen ihrer Bewegung zu fragen und formal system-theoretisch oder inhaltlich über die sich abzeichnenden Entwicklungstendenzen zu orakeln. Die Beziehung auf Zwecke wird dort kunstvoll ausgejätet, von wo sie einmal ihren Ausgang genommen hatte, aus dem Bereich praktischen Handelns. Und sie sät sich als eine Art von Unkraut dort wieder aus, in Form jener verkappten Formen von Teleologie, wo man die praktischen Disziplinen zu naturwissenschaftlich-theoretischen niedergewalzt hat. Das wird spätestens dann unübersehbar, wenn die daraus hervorwachsenden Ergebnisse als Empfehlungen an die Politiker weitergegeben werden.

Auf einen Grund für diese Erscheinungen sollten wir zum Schluß wenigstens kurz eingehen. In den mannigfachen Bemühungen um eine teleologische Naturbetrachtung, die wir verfolgen konnten, findet ein Bestreben seinen Ausdruck, das die Triebfeder solcher Bemühungen geliefert hat und das heute so lebendig wie einst ist. Die Natur soll mehr sein als das, was uns als schlechthin fremd gegenübertritt, mehr auch, als ein neutrales wissenschaftliches Objekt. Es verlangt uns nach einem Rückhalt und wir suchen nach einem Sinn in ihr. Doch wir haben verlernt, das unbegreifliche Wunder zu würdigen, das uns die Natur mit den durch sie hervorgebrachten Organismen unablässig vor Augen stellt. Als Naturzwecke geben sie in ihrer Unerklärbarkeit Anlaß, stets wieder über sich hinausweisende Zusammenhänge zu erwägen. Diesen Anlaß zu übersehen und solche Erwägungen zu verbannen, rächt sich. Was vorsichtig und mit der nötigen Disziplin auf einer im buchstäblichen Sinn naturgegebenen Grundlage geschehen könnte, geschieht nun wild und kritiklos am unpassenden Ort. Das Reich des Lebendigen sollte uns Mahnung sein, über einen Zusammenhang der Natur mit dem Reich der Zwecke nachzudenken.

Anmerkungen

Zu Abschnitt 1

1 Man vergleiche dazu die schöne Darstellung bei Walter L. *von Brunn,* Kreislauffunktion in William *Harveys* Schriften, Berlin usw. 1967, dort pp. 81–101.

2 *Galileo Galilei,* Discorsi e dimostrazioni matematiche intorno a due nuove scienze, a cura di Adriano *Carugo* e Ludovico *Geymonat,* Torino (1958), pp. 143–146.

3 Ich benutze "The Works of the Honourable Robert *Boyle*" in 6 vols., London 1772; die Disquisition steht im vol. 5, pp. 392–444.

4 "... an inquiry of this kind is now the more seasonable because two of the chief sects of the modern philosophizers do both of them, though upon differing grounds, deny, that the naturalist ought at all to trouble or busy himself about final causes. For *Epicurus,* and most of his followers (for I except some few late ones, especially the learned *Gassendus*) banish the consideration of the ends of things; because the world being, according to them, made by chance, no ends of any thing can be supposed to have been intended. And, on the contrary, Monsieur *des Cartes,* and most of his followers, suppose all the ends of God in things corporeal to be so sublime, that it were presumption in man to think his reason can extend to discover them." l. c., p. 392 sq.

5 l. c., p. 444.

6 l. c., pp. 130–157.

7 "To employ and keep in order a very complicated engine, such as the famous Strassburgh clock, or a man of war, though all the parts of it be inanimate and devoid of purposes and ends of their own, is justly counted a piece of skill; and this task is more difficult, and consequently does recommend the conduct of the performer, in proportion to the intricate structure, and the number of pieces, whereof the engine consists: at which rate, how astonishing and ravishing will appear that wisdom and providence, that is able to guide and over-rule many thousand millions of engines endowed with wills, so as to make them all be found, in the final issue of things, subservient to purposes worthy of divine providence, holiness, justice and goodness." – l. c., p. 143.

8 "These things are mentioned, that we may have the more enlarged conceptions of the power as well as wisdom of the great creator, who has both put so wonderful a quantity of motion into the universal of matter and maintains it therein, and is able, not only to set bounds to the raging sea, and effectually say to it, hitherto shalt thou come, and no farther, and here shall thy proud waves be stay'd, but, (what is far more) so to curb and moderate those stupendously rapid motions of the mundane globes and intercurrent fluids, that neither the unwieldiness of their bulk, nor celerity of their

189

motions, have made them exorbitate or fly out, and this for many ages; during which no watch for a few hours has gone so regularly; the sun, for instance, moving, without swerving, under the same circular line, that is called the ecliptick." l. c., p. 135.

9 *Hiob* 38, 8 sqq., *Sprüche* 8, 29.

10 "The contrivance of every animal, and especially of a human body, is so curious and exquisite, that it is almost impossible for any body, that has not seen a dissection well made and anatomically considered, to imagine or conceive, how much excellent workmanship is displayed in that admirable engine." l. c., p. 136.

Zu Abschnitt 2

1 Zu den philologischen Leistungen *Bentleys* vergleiche man Wilhelm *Krolls* Geschichte der klassischen Philologie, 2. Aufl., Berlin und Leipzig 1919 (Sammlung *Göschen* 367) pp. 100–103.

2 Siehe Perry *Miller, Bentley* and *Newton,* in: Isaac *Newtons* Papers and Letters On Natural Philosophy, ed. I. Bernard *Cohen,* Cambridge 1958, pp. 271–278.

3 Wiederabgedruckt in den eben zitierten Papers and Letters, pp. 405–411. *Halley* hatte auch materiell die Herausgabe der Principia gefördert und war in jeder Beziehung daran interessiert, daß sie Leser fanden.

4 Albrecht *von Hallers* Gedichte, hrsg. u. eingel. v. Ludwig *Hirzel,* Frauenfeld 1882 (Schriftwerke der Deutschen Schweiz, hrsg. von Jakob *Baechtold* und Ferd. *Vetter,* Bd. 3) p. 46 (Gedanken über Vernunft, Aberglauben und Unglauben [1729], vv. 51–56).

5 Wiederabgedruckt in den Anm. 13 zitierten Papers and Letters, pp. 313, 394. Dabei entsprechen die Seiten 313–352 den Seiten 1–40 des Originals der 7. Predigt, die Seiten 353–394 den Seiten 1–42 der 8. Die Titelblätter der beiden Teile (pp. 313, 353) müssen vertauscht sein; ob auch im Original, ist mir unbekannt. p. 339 (p. 27 im Original) steht irrtümlich Serm. VIII. statt Serm. VII. am Rand.

6 l. c., pp. 279–312.

7 Näheres zu diesen Fragen findet sich bei J. E. *McGuire* and P. M. *Rattansi, Newton* and the 'Pipes of Pan' (Notes and Records of the Royal Society of London, vol. 21 [1966] pp. 108–143).

8 l. c., pp. 317–319.

9 Zu den besonderen Verhältnissen in England vergleiche man *Voltaires* witzige Bemerkungen, wonach ein Franzose, der nach England komme, die Philosophie und alles übrige ganz verändert finde: Er habe eine von Materie erfüllte Welt verlassen und treffe sie leer an. In Paris denke man sich das Universum aus Wirbeln feiner Materie gebildet, während man in London davon nichts bemerke. Siehe die Lettres philosophiques, ed. par R. *Naves,* Paris 1964, p. 14.

10 In der Anm. 2 genannten Ausgabe, pp. 320–321. Dabei ergibt sich auch eine günstige Gelegenheit, auf die Verdienste des Stifters der Predigten und den Nachweis der Schwere selbst der Gase zu sprechen zu kommen.

11 l. c., pp. 321–332.

12 l. c., pp. 333–338.

13 Vgl. die entschiedene Verwahrung *Newtons* gegen jede Formulierung, die ihm unterstellen könnte, er halte die Gravitation für eine der Materie inhärierende Bestimmung. l. c., p. 298 und pp. 302 sq. Erst die folgende Generation begann damit, für selbstverständlich auszugeben, was dem Meister noch unbegreiflich schien.

14 l. c., pp. 338–344.

15 l. c., pp. 344–352. *Newton* vergleicht einen solchen Zustand des Gleichgewichts, wie er hier gefordert wird, höchst drastisch mit einer Nadel, die auf einer Sammellinse senkrecht steht, l. c., p. 292 sq.

16 Zu den Einzelheiten vergleiche man I. Bernard *Cohen: Galileo, Newton,* and the divine order of the solar system, in: *Galileo,* Man of Science, ed. by Ernan *McMullin,* New York and London. 1967, pp. 207–231. Inzwischen konnte Stilman *Drake* in *Galileis* Nachlaß die einschlägigen Notizen und Rechnungen auffinden und das Rätsel lösen: *Galileo's 'Platonic'* Cosmogony and *Kepler's* Prodromus (Journal for the History of Astronomy 4,3 (1973) pp. 174–191.

17 In den Anm. 2 zitierten Papers and Letters pp. 296 sqq., 306–309.

18 Möglicherweise hat *Newton* bereits bei der Auswahl des jungen *Bentley* seine Hand im Spiel gehabt. Man vergl. H. *Guerlac* and M. C. *Jacob, Bentley, Newton* and Providence: The *Boyle* Lectures once more (Journal of the History of Ideas 30 (1969) pp. 307–318.

19 Das haben am Ende des vorigen Jahrhunderts Carl Gottfried *Neumann* und Hugo *Seeliger* gezeigt. Zum Grundsätzlichen ihrer Überlegungen vergleiche man John D. *North,* The Measure of the Universe, Oxford 1965, pp. 16 sqq.

20 Man vergleiche dazu den vierten und letzten jener Briefe, die *Newton* auf Anfragen von *Bentley* an diesen gerichtet hat, in der Anm. 2 zitierten Ausgabe p. 310. In allen vier Briefen geht es unter anderem darum, ob ein unendlicher Raum im Großen gleichförmig mit im Sinn von *Newtons* Gravitationstheorie einander anziehenden Körpern erfüllt sein könnte.

21 Den ersten Schritt dazu hat Carl Friedrich *von Weizsäcker* im Jahre 1943 mit seiner Untersuchung ‚Über die Entdeckung des Planetensystems' in der Zeitschrift für Astrophysik (Bd. 22 (1942/1943) pp. 319–356) getan. Gerade in jüngster Zeit ist das Problem wieder vielfach behandelt worden.

22 In der Anm. 2 zitierten Papers and Letters, pp. 355 sq. "And even at the first and general View it very evidently appears to us ... That the Order and Beauty of the Systematical Parts of the World, the Discernible Ends and Final Causes of them, the τὸ βέλτιον or Meliority above what was necessary to be, do evince by a reflex Argument, that it could not be produced by Mechanism or Chance, but by an Intelligent and Benign Agent, that by his excellent Wisdom made the Heavens."

191

23 l. c., pp. 356–360.

24 "What we have always seen to be done in one constant and uniform manner; we are apt to imagin there was but that way of doing it, and it could not be otherwise. This is a great error and impediment in a disquisition of this nature: to remedy which, we ought to consider every thing as not yet in Being; and then diligently examin, if it must needs have been at all, or what other ways it might have been as possibly as the present; and if we find a greater Good and Utility in the present constitution, than would have accrued either from the total Privation of it, or from other frames and structures that might as possibly have been as It: we may then reasonably conclude, that the present constitution proceeded neither from the necessity of material Causes nor the blind shuffles of an imaginary Chance, but from an Intelligent and Good Being, that formed it that particular way out of choice and design." l. c. p. 361.

25 l. c., pp. 362 sq.

26 l. c., pp. 363 sqq.

27 l. c., pp. 365 sq.

28 l. c., pp. 366 sqq.

29 l. c., pp. 368 sqq.

30 l. c., pp. 370 sqq.

31 l. c., pp. 372–379.

32 l. c., pp. 379 sqq.

33 l. c., pp. 381–384.

34 l. c., pp. 385–393.

35 l. c., pp. 393 sq.

36 "as it is utterly impossible to be believed, that such Poem may have been eternal, transcribed from Copy to Copy without any first Author and Original: so it is equally incredible and impossible, that the Fabrick of Human Bodies, which hath such excellent and Divine Artifice, and if I may so say, such good Sense and true Syntax and harmonious Measures in its Constitution, should be propagated and transscribed from Father to Son without a first Parent and Creator of it. An eternal usefulness of Things, an eternal Good Sense, cannot possibly be conceived without an eternal Wisdom and Understanding." l. c., p. 394.

Zu Abschnitt 3

1 96 a 6 – 98 b 6.

2 De generatione animalium B 1. 731 b 18 – 732 a 3.

3 ibid. 732 a 3 – 7.

4 ibid. 732 a 7–9.

5 Der von der späteren Tradition so häufig unternommene Versuch, die gesamte Welt mit einem System formaler und äußerer Zwecke zu überziehen, findet sich bei *Aristoteles* kaum im Ansatz. Zu nennen wäre hier vor

allem das Ende des Buches Λ der Metaphysik. Für die Auffassung, daß die ganze Welt für den Menschen geschaffen sei, fehlten *Aristoteles* noch alle theologischen Voraussetzungen.

6 Die Antike kennt keinen vergleichbaren Begriff des Naturgesetzes. Wenn der Ausdruck auftaucht, so verbindet sich mit ihm ein anderer Sinn. Der Terminus tritt verbunden mit einer der uns geläufigen entsprechenden Bedeutung zuerst sporadisch im Mittelalter auf und dringt von dort aus in jene auf Erfahrung sich berufende Literatur ein, die man gern vergißt, wenn von den Wurzeln unserer neuen Erfahrungswissenschaft die Rede ist: alchemistische und schlimmere schwarze Künste werden in den Schriften behandelt, wo wir ihn zunächst verwandt finden.

7 In der Anm. 3 Abschn. 1 benutzten Ausgabe pp. 425 sq.

8 The books of anatomists are full of passages applicable to this purpose; of which I shall say in general, that though what they deliver suffices to shew, that all the parts of the body are the effects of an intelligent cause: yet, unless their descriptions and reflexions be improved by men versed in mathematics and mechanics, and, I shall venture to add, in chymistry too, we shall but imperfectly understand, how intelligent that cause is, or how much wisdom it has displayed, in the structure of a human body, and each of its parts. l. c., p. 426.

9 Vgl. ferner l. c., pp. 136, 138.

10 l. c., pp. 414, 440.

11 l. c., p. 137.

12 l. c., p. 413.

13 l. c., p. 408.

14 l. c., p. 406 behandelt *Boyle* das von ihm höchst genau durch ein Mikroskop beobachtete Auge der Fliege.

15 l. c., p. 153. – Gerade die Endlichkeit der aus endlichen Wirkungen erschlossenen Ursache ist später zu einem der wichtigsten Argumente gegen die Physico-Theologie geworden.

16 This latter sort of arguments I am wont to call purely or simply physical ones; and those of the former sort may, for distinction's sake, be stiled *physico-theological* ones. – l. c., p. 420.

Zu Abschnitt 4

1 Ich beziehe mich hier und im folgenden auf die von Johann Albert *Fabricius* seiner Übersetzung von William *Derhams* Physico-Theologie beigegebene, von den Jahren 1692 bis 1726 reichende Liste der Prediger; in der von mir benutzten neuen Auflage, die in Hamburg 1750 erschien, umfaßt sie die Seiten LI-LVI.

2 l. c., p. LIII.

3 Ibid.

4 Eine sehr lesenswerte Analyse dieses Werkes hat Hans *Freudenthal* gegeben: William *Whistons* geschiedenis der aarde (in: De daag ligt nog voor ons. Essays van humanisten, 's Gravenhage 1969, pp. 69–74).
Freudenthal vergleicht mit Immanuel *Velikovskys* Neuauflage der *Whistonschen* Theorie in seinen Worlds in Collision. Während er in *Whistons* Theorie einen lohnenden Gegenstand für die Geschichte der Wissenschaften sieht, zeigt er, daß *Velikovskys* Buch mehr in das Gebiet der Psychiatrie fällt.
– Zu *Velikowskys* Verdiensten um die Scripta Universitatis atque Bibliothecae Hierosolymitanarum vergleiche man Abraham Adolf *Fraenkel*, Lebenskreise, Stuttgart (1967), p. 83.

5 Isaac *Newton's* Correspondence, ed. *H. W. Turnbull,* Cambridge seit 1959, vol. 2, pp. 329–334.

6 Man vergleiche das Vorwort der in Anmerkung 1 angegebenen Übersetzung von *Fabricius,* pp. LIV sq.

7 Bei den Biographica stütze ich mich auf das Dictionary of National Biography, ed. by Lesley *Stephen,* vol. 14, London 1888, s. nom., pp. 392 sq.

8 In der von mir benutzten deutschen Übersetzung: William *Derhams* Physico-Theologie oder Natur-Leitung zu Gott, durch aufmerksame Betrachtung der Erdkugel und der darauf sich befindenden Creaturen, zum augenscheinlichen Beweiss, daß ein *Gott* und derselbige ein Allergütigstes, Allweises, Allmächtigstes Wesen sey, in die deutsche Sprache übersetzt von C. L. W., jetzo aber nach der siebenden englischen Ausgabe ... von neuem übersehen ... und zum Druck befördert von Jo. Alberto *Fabricio,* neue Aufl. Hamburg 1750, führt der gelehrte Herausgeber noch eine holländische Übersetzung, Leyden 1727, und eine französische, 1727 in Rotterdam erschienen, an; l. c., p. LV.

9 Ibid.

10 Vgl. Anm. 8; die 7. englische Auflage erschien in London 1727.

11 S. Frank E. *Manuel,* The Religion of Isaac *Newton* (The *Fremantle* Lectures 1973) Oxford 1974, p. 35.

12 In der Anm. 8 zitierten Übersetzung p. 172.

13 In der Ausgabe The 'Opus Maius' of Roger *Bacon,* ed. John Henry *Bridges,* 2 Vols, 1 Suppl.-Vol., Oxford 1897 and London 1900, vol. 2., pp. 29 sq.

14 In der Anm. 8 angegebene Übersetzung, pp. 172 sqq.

15 l. c., pp. 36 sq.

16 William *Derhams* ... Astrotheologie, oder Anweisung zu der Erkenntnis *Gottes* aus der Betrachtung der Himmlischen Körper aus der 5. Engl. Ausgabe übersetzt, und in dieser vierten Auflage mit einer Nachricht von mehreren Scribenten, die durch Betrachtung der Natur zu *Gott* führen, vermehrt, von B. Jo. Alberto *Fabricio* ... nebst desselben Pyrotheologie oder Anweisung zur Erkenntnis *Gottes* aus der Betrachtung des Feuers.

17 Vgl. in der Anm. 8 zitierten Übersetzung pp. 152 sq.

18 l. c.

Zu Abschnitt 5

1 „Des Gelehrten Jo. Conr. *Schwartzii* Antrittsrede de usu et praestantia daemonum ad demonstrandum naturam Dei. Altdorfi 1714. 4." Nach p. XC der von *Fabricius* gegebenen Liste.

2 Das hat *Newton* in seinem 2. Brief an *Bentley* mit aller Entschiedenheit festgestellt und im 3. noch einmal ausführlich dargelegt; siehe die im Abschnitt 2, Anm. 2 zitierte Ausgabe der Papers and Letters, p. 298 und pp. 302 sq. Man vergleiche zu den näheren Einzelheiten Horst *Zehe*, Die Gravitationstheorie des Nicolas *Fatio de Duillier*, Hildesheim 1980 = Arbor Scientiarum, Beiträge zur Wissenschaftsgeschichte, hrsg. v. Otto *Krätz*, Fritz *Krafft* u. a., Reihe A: Abhandlungen, Bd. 7, pp. 168–172, wo *Newtons* Urteil über einen Versuch geschildert wird, die Gravitation auf herkömmliche, bei Stoßprozessen auftretende Kräfte zurückzuführen.

3 Siehe Neue deutsche Biographie, hrsg. von der Historischen Kommission bei der Bayrischen Akademie der Wissenschaften, Berlin seit 1953, dort im Bd. 4, p. 733.

4 Herrn B. H. *Brockes* . . . verdeutschte Grund-Sätze der Welt-Weisheit des Herrn Abts *Genest* nebst verschiedenen eigenen theils physicalischen, theils moralischen Gedichten, als des Irdischen Vergnügens in *Gott* dritter Theil, Hamburg 1728, p. 592.

5 Die erste Auflage erschien 1755 in Hamburg. Bis 1798 sollen 6 weitere Auflagen gefolgt sein. Nach den Angaben des Artikels in der Allgemeinen Deutschen Biographie, red. v. R. v. *Liliencron* und F. X. v. *Wengele*, hrsg. v. d. Historischen Commission bei der Kgl. Academie der Wissenschaften, Leipzig 1875–1912, dort Bd. 27, p. 703.

6 Einen guten Einblick in ihr Wirken gibt die Auswahl The Cambridge *Platonists* ed. by C. A. *Patrides*, London 1969 = The Stratford-upon-Avon Library, edd. Johan Russell *Brown* and Bernard *Harris*, 5.

7 Eine ähnliche Haltung findet sich bei den Gründungsmitgliedern der Royal Society, deren Statuten unter anderem die Erörterung religiöser Fragen strikt ausschließen. Man vergl. die History of the Royal Society by Thomas *Sprat*, ed. by Jackson I. *Cope* und Harold Withmore *Jones*, St. Louis and London 1959, p. 62 sq.

8 Ich habe das Werk in einem Faksimile-Nachdruck dieser Ausgabe benutzt, der 1964 in Stuttgart herausgekommen ist.

9 l. c., pp. 633–899.

10 l. c., p. 689. – Jacob *Bernays* hat die Schrift mit deutscher Übersetzung herausgegeben: Über die unter *Philons* Werken stehende Schrift über die Unzerstörbarkeit des Weltalls nach ihrer ursprünglichen Anordnung wiederhergestellt und ins Deutsche übertragen (Abhandlungen der Kgl. Academie der Wissenschaften zu Berlin a. d. J. 1876, 1. Abtheilung d. philos.-histor. Classe, pp. 209–278. Hermann *Usener* hat aus *Bernays'* Nachlaß Teile eines Kommentars herausgegeben, Über die unter *Philons* Werken

stehende Schrift: Über die Unzerstörbarkeit des Weltalls (ibid., 1882, 3. Abhandlung, Berlin 1883).

11 Einen klaren Einblick in diese Zusammenhänge hat Markus *Fierz* gegeben: Über den Ursprung und die Bedeutung der Lehre Isaac *Newtons* vom absoluten Raum (*Gesnerus* 11 (1954) pp. 62–120).

12 Man vgl. z. B. seine Essais de Théodicée, § 91; in der Ausgabe von Carl Immanuel *Gerhardt*, Die philosophischen Schriften von Gottfried Wilhelm *Leibniz*, Berlin 1875–1890, Bd. 6, pp. 152 sq.

13 Übrigens findet sich im 1. Band eine Liste mit rund 350 Nomina Illustrium et Doctorum Virorum, qui suis Inscriptionibus Editionem huius Operis promoverunt, Namen berühmter und gelehrter Herren, die durch ihre Subskriptionen die Herausgabe dieses Werkes gefördert haben.

14 Die Übersetzung wurde 1752 in Leipzig herausgebracht.

15 „Doorluchtige Heer, Ik presenteer *U Ed.* alhier den Almaghtigen Vinger *Gods,* in de Anatomie van een Luys; waar in Gy wonderen op wonderen op een gestapelt sult vinden, en de Wysheid *Gods* in een kleen puncte klaarlyk sien ten toon gestelt." In *Boerhaves* Ausgabe, Bd. 1, p. 67 b. Max *Weber* hat diese Stelle als Zeugnis dafür zitiert, was die (indirekt) protestantisch und puritanisch beeinflußte Wissenschaft damals als ihre eigene Aufgabe dachte: den Weg zu Gott. Siehe seinen Vortrag ‚Wissenschaft als Beruf‘, in den Gesammelten Aufsätzen zur Wissenschaftslehre, Tübingen 1922, pp. 524–555, dort p. 539.

16 Man vgl. seinen Artikel The Microscope as a Technical Frontier in Science (Proceedings of the Royal Microscopical Society vol. 2, 1967) pp. 175–199. Einen Überblick über die einschlägige Literatur hat *Turner* in seinem Referat The History of Optical Instruments. A Brief Survey of Sources and Modern Studies (History of Science vol. 8 1969) pp. 53–93 gegeben.

Zu Abschnitt 6

1 Responsio ad nonnullas difficultates a Dn. Bernardo *Niewentiit* circa methodum differentialem seu infinitesimalem motas (Antwort zu einigen von Herrn Bernard *Nieuwentijt* im Zusammenhang mit der Differential- oder Infinitesimalmethode aufgeworfene Schwierigkeiten), abgedruckt in G. W. *Leibniz*, Mathematische Schriften, hrsg. von Carl Immanuel *Gerhardt*, 7 Bde., Berlin und Halle 1849–1863, Bd. 5, pp. 320–328. – Zur Sache vgl. man die ausgezeichnete Analyse von H. J. M. *Bos*, Differentials, Higher-Order Differentials and the Derivative in the *Leibnizian* Calculus (Archive for History of Exact Sciences, vol. 14 [1974/1975] pp. 1–90) dort vor allem pp. 64 sqq.

2 *Nieuwentijt* und der teleologische Gottesbeweis (Synthese. An Internat. Journal for the Logical and the Psycholog. Study of the Foundations of Science, vol. 9 (1954–1955) pp. 545–464).

3 Unter dem Kupfer ist vermerkt, daß G. *Eichler,* Kupferstecher der Friedrich-Universität Erlangen, es gezeichnet und gestochen hat.

4 In der deutschen Übersetzung pp. 23–28.

5 l. c., pp. 28–35.

6 l. c., pp. 35–216.

7 l. c., pp. 216–350.

8 l. c., pp. 350–405.

9 l. c., pp. 479–502.

10 l. c., pp. 502–550.

11 l. c., pp. 568–591.

12 l. c., p. 513.

13 l. c., p. 155.

14 In der Anm. 2 zitierten Arbeit, pp. 459 sq.

15 l. c., pp. 460 sq.

16 l. c.

17 Pierre *Duhem* hat *Alberts* geologische Theorien erstmals im Zusammenhang nach den Quellen dargestellt; man vgl. seine Études sur *Leonard da Vinci,* 3 voll., Paris 1906–1916, dort vol. 2, pp. 327–332.

Zu Abschnitt 7

1 Das Werk erschien erstmals zu Frankfurt und Leipzig. Ich habe die 3. Auflage benutzt, die 1740 ebendort herausgekommen ist.

2 Enimvero rerum naturalium duplices dari possunt rationes quarum aliae petuntur a causa efficiente aliae a fine. Quae a causa efficiente petuntur, in disciplinis hactenus definitis expenduntur. Datur itaque praeter eas alia adhuc philosophiae pars, quae fines rerum explicat, nomine adhuc destituta, etsi amplissima sit et utilissima. Dici potest Teleologia. l. c. p. 38. – Schon Rudolf *Eucken* hat in seiner ‚Geschichte der philosophischen Terminologie. Im Umriß dargestellt‘, Leipzig 1879 (Nachdruck Hildesheim 1964) p. 132, darauf hingewiesen, daß *Wolff* den Terminus geschaffen hat.

3 Mir hat von den ‚Vernünftigen Gedanken von den Absichten der Dinge‘ noch eine neue Auflage, Halle 1752, vorgelegen.

4 In der im Text zitierten Erstausgabe p. 376.

5 l. c., p. 377.

6 l. c., p. 392.

7 1681 ließ *Sturm* in Altdorf eine Schrift erscheinen mit dem Titel Cometa nuperus, an et quae mala terris ... praesignificare credendus sit: Ob glaublich, daß der jüngst erschienene Komet den Ländern ... Übel vorbedeute, und welche. Einer ähnlichen Frage der astrologischen Tradition gilt sein ein Jahr später ebendort veröffentlichter Traktat, dessen Titel bereits andeutet, in welchem Sinn sie von ihm behandelt wird: Vernunftmäßige Gedanken über die so genannte Grosse Conjunction oder Zusammenkunfft Beeder oberster Planeten und wie dieselbe im Monat Octobris 1682 und wiederum Januario ... und im Majo 1683 zu sehen sein wird.

8 In der im Text, p. 57 zitierten Ausgabe pp. 392–394.

197

Zu Abschnitt 8

1 Das Prinzip der kleinsten Wirkung von *Leibniz* bis zur Gegenwart, Leipzig und Berlin 1928 (Wissenschaftliche Grundfragen, Philos. Abhh., hrsg. v. Richard *Hönigswald, 9).*

2 Siehe Die philosophischen Schriften, hrsg. von Carl Immanuel *Gerhardt,* 7 Bde, Berlin 1875–1890 (Nachdr. Hildesheim 1965), dort Bd. 3, pp. 54 sq., Bd. 4, p. 446, Bd. 7, pp. 334 sqq.; ferner Mathematische Schriften, hrsg. v. dems. 7 Bde., Berlin/Halle 1849–1863 (Nachdr. Hildesheim 1971) Bd. 6, pp. 134 sq.

3 Siehe *Herons* von Alexandria Mechanik und Katoptrik, hrsg. v. Ludwig *Nix* und Wilhelm *Schmidt,* Leipzig 1900 (*Heronis* Alexandrini opera . . . omnia edd. W. *Schmidt* et alii, 5 voll., Leipzig 1899–1914, vol. 2, fasc. 1) pp. 324–330.

4 Siehe in den Anm. 2 angeführten Philos. Schriften Bd. 7, p. 274. *Leibniz* nennt in solchem Zusammenhang auch *Heliodor* von Larissa *(Damianos),* l. c., Bd. 4, p. 448.

5 Über diese Fehlzuweisung und ihre Richtigstellung findet sich das Nähere in Wilhelm *Schmidts* Einleitung seiner Ausgabe von *Herons* Katoptrik, in der Anm. 3 genannten Ausgabe pp. 303–306.

6 Daß *Snellius* im Brechungsgesetz im Unterschied zu *Descartes* eine Aussage über den Bildort und nicht über die Bahn der Lichtstrahlen gesehen hat, geht aus Bemerkungen von Christiaan *Huygens* deutlich hervor, der noch die – inzwischen verlorene – Originalabhandlung von *Snellius* gesehen hat. Siehe Christiaan *Huygens,* Oeuvres complètes, publ. par la Société Hollandaise des Sciences, 22 tt., La Haye 1888–1950, t. 10, p. 405.

7 Im Discours Second, De la Refraction, seiner Dioptrique; in den Oeuvres complètes publ. par Charles *Adam* et Paul *Tannery,* 13 tt., Paris 1897–1913, t. 6, pp. 96–104.

8 Siehe Joseph Ehrenfried *Hofmann,* Über ein Extremwertproblem bei *Apollonius* und seine Behandlung bei *Fermat* (Nova Acta Leopoldina Bd. 27 Nr. 167 [1963] pp. 105–113).

9 *Fermat* hat seine Gedanken erstmals in einem Brief vom 1.1.1662 an *La Chambre* niedergelegt. Siehe die Oeuvres de *Fermat* publ. par Paul *Tannery* et Charles *Henry,* 4 tt., suppl. publ. par Cornelis *de Waard,* Paris 1891–1922, dort t. 2, pp. 457–463.

10 Der Traité erschien 1690 in Leiden und ist in t. 19 der Anm. 6 angeführten Oeuvres enthalten. Am Anfang der préface erklärt *Huygens,* er habe ihn schon 1678 dem Personenkreis der Académie Royale des Sciences mitgeteilt.

11 Siehe seinen Artikel The beginning of research in the calculus of variations (Osiris vol. 3, pt. 1 [1937] pp. 224–240), p. 231. Der Artikel ist aufgenommen in Constantin *Carathéodory,* Gesammelte mathematische Schriften, 5 Bde., München 1954–1957, Bd. 2, pp. 93–107, insbesondere p. 100. Man vgl. *Carathéodorys* Variationsrechnung und partielle Differentialgleichungen erster Ordnung, Leipzig und Berlin 1935, pp. 229–251.

12 Die auf dieses Problem bezüglichen Texte finden sich bequem zusammengestellt in Johannis *Bernoulli* ... Matheseos Professoris Opera omnia ...
   tt. 1–4, Lausannae et Genevae 1742, 1743. Die vorstehende erste Fassung des
   Problems findet sich dort t. 1, p. 161: Problema novum, ad cuius solutionem
   Mathematici invitantur: Datis in plano verticali duobus punctis *A* et *B*,
   assignare Mobili *M* viam *AMB*, per quam gravitate sua descendens, et
   moveri incipiens a puncto *A*, brevissimo tempore perveniat ad alterum
   punctum *B*.

13 Scholium zu Theor. 33, Prop. 36 der Giornata terza, vol. 8, pp. 263 sq. der
   Opere di *Galileo Galilei*, Edizione Nazionale, a cura di Antonio *Favaro*, 20
   voll., Firenze 1890–1909 (ristampata ibid. 1964–1966). Die Frage, ob *Galilei*
   gemeint hat, damit das Brachistochronen-Problem gelöst zu haben, wollen
   wir offen lassen. Sie wird in dem ausgezeichneten Kommentar der Ausgabe
   von Adriano *Carugo* und Ludovico *Geymonat*, Torino (1958), p. 704, p. 800
   offenbar bejaht.

14 Abgedruckt in den Anm. 12 herangezogenen Opera, t. 1, pp. 167–169.

15 l. c., p. 168, 12–24: Rapiat qui potest praemium, quod Solutori paravimus;
   non quidem auri, non argenti summam, quo abjecta tantum et mercenaria
   conducuntur ingenia, a quibus ut nihil laudabile, sic nihil, quod scientiis
   fructuosum, expectamus; sed cum virtus sibi ipsa sit merces pulcherrima,
   atque gloria immensum habet calcar, offerimus praemium, quale convenit
   ingenui sanguinis Viro, consertum ex honore, laude, et plausu; quibus
   magni nostri Apollinis perspicacitatem, publice et privatim, scriptis et dictis
   coronabimus, condecorabimus et celebrabimus. Cf. *Vergils* 3. Ecl. 104.

16 Brief vom 16. 6. 1696, in den Anm. 2 angeführten Mathematischen Schriften
   Bd. 3, T. 1, pp. 284–290 mit ausführlicher Lösung des Problems als Beilage,
   ebendort pp. 290–295. Man vgl. insbesondere p. 288.

17 l. c., pp. 295–302; man vgl. insbesondere p. 299, 10–15. Johann *Bernoulli*
   legt dem Brief eine ausführliche Lösung bei, ebendort, pp. 302–309 abgedruckt. Eine Würdigung dieser und anderer von Johann *Bernoulli* gegebener
   Lösungen hat *Carathéodory* in dem Anm. 11 genannten Artikel gegeben.

18 Si nunc concipiamus medium non uniformiter densum, sed velut per
   infinitas lamellas horizontaliter interjectas distinctum, quarum interstitia
   sint repleta materia diaphana raritatis certa ratione accrescentis vel
   decrescentis; manifestum est, radium, quem ut globulum consideramus, non
   emanaturum in linea recta, sed in curva quadam (notante id jam et ipso
   Hugenio in ... Tractatu de Lumine, sed ipsam curvae naturam minime
   determinante) quae ejus sit naturae, ut globulus per illam decurrens
   celeritate continue aucta vel diminuta, pro ratione graduum raritatis,
   brevissimo tempore perveniat a puncto ad punctum. Constat quoque, cum
   sinus refractionum in singulis punctis sint respective ut raritates medii vel
   celeritates globuli, curvam habere eam proprietatem, ut sinus inclinationum
   suarum ad lineam verticalem sint ubique in eadem ratione celeritatum.
   Quibus praemissis, nullo negotio perspicitur, Curvam Brachystochronam
   [sic] illam ipsam esse, quam formaret radius transiens per medium, cuius

199

raritates essent in ratione velocitatum, quas grave verticaliter cadendo acquireret. Bd. 1, pp. 189 sq. der Anm. 12 angeführten Opera.

19 Concipiens... pro curva polygonum infinitangulum, video id fore omnium possibilium facillimi descensus, si sumtis in eo tribus punctis vel angulis quibuscunque A, B, C, sit B punctum tale, ut omnium punctorum in recta DE horizontali, hoc unum det viam ab A ad C facillimam. Res ideo redit ad solutionem problematis facilis: Datis duobus punctis A et C et recta horizontali inter ea cadente DE, invenire in hac recta punctum B tale, ut via ABC sit facillima. Bd. 3, T. 1, p. 310, 28–35 der in Anm. 2 erwähnten Mathematischen Schriften.

20 Man vgl. die grundlegende Studie von G. L. *Toomer* The mathematician *Zenodorus* (Greek, Roman and Byzantine Studies 13 [1972]) pp. 177–192.

21 Et cum iniquum sit, ut quis ex labore, in alterius gratiam et cum proprii temporis dispendio rerumque suarum damno, suscepto nihil emolumenti percipiat, prodit nonnemo, pro quo caveo, qui soluturo Fratri ultra laudes promeritas, honorarium quinquaginta imperialium decrevit; hac tamen lege, ut intra tertium ab hujus publicatione mensem se suscepturum promittat, ipsasque solutiones finito anno, utcunque licet per quadraturas exhibeat. Hoc enim elapso si nemo dederit, meas exhibeo. – Abgedruckt in Jacobi *Bernoulli* Basileensis Opera, tt. 1. 2. Genevae 1744, dort t. 2., p. 775, 17–25.

22 Der Streit der Brüder *Bernoulli* soll uns im Zusammenhang unserer Überlegungen nicht weiter beschäftigen. Eine kurze Darstellung findet man in der meisterhaften und unparteiischen Skizze, die Joseph Louis *Lagrange* in seinen Leçons sur le Calcul des Fonctions von der Entwicklung der Variationsrechnung gegeben hat. Siehe die Oeuvres de *Lagrange* publ. par ... J.-A. *Serret*, Paris 1867–1892, 14 tt., dort t. 10, pp. 383–398.

Zu Abschnitt 9

1 *Euler* tat dies in einer Zusammenfassung, die er zwei noch in der Berliner Akademie gelesenen Arbeiten vorangestellt hatte, die erst 1766 in den Kommentaren der Petersburger Akademie gedruckt wurden. Sie entstanden unter dem Eindruck der durch den jungen *Lagrange* erreichten Kalkülisierung der neuen Techniken. Man vgl. Leonhardi *Euleri* Commentationes analyticae ad calculum variationum pertinentes, ed. Constantin *Carathéodory*, Bernae 1952 (L. *Euleri* Opera omnia sub auspp. Soc. scientiarum natural. Helveticae edenda curavv. Ferdinand *Rudio*, Adolf *Krazer* et alii, Lipsiae et Berolini et alibi ab a. 1911, ser. 1., vol. 25), dort p. 142.

2 Abgedruckt in den Anm. 8. 21 angeführten Opera, pp. 895–920.

3 Incomparibilis virorum quadrigae Dn. Marchionis *Hospitalii*, D. Godof. Guilelmi *Leibnitii*, Dn. Isaaci *Newtoni*, Dn. Nicolai Fatii *Duillerii*, Principum Mathematicorum, Nominibus illustrissimis, Analysin suam devota mente inscribit, aequissimis Censuris demisse subjicit, Praeses. – l. c., p. 896.

4 Et latent profecto in istis, quae novum speculandi campum amplissimum Geometris aperire valent. *Deo* autem immortali, qui imperscrutabilem inexhaustae suae sapientiae abyssum leviusculis radiis introspicere, et aliquousque rimari concessit mortalibus, pro praestita nobis gratia, sit laus, honos et gloria in sempiterna saecula. – l. c., p. 920.

5 Man vgl. die Einführung in *Eulers* Arbeiten über Variationsrechnung, die *Carathéodory* seiner Ausgabe der Methodus inveniendi lineas curvas maximi minive proprietate gaudentes sive solutio problematis isoperimetrici latissimo sensu accepti, Bernae 1952 (in den Anm. 1 genannten Opera, ser. 1., vol. 24.), vorangestellt hat, dort p. IX; wieder abgedruckt in den Anm. 8. 11 herangezogenen Gesammelten mathematischen Schriften, Bd. 5, pp. 107–174, dort p. 108.

6 Vgl. l. c., pp. XXVI–XXIX, bzw. 130–133.

7 Neu herausgegeben in dem in der vorletzten Anmerkung, an erster Stelle zitierten Band. Der zweite Teil des Titels deutet bereits den Bezug zu Jacob *Bernoullis* Arbeit an, die ja den Titel Analysis magni problematis isoperimetrici getragen hatte.

8 Siehe die Correspondance mathématique et physique de quelques célèbres géomètres du XVIIIième siècle, publ. par. Paul Heinrich *Fuss* et Nicolaus *Fuss*, 2 voll., Pétersbourg 1843–1845, vol. 2, p. 468.

9 Quoniam omnes naturae effectus sequuntur quandam maximi minimive legem, dubium est nullum, quin in lineis curvis, quas corpora proiecta, si a viribus quibuscunque sollicitentur, describunt, quaepiam maximi minimive proprietas locum habeat. Quaenam autem sit ista proprietas, ex principiis metaphysicis a priori definire non tam facile videtur; cum autem has ipsas curvas ope Methodi directae determinare liceat; hinc debita adhibita attentione id ipsum, quod in istis curvis est maximum vel minimum, concludi poterit. – In der Anm. 5 an erster Stelle zitierten Ausgabe, p. 298, 4–11.

10 Spectari autem potissimum debet effectus a viribus sollicitantibus oriundus; qui cum in motu corporis genito consistat, veritati consentaneum videtur, hunc ipsum motum, seu potius aggregatum omnium motuum, qui in corpore projecto insunt, minimum esse debere. Quae conclusio etsi non satis confirmata videatur, tamen, si eam cum veritate iam a priori nota consentire ostendero, tantum consequetur pondus, ut omnia dubia, quae circa eam suboriri queant, penitus evanescant. Quin-etiam, cum eius veritas fuerit evicta, facilius erit in intimas Naturae leges atque causas finales inquirere hocque assertum firmissimis rationibus corroborare. – l. c., p. 298, 11–19.

11 Cuius ratiocinii vis, etiamsi nondum satis perspiciatur, tamen, quia cum veritati congruit, non dubito, quin ope principiorum sanioris Metaphysicae ad maiorem evidentiam evehi queat; quod negotium aliis, qui metaphysicam profitentur, relinquo. – l. c., p. 308, 18–22.

Zu Abschnitt 10

1 Histoire de l'Académie Royale des Sciences [de Paris], année 1740, avec les Mémoires de Mathématique et Physique pour la même année, Paris 1742, pp. 170–176. Wiederabgedruckt in Leonhardi *Euleri* Commentationes mechanicae, Principia mechanica, ed. Joachim Otto *Fleckenstein,* Lausannae 1957 (in den Anm. 9. 1 genannten Opera omnia, ser. 2., vol. 5.) pp. 268–273.

2 *Bernoulli* hat es Pierre *Varignon* in einem Brief vom 26. 2. 1717 mitgeteilt. Der Brief ist im Auszug in *Varignons* Nouvelle Mécanique ou Statique, 2 voll., Paris 1725, vol. 2, pp. 174 sqq. abgedruckt worden und fälschlich auf den 26. 1. datiert; man vergleiche dazu Joachim Otto *Fleckenstein,* Die genaue Datierung der erstmaligen analytischen Formulierung des Prinzips der virtuellen Geschwindigkeiten durch Johann I. *Bernoulli* (Verhandlungen der Schweizerischen Naturforschenden Gesellschaft [1945] pp. 104 sq.). Das Prinzip der virtuellen Arbeiten besagt, daß ein mechanisches System sich im Gleichgewicht befindet, wenn bei allen denkbaren, mit seinen Bindungen verträglichen infinitesimalen, sogenannten virtuellen Verrückungen die eingeprägten Kräfte keine positive Arbeit leisten. *Bernoulli* hat zunächst nur die bei der Bewegung eines starren Körpers möglichen Verrückungen in Betracht gezogen.

3 In der Abhandlung Harmonie entre les principes généraux de repos et de mouvement de M. *de Maupertuis* (Histoire de l'Accadémie Royale des Sciences et Belles Lettres, année 1751, à Berlin 1753, Mémoires de l'Académie Royale des Sciences et Belles Lettres, Cl. de math., pp. 169–198), wiederabgedruckt in dem Anm. 1 zitierten Band pp. 152–176. Man vergleiche Hermann *von Helmholtz,* Rede über die Entdeckungsgeschichte des Princips der kleinsten Action, in: Adolf *von Harnack,* Geschichte der königlich preussischen Akademie der Wissenschaften zu Berlin, 3 Bde., Berlin 1900, Bd. 2, Nr. 170 b, pp. 282–296, dort vor allem p. 289.

4 Ich habe im folgenden die erst 1751 in Amsterdam erschienene Ausgabe der Histoire de l'Académie Royale des Sciences [de Paris], année 1744, avec les Mémoires de Mathématique et de Physique, pp. 68–71 benutzt, nicht die schon 1749 erschienene Pariser Ausgabe, dort pp. 417–426, deren Text in dem Anm. 1 zitierten *Euler*-Bd., pp. 274–281 wiederabgedruckt worden ist. Die offenbar völlig neuüberarbeitete und gestraffte Fassung der Amsterdamer Ausgabe bringt die Punkte, um die es in unserem Zusammenhang geht, wesentlich besser zum Ausdruck.

5 *Newton* hat dies im einzelnen in der Sectio 14 des ersten Buchs seiner Principia von 1687 unter dem Titel De motu corporum minimorum, quae viribus centripetis ad singulas magni alicuius corporis partes tendentibus agitantur, ausgeführt: Über die Bewegung sehr kleiner Körper, die durch zentripetale Kräfte erregt werden, die sich auf die einzelnen Teile irgendeines großen Körpers richten; siehe Isaac *Newtons* Philosophiae naturalis principia mathematica, the 3rd ed. with variant readings, ed. by Alexandre *Koyré* and I. Bernard *Cohen,* voll. 1. 2., Cambridge, Mass. 1972, dort vol. 1, pp. 338–347.

6 Unicum Opticae, Catoptricae, et Dioptricae Principium, Autore G. G. L.
   (Acta Eruditorum, publicata Lipsiae, cal. Junii, anno 1682, pp. 185–190).

7 Reduximus ergò omnes radiorum Leges experientiâ comprobatas ad puram
   Geometriam et calculum, unico adhibito principio, sumto à causa finali, si
   rem recte consideres. – l. c., p. 186, 22 sqq.

8 Sed Conditor rerum ita creavit lucem, ut ex ejus naturâ pulcherrimus ille
   eventus nasceretur. Itaque errant valdè, ne quid gravius dicam, qui *causas
   finales* cum *Cartesio* in *Physica* rejiciunt, cùm tamen praeter admirationem
   divinae sapientiae, pulcherrimum nobis *principium* praebeant *inveniendi*
   earum quoque rerum proprietates, quarum interior natura nondum tam
   clarè nobis cognita est, ut causis efficientibus proximis uti, machinasque,
   quas Conditor ad effectus illos producendos, finesque suos obtinendos
   adhibuit, explicare valeamus. – l. c., p. 186, 24–34.

9 150 Jahre später hat William Rowan *Hamilton* in seinen optischen
   Untersuchungen denselben Weg beschritten. Man vergleiche etwa den
   Anfang des 3. Nachtrags zu seinem Versuch über die Theorie der
   Strahlensysteme aus dem Jahre 1833, am bequemsten zugänglich in The
   mathematical papers of Sir William Rowan *Hamilton*, vol. 1. 2., edd. for the
   Royal Irish Academy A.-W. *Conway*, J.-L. *Synge* and others, Cambridge
   1931–1940 (*Cunningham* Memoir 13. 14.), vol 1: Geometrical Optics,
   p. 168.

10 In der Anm. 4 zitierten Amsterdamer Ausgabe pp. 69 sq.

11 l. c., pp. 70 sq.

12 *Maupertuis* hat solchen Einwänden dadurch die Spitze nehmen wollen, daß
   er für konkave Spiegel einen maximalen Lichtweg ansetzte. An dieser
   unbedachten Annahme hat Chevalier Patrick *d'Arcy* vernichtende Kritik
   geübt. Wir können sie kurz anhand von Figur 2, p. 63 umreißen. Führt man
   dort mit Hilfe der bekannten Gärtnerkonstruktion eine Ellipse durch R_0 mit
   P und O als Brennpunkten, so wird jeder in R_0 die Ellipse von innen
   berührende Kreis auf einen maximalen, jeder von außen berührende
   hingegen auf einen minimalen Lichtweg führen, gleichgültig ob er gegen P
   und O konkav oder konvex ist. *D'Arcy* bemerkt dazu: Mais, par ce que l'on
   vient de voir, il paroît que l'action, dans la réflexion de la lumière, n'est pas
   un maximum sur tous les miroirs concaves, et par conséquent il faudroit
   dire: l'action dans quelques surfaces concaves est un maximum, pendant que
   sur d'autres c'est un minimum, et la Nature est prodigue ou avare de son
   action, suivant qu'un miroir est plus ou moins concave (Es hat aber,
   nachdem, was wir gerade gesehen haben, den Anschein, daß bei der
   Spiegelung des Lichts die Aktion nicht auf allen konkaven Spiegeln ein
   Maximum ist, und man müßte infolgedessen sagen: Die Aktion ist bei
   einigen konkaven Oberflächen ein Maximum, während sie auf anderen
   gerade ein Minimum ist, und die Natur ist verschwenderisch oder geizig mit
   ihrer Aktion, je nach dem ein Spiegel mehr oder weniger konkav ist). Man
   vergleiche seine Replique à un Mémoire de M. *de Maupertuis,* sur le principe
   de la moindre action, insérée dans les Mémoires de l'Académie Royale des

Sciences de Berlin, de l'année 1752 (Histoire de l'Académie Royale des Sciences, année 1752, avec les Mémoires de Mathématiques et de Physique, pour la même année, Paris 1756, pp. 503–519), dort p. 512.

13 Man vergleiche Anm. 5. *Newton* vermeidet es allerdings, die potentielle Energie und den sich hier anbietenden Energiesatz zur Herleitung der Lichtbahnen zu benutzen.

14 Siehe die Abhandlung von Otto *Hölder,* Ueber die Principien von *Hamilton* und *Maupertuis* (Nachrichten von der königl. Gesellschaft der Wissenschaften zu Göttingen, mathematisch-physikalische Kl., aus dem Jahre 1896, pp. 122–136).

15 Histoire de l'Académie Royale des Sciences et Belles Lettres [de Berlin, 2.], année 1746, Berlin 1748, pp. 267–294; wiederabgedruckt in dem Anm. 1 genannten Bd. der *Euler*-Ausgabe, pp. 282–302.

16 Gemeint ist das oben, pp. 75 sqq. behandelte Additamentum II.

17 Dies hatte *Euler,* der seine Betrachtungen im Additamentum II unabhängig von *Maupertuis* angestellt hatte, wohlweislich gerade nicht getan, sondern Minima *und* Maxima zugelassen. Die ungerechtfertigte Beschränkung auf Minima wurde, wie wir im folgenden Abschnitt noch im einzelnen sehen werden, bei der Auseinandersetzung um *Mauperuis'* Prinzip zum wesentlichen Punkt der Sachkritik.

18 An den Anm. 15 zitierten Stellen, p. 267 bzw. 282.

19 Je m'attache à un Philosophe, qui par ses grandes découvertes étoit bien plus qu'eux à portée de juger de ces merveilles et dont les raisonnemens sont bien plus précis que tous les leurs. *Newton* paroît avoir été plus touché des preuves qu'on trouve dans la contemplation de l'Univers, que de toutes les autres qu'il auroit pu tirer de la profondeur de son esprit. – ll. cc., p. 269, bzw. 283.

20 Der Pfarrer Friedrich Christian *Lesser* (1692–1754) verfaßte eine Insecto-theologia, oder: Vernunfft- und Schrifftmässiger Versuch, wie ein Mensch durch aufmerksame Betrachtung derer sonst wenig geachteten Insecten zu lebendiger Erkenntniss und Bewunderung der Allmacht des großen Gottes gelangen könne, Franckfurt und Leipzig 1738. Ich habe die zweite, ebendort 1740 erschienene Auflage benutzen können, eine dritte, vermehrte Auflage erschien in Leipzig 1738. Es gibt eine französische Übersetzung unter dem Titel Théologie des Insectes; ou démonstration des perfections de Dieu dans tout ce qui concerne les insectes, traduit... avec des remarques de P. *Lyonnet,* in 2, in La Haye (den Haag) 1742 erschienenen Bänden.

21 Pour ne pas citer ici des Exemples trop indécents, qui ne seroient que trop communs, je ne parlerai que de celui qui trouve Dieu dans les plis de la peau d'un Rhinoceros: parce que cet animal étant couvert d'une peau très-dure, n'auroit pas pu se remuer sans ces plis. N'est-ce pas faire tort à la plus grande des verités, que de la vouloir prouver par de tels arguments? Que diroit-on de celui qui nieroit la Providence, parce que l'ecaille de la Tortue n'a ni plis ni jointures? Le raisonnement de celui qui la prouve par la peau du Rhinoceros,

est de la même force: laissons ces bagatelles à ceux qui n'en sentent pas la frivolité. – An den Anm. 15 zitierten Stellen pp. 272 sq., bzw. p. 286.

22 As to the Performance of this Animal's several Motions, let us consider the great Wisdom of the *Creator,* in the Contrivance that serves him for that Purpose. (Philosophical Transactions of the Royal Society From April 21. to June 23., 1743, No. 470, pp. 523–541) p. 536.

23 An den Anm. 15 angegebenen Orten, pp. 273 sqq., bzw. pp. 286 sqq.

24 Qu'il faut chercher les preuves de l'existence de Dieu dans les Loix génerales de la Nature. Que les Loix selon lequelles le Mouvement se conserve, se distribue et se détruit, sont fondées sur les attributs d'une suprême Intelligence. – ll. cc., p. 277, bzw. p. 289.

25 Il falloit savoir que toutes les loix du Mouvement et du repos étoient fondées sur le principe le plus convenable, pour voir qu'elles devoient leur établissement à un Être tout puissant et tout sage; soit que cet Être agisse immédiatement; soit qu'il ait donné aux Corps le pouvoir d'agir les uns sur les autres; soit qu'il ait emploié quelqu'autre moien qui nous est encore moins connu. – ll. cc., p. 282, bzw. 292 sq.

26 ll. cc., pp. 282 sqq., bzw. pp. 293 sq.

27 ll. cc., p. 286, bzw. p. 295.

28 C'est le principe de la *moindre quantité d'action:* principe si sage, si digne de l' Être suprême, et auquel la nature parait si constamment attachée qu'elle l'observe non seulement dans tous ses changemens, mais que dans sa permanence, elle tend encore à l'observer. *Dans le Choc des Corps, le Mouvement se distribue de manière que la quantité d'action, que suppose le changement arrivé, est la plus petite qu'il soit possible. Dans le Repos, les Corps qui se tiennent en équilibre, doivent être tellement situés, que s'il leur arrivoit quelque petit Mouvement, la quantité d'action seroit la moindre.* – ll. cc., p. 286, bzw. pp. 295 sq.

29 ll. cc., pp. 286 sq., bzw. p. 296. – Im abschließenden dritten Teil der Abhandlung, der die Überschrift Recherche des Loix du Mouvement et du Repos, Ermittlung der Gesetze der Bewegung und der Ruhe trägt, sucht *Maupertuis* anhand seines allgemeinen Prinzips die besonderen Gesetze aufzuspüren, die den Stoß unelastischer und elastischer Körper und das Gleichgewicht am Hebel beherrschen, ll. cc., pp. 287–294, bzw. 296–302. Man vgl. dazu Ernst *Mach,* Die Mechanik, historisch-kritisch dargestellt, 9. Aufl., Leipzig 1933 (Nachdruck Darmstadt 1963), 3. Kap., Abschnitt 8, 1–3, pp. 359–362.

Zu Abschnitt 11

1 Man vergleiche oben, pp. 85 sq.

2 Das zeigt bereits der Titel seiner zweiten Abhandlung. Man vergleiche oben, p. 83.

3 Man vergleiche oben, pp. 79–83.

4 Man vergleiche oben, pp. 83–87.

5 Man vergleiche Anm. 10.29.

6 Eine solche Rückführung ist sehr wohl möglich, müßte aber von anderer Art sein. Das von *Maupertuis* hier angewandte Prinzip ist im Grunde ein ganz anderes, nämlich das später von *Gauss* eingeführte Prinzip des kleinsten Zwanges, angewandt auf den Fall sich sprunghaft ändernder, im übrigen konstanter Geschwindigkeiten. Die ursprüngliche Formulierung von *Gauss* läßt diese Möglichkeit durchaus zu, im Gegensatz zu der heute meist üblichen Einengung auf Geschwindigkeitsänderungen, zu denen überall im betrachteten Zeitintervall endliche Beschleunigungen und Kräfte vorhanden sind. Man vergleiche Carl Friedrich *Gauss*, Werke, hrsg. v. d. Königl. Gesellsch. d. Wiss. zu Göttingen, 14 Bde., Göttingen 1963–1933, Bd. 5, pp. 23–28.

7 Es handelt sich des näheren um virtuelle Verrückungen, wie wir sie bereits kurz erwähnt haben.

8 Man vergleiche Anm. 10.12.

9 Lorsqu'un corps est porté d'un point a un autre, il faut pour cela une certaine action, cette action dépend de la vîtesse qu'a le corps et de l'espace qu'il parcourt, mais elle n'est ni la vîtesse ni l'espace pris séparément. La quantité d'action est d'autant plus grande que la vîtesse du corps est plus grande et que le chemin qu'il parcourt est plus long, elle est proportionelle à la somme des espaces multipliés chacun par la vîtesse avec laquelle le corps les parcourt. Ich zitiere nach der in diesem Punkt ausführlicheren Pariser Ausgabe, an den Anm. 10.1 angegebenen Orten p. 423, bzw. 279.

10 La Quantité d'Action est le produit de la Masse des Corps, par leur vîtesse et par l'espace qu'il parcourent. – An den Anm. 10.15 angegebenen Stellen, dort p. 290, bzw. p. 298.

11 Lorsqu'il arrive quelque changement dans la Nature, la Quantité d'Action, nécessaire pour ce changement, est la plus petite qu'il soit possible. – ll. cc.

12 Man vergleiche oben, pp. 75 sqq.

13 Zwar hat *Maupertuis* in der Histoire de l'Académie royale des sciences et belles lettres, Année 1752, à Berlin 1754, Mémoires de l'Académie royale des sciences et belles lettres, Classe de Philosophie speculative, pp. 294–298 eine kurze Réponse à un mémoire de M. *d'Arcy* inseré dans le vol. de l'Académie royale des sciences de Paris pour l'année 1749 veröffentlicht, eine Erwiderung auf eine von Herrn *d'Arcy* in den Band der Königlichen Akademie der Wissenschaften von Paris für das Jahr 1749 eingerückte Denkschrift. *Maupertuis* hatte in ihr im wesentlichen Bekanntes wiederholt und nur versucht, sein Prinzip des Minimum zu einem Extremalprinzip abzuschwächen. Gerade damit hatte er eine neuerliche vernichtende Kritik von *d'Arcy* herausgefordert, man vgl. Anm. 10.12.

14 Sie erschien erst nach ihrem Tod: Principes mathématiques de la philosophie naturelle, par feue Madame la Marquise *du Chastellet*. T. 1. 2. à Paris 1756.

15 Zürich 1741. Eine zweite Auflage erschien ebendort 1761 nach dem Tod von *Koenig*.

16 Zu dem Klatsch, den der Akademiesekretär *Formey* ex post facto über schon damals stattgefundene Auseinandersetzungen zwischen den beiden Freunden geäußert hat, paßt dies nicht. Man vergleiche dazu die wohlabgewogene Stellungnahme von Pierre *Brunet, Maupertuis,* Étude biographique, Paris 1929, p. 131, n. (3), wo die Quellen nachgewiesen und die Einzelheiten ausführlich behandelt sind.

17 Dort pp. 125–135, 162–176; dankenswerter Weise wieder in dem Anm. 10.1 zitierten von Joachim Otto *Fleckenstein* herausgegebenen *Euler*-Bd., pp. 303–324 abgedruckt.

18 Man vgl. Pierre *Brunet,* an der in der vorletzten Anm. angegebenen Stelle, p. 132.

19 An den in der vorletzten Anmerkung angegebenen Stellen pp. 125–129, bzw. 303–306.

20 Der erste des auf zwei Teile geplanten Werks erschien 1749 in Franeker; 1752 in neuer Auflage in Zürich.

21 An den Anm. 17 angegebenen Stellen, dort p. 128, bzw. p. 305.

22 ll. cc., p. 126 bzw. pp. 303 sq.

23 ll. cc., p. 129 bzw. p. 306.

24 Man vgl. Anm. 10.2.

25 *Euler* hatte diesen Fall ausführlich in einer Abhandlung aus dem Jahre 1743 behandelt. Man vgl. zu den näheren Einzelheiten und der Vorgeschichte (Clifford Ambrose) *Truesdell,* The rational mechanics of flexible bodies 1638–1788, Introduction to Leonhardi *Euleri* Opera omnia, – vgl. oben Anm. 9.1 – vol. 10. et 11. ser. 2. = vol. 11. sectio altera der erwähnten Opera, ser. 2., dort pp. 146–150, 199–209 bzw. pp. 88–96.

26 An den Anm. 16 zitierten Stellen, pp. 164 sq., bzw. pp. 314 sq. – Ausführlich behandelt hat diese Zusammenhänge der Marquis Gaspard *de Courtivron* in seinen Recherches de Statique et Dynamique, in der Histoire de l' Académie Royale des Sciences, Année 1749, à Paris 1753, Mémoires de mathématique et physique, pp. 15–27.

27 Hoc est ipsissimum Problema, quod re ipsa solutum fuit, ex cuius solutione regula status aequilibrii, meo saltem iudicio, derivari non potest, quoniam sollicitationes corporibus hinc inde applicatae in censum non veniunt. – ll. cc., p. 176, bzw. p. 316.

28 Sed venio nunc ad modum derivandi leges motus ex Minimo Actionis, qui novam nobis Cosmologiam peperit, ab illa altera Philosophiae Germanicae tota re et universa sententia discrepantem, quem ego quidem, si Phoronomicum a Dynamico rite secernitur, conclusaque ad corpora mollia solum, aut elastica solum, referantur, vehementer probo; est enim et elegans, et simplex, et certissimis veritatibus consentiens. – ll. cc., pp. 170 sq., bzw. 318.

29 Der Terminus phoronomia wurde ursprünglich als Bezeichnung der neuen Mechanik eingeführt, so in der Phoronomia, seu de viribus et motibus corporum solidorum et liquidorum libb. II, der Phoronomie, oder zwei Büchern über die Kräfte und Bewegungen der festen und flüssigen Körper von Jacob *Hermann,* die im Jahre 1716 in Amsterdam erschienen waren. Als

Mechanik im traditionellen Sinn galt demgegenüber die Lehre von den Mechanismen. Dennoch hat sich der alte Terminus schließlich als Bezeichnung für die neue Disziplin, die Mechanik im modernen Sinn durchgesetzt. Phoronomia wurde nun wie bei *Koenig* auf eine Bewegungslehre eingeengt, die von physikalischen Kräften absieht und nur Wegstrecken, Zeiten und Massen in Betracht zieht. Noch *Kant* grenzt in seinen Metaphysischen Anfangsgründen der Naturwissenschaft als ihren ersten Teil die Phoronomie aus, bei der die Materie ausschließlich unter der Abstraktion beweglicher materieller Punkte betrachtet werden soll, im Gegensatz zur Dynamik, Mechanik und Phänomenologie, welche die Materie als raumerfüllende, als mit bewegenden Kräften ausgestattet und als Gegenstand der Erfahrung vorstellen.

30 An den Anm. 16 angegebenen Stellen p. 170, bzw. p. 319.

31 ll. cc., pp. 170 sq., bzw. p. 319.

32 ll. cc., pp. 172 sqq., bzw. pp. 320 sqq.

33 ll. cc., pp. 173 sq., bzw. p. 322.

34 ll. cc., p. 174, bzw. p. 322.

35 Man vgl. etwa die pars II, den zweiten Teil von *Leibnizens* Specimen Dynamicum pro admirandis Naturae Legibus circa corporum vires et mutuas actiones detegendis et ad suas causas revocandis, seinem Dynamischen Lehrstück von den bewundernswürdigen Naturgesetzen, die bei den Kräften und Wechselwirkungen der Körper zu entdecken und auf ihre Ursachen zurückzuführen sind, in den Anm. 8.2 zitierten Mathematischen Schriften, Bd. 6 pp. 246–254, dort insbesondere p. 252: ... intelligitur, Actionem corporum nunquam esse sine reactione, et ambas inter se aequales, ac directe contrarias esse, ... es ist einzusehen, daß die Wirkung der Körper niemals ohne Gegenwirkung, und alle beide einander gleich, doch gerade entgegengesetzt sind.

36 An den Anm. 16 zitierten Stellen, p. 174, bzw. p. 323. – Statt hypothesis corporum absolute duorum muß natürlich die im Text wiedergegebene Verbesserung gesetzt werden.

37 ll. cc., pp. 174 sq., bzw. p. 323. – Man wird vielleicht wissen wollen, wie denn im Sinn von *Koenig* der Fall des starren Körpers zu behandeln wäre. Er würde wohl mit *Leibniz* antworten, daß dieser Fall eben ausgeschlossen, daß vielmehr – notfalls durch ein den Körper umgebendes elastisches Fluidum – stets Elastizität gegeben sei. Man vgl. *Leibniz* Essay de dynamique sur les lois du mouvement, Versuch einer Dynamik über die Gesetze der Bewegung, in den Anm. 8.2 angeführten Mathematischen Schriften Bd. 6, pp. 215–231, dort pp. 228 sqq. So wie die Gültigkeit von *Galileis* Fallgesetz nicht durch den Luftwiderstand beeinträchtigt wird, so sieht *Leibniz* sein als universal angenommenes Gesetz von der Erhaltung der lebendigen Kraft nicht durch das Auftreten von unelastischen Stößen in Frage gestellt; bei ihm geht die lebendige Kraft auf die Teile über. Er stellt sich das vor wie bei einem Sack voll kleiner elastischer Körper, der einen Stoß empfängt. – Für unsere heutigen Auffassungen über den Stoß starrer Körper vergleiche man August

Föppls Vorlesungen über technische Mechanik, 1. Band: Einführung in die Mechanik. 14. Aufl., München 1948, p. 197.

38 ll. cc., p. 175, bzw. 323. Statt apparuerunt lese ich aperuerunt.

39 L'Action n'est point ce que vous pensés, la consideration du tems y entre; elle est comme le produit de la masse par l'espace et la vîtesse ou du tems par la force vive. J'ai remarqué que dans les modifications des mouvements elle devient ordinairement un Maximum, ou un Minimum. On en peut deduire plusieurs propositions de grande consequence; elle pourroit servir à determiner les courbes que decrivent les corps attirés à un ou plusieurs centres. Je voulois traiter de ces choses entr'autres dans la seconde partie de ma Dynamique, que j'ai supprimée; le mauvais accueil, que le prejugé a fait à la premiere, m'ayant degouté. ll. cc., p. 176, bzw. pp. 323 sq. Im Text der Abhandlung steht irrtümlich le produit de la masse par le tems, ou du tems par la force vive. Ich habe nach den später veröffentlichten Versionen des Briefs verbessert.

40 Man vergleiche dazu Rudolf *Eucken,* am Anm. 7.2 angegebenen Ort, p. 133.

Zu Abschnitt 12

1 J'avois donné le principe de la moindre action dans quelques ouvrages qui ont paru en différents temps: M. *Koenig* Professeur à la Haye s'avisa d'insérer dans les actes de Leipsick une dissertation, dans laquelle il avoit en vue deux objets, assez contradictoires pour un partisan aussi zélé qu'il l'est de M. *de Leibnitz,* mais qu'il avoit trouvé le moyen de réunir. Il attaquoit dans toute cette dissertation mon principe; & finissoit par vouloir l' attribuer à ce grand homme: c'est que le zèle qu'on a pour ceux qu'on révere le plus n'est pas si puissant que le moindre degré de haine ou d'envie. Oeuvres de Mr. *de Maupertuis,* Nouv. éd. corrigée et augmentée, 4 tt., Lyon 1756, t. 2., pp. 243 sq.

2 Je ne devois pourtant rien soupçonner de ces deux motifs dans M. *Koenig:* la maniere dont j'en avois toujours usé avec lui devoit me rassurer sur l'un, & je ne devois pas craindre que mon peu de réputation excitât l'autre. Quoi qu'il en soit, il attaqua de toutes ses forces mon principe; & pour ceux à qui il n'auroit pas pu persuader qu'il étoit faux, it cita un fragment de lettre de *Leibnitz* d'où l'on pouvoit déduire qu'il lui appartenoit. C'étoit la conduite la plus étrange, mais elle n'en fut pas moins la conduite de M. *Koenig.* – l. c., p. 244.

3 Principia dynamica (Commentt. Academiae Scientiarum Petropolitanae, vol. 1. (1726) pp. 231–257). In dieser Abhandlung sucht *Wolff,* und zwar im Theorema 13., den Begriff der vis viva, der lebendigen Kraft oder kinetischen Energie, aus dem der actio zu gewinnen, allerdings ohne auf die Bedingungen für ein Extremum der actio einzugehen.

4 Ausführlich dargestellt hat diese Bemühungen *Maupertuis'* um die Einführung der *Newtonschen* Lehre in Frankreich Pierre *Brunet* in seiner Studie

L'introduction des théories de *Newton* en France au XVIIIe siècle I.: Jusqu' en 1738., Paris 1931. Mehr ist nicht erschienen; der behandelte Zeitraum reicht bis zum Erscheinungsjahr der in Amsterdam herausgekommenen Éléments de la philosophie de *Newton,* Mis à la portée de tout le monde. Par M. *Voltaire. Maupertuis* hat auch entscheidend dazu beigetragen, *Voltaire* für die neue Lehre zu gewinnen; man vgl. im folgenden pp. 114 sqq.

5 In den Lettres de M. *de Maupertuis,* à Dresde 1752, Lettre VIII. Sur les Systèmes, pp. 48–54.

6 In der Anm. 10.3 zitierten Geschichte der Preussischen Akademie der Wissenschaften, Bd. 2, p. 249.

7 Siehe A. *le Sueur, Maupertuis* et ses correspondants, lettres inédits, Montreuil-sur-Mer 1896, pp. 433 sqq.

8 Vgl. die Anm. 11.17 angegebenen Orte, dort pp. 165 sq., bzw. p. 315.

9 In der Rede Pro *Roscio Amerino* c. 16, § 47.

10 An erster Stelle zu nennen ist die von einschlägigen Urkunden begleitete Darstellung in der Anm. 10.3 zitierten Geschichte der Preussischen Akademie der Wissenschaften von *Harnack.* Eine kurze und sehr lesenswerte Darstellung hat Otto *Spiess* gegeben: Leonhard *Euler.* Ein Beitrag zur Geistesgeschichte des 18. Jahrhunderts, Frauenfeld/Leipzig (1929); (Die Schweiz im deutschen Geistesleben, hrsg. v. Harry *Mainc,* 63. u. 64. Bd.), dort pp. 121–144. Schließlich sei noch die ausführliche Studie Pierre *Brunets* erwähnt: Étude historique sur le principe de la moindre action, Paris 1938 (Actualités scientifiques, No. 693).

11 Siehe Ludwig *Hirzel, Wieland* und Martin und Regula *Künzli,* Leipzig 1891, p. 55.

12 Zur Geschichte des Princips der kleinsten Action, in den Sitzungsberr. d. kgl. preussischen Akademie der Wiss. zu Berlin, Jg. 1887, 1. Halbbd. pp. 225–236, wiederabgedruckt in den von A. *König* herausgegebenen wissenschaftlichen Abhandlungen von *Helmholtz,* 3 Bde., Leipzig 1881–1895, Bd. 3, pp. 249–263; man vergleiche dort vor allem den ersten Abschnitt ‚Der Begriff der Action bei *Leibniz'.*

13 Über eine in Gotha aufgefundene Abschrift des von S. *König* in seinem Streit mit *Maupertuis* und der Akademie veröffentlichten, seinerzeit für unecht erklärten *Leibniz*-Briefes. Von Willy *Kabitz* (Sitzungsber. d. kgl. Preussischen Akademie d. Wiss., Jg. 1913, 2. Halbbd., pp. 632–638). – Die Einwände gegen die Echtheit laufen im wesentlichen darauf hinaus, daß sich *Leibniz* an keiner Stelle sonst über das Extremum der Action äußert. Und was wäre, hätte er es doch getan? Einmal ist keinmal, zweimal ist immer. Eine geistreichere Spielart dieser Bedenken trägt Johann Otto *Fleckenstein* vor, in seiner Anm. 10.1 genannten Ausgabe, dort p. XXXIV. Er findet den Hinweis auf die Bewegung unter dem Einfluß mehrerer Kraftzentren verdächtig, denn dieser habe große Ähnlichkeit mit *Eulers* Bemerkungen im Additamentum II seiner Methodus inveniendi. Doch jede Fälschung verfolgt eine ganz bestimmte Absicht, und welche hätte die sein sollen? War sie

gegen *Maupertuis* gerichtet, warum hat man dann nicht nach dem Muster seiner Arbeiten, sondern nach dem Vorbild *Eulers* gefälscht; und wenn schon, warum hat man dann nicht mit dieser Waffe ihn angegriffen? Wer hätte überhaupt den nötigen Sachverstand dazu gehabt? Wie man es auch dreht und wendet, eine solche Annahme klingt wenig überzeugend. Solange die Deutung der Überlegungen von *Leibniz* zur Aktion als Vorbereitungen des Prinzips, die *Helmholtz* gegeben hat – man vgl. die vorangehende Anm. –, nicht durch etwas Klügeres ersetzt ist, besteht kein Grund für wilde Vermutungen.

14 Auch die Erinnerung an diese ihm widerfahrene Behandlung mag bei der Ablehnung des Angebots, in die Leitung der Akademie einzutreten, mitgewirkt haben. In Halle, wohin *Wolff* endlich zurückkehrte, saß man wenigstens nicht sozusagen in der Höhle des Löwen.

15 *Eulers* einschlägige Beiträge sind, einschließlich der lateinischen Versionen, in dem Anm. 10.1 genannten Band der *Euler*-Ausgabe erschienen, dort pp. 132–262.

16 Enfin de quel front un homme, à moins qu'il n'ait perdû l'esprit, ose-t-il publier de si énormes erreurs? C'est ce qu'on ne sçauroit guères comprendre: et comme non seulement M. *Koenig* a interprété avec tant de perversité les paroles de nôtre Ill. Président, mais encore comme s'il avoit rapporté ses propres paroles, lui a fait dire tout le contraire de ce qu'il disoit, il en aura d'autant plus de peine à faire croire, qu'en publiant la lettre de *Leibnitz,* il n'a pas pris la même liberté, et n'y a pas fait tels changements qu'il y a voulu. – l. c., p.213.

17 *Voltaire* à *Maupertuis* (15. 11. 1732) Pardon monsieur. Mes tentations sont allées au diable d'où elles venoient. Votre première lettre m'a batisé dans la relligion neutonienne, votre seconde m'a donné la confirmation. En vous remerciant de vos sacraments. Brûlez je vous prie mes ridicules objections. Elles sont d'un infidèle. Je garderay à jamais vos lettres, elles sont d'un grand apôtre de *Newton*, lumen ad revelationem gentium. Je suis avec bien de l'admiration, de la reconnoissance et de la honte votre très humble et indigne disciple *Voltaire*. Nr. 519 in *Voltaires* Correspondence, ed. by Theodore *Besterman*, voll. 1–107, Institut et Musée *Voltaire*. Les Délices, Genève 1953–1965. – Man vergl. *Lukas* 2,32. – Der gesamte Briefwechsel *Voltaires* wird hier der Einfachheit halber nach den Nummern dieser Ausgabe zitiert.

18 Mon cher monsieur, je vous fais mon compliment sur ce que vous allez changer de vilaine eau en terre fertile; cela est moins brillant que de mesurer la terre et de déterminer sa figure, mais cela est plus utile; et il vaut mieux donner aux hommes quelques arpents de terre, que de savoir si elle est plate aux pôles. – l. c., Nr. 2068.

19 l. c. Nr. 3683, 6 novembre 1750.

20 Que voulez vous que je vous dise? Il faut se consoler, s'il est vrai que les grands aiment les petits dont ils se moquent; mais aussi, s'ils, s'en moquent et ne les aiment point, que faire? Se moquer d'eux à son tour tout doucement,

et les quitter de même . . . Celui qui tombait du haut d'un clocher, et qui se trouvant fort mollement dans l'air, disait: Bon, pourvu que cela dure, me ressemblait assez. – l. c., Nr. 4002, 29 octobre 1751.

21 l. c., Nr. 3675, 24 octb 1750.

22 *Maupertuis* n'a pas les ressorts bien liants; il prends mes dimensions durement avec son quart de cercle. On dit qu'il entre un peu d'envie dans ses problèmes. Il y a ici, en récompense, un homme trop gai; c'est *La Metrie*. – l. c., Nr. 3683, 6 novembre 1750. Man fühlt sich an die fliegende Insel Laputa aus *Swifts Gullivers* Reisen, 3. Abschnitt, 2. Kapitel erinnert, wo die Schneider bei ihren Kunden mit einem Quadranten Maß nehmen; siehe The prose works of Jonathan *Swift*, ed. by Temple *Scott*, voll. 1–12, vol. 8: *Gullivers* Travels, ed. by G. Ravenscroft *Dennis (1899), pp. 166 sq.*

23 Je supporte *Maupertuis,* n'ayant pu l'adoucir . . . Je vous jure que *Maupertuis* n'en use pas ainsi dans son tripot où, dieu merci, je ne vais jamais. – l. c. Nr. 3962, 24 août 1751. – Der *Vergil*-Vers entstammt den Georgica (I 37).

24 l. c., Nr. 4314, 1 juillet 1752.

25 Vous avez dû voir par ce manuscrit que les prétendus philosofes qui tirent tant de vanitéz de leur algèbre ont beaucoup plus d'amour propre que de raison. – l. c., Nr. 4317 c. 3 July 1752.

26 À comtesse *Bentinck,* 1750/1751 l. c., Nrr. 3737, 3747.

27 Les médicins me rendraient ils les dents que j'ai perdues a Potsdam, et dieu me rendra t'il madame *du Chastellet?* Ny dieu ny Frédéric n'y peuvent rien. Mais vous y pouvez quelque chose en me conservant vos bontez . . . l. c. Nr. 4031, c. 20 December 1751.

28 Den Brief, datiert le 20e avril 1753, hat der Herausgeber *Besterman,* l. c., im Kommentar zu Nr. 4625 abgedruckt.

29 Je n'ai appris que d'hier tous ces détails dans ma solitude. – l. c., Nr. 4335.

30 l. c., Nr. 4359.

31 Je souhaite que le principe mathématique, dont il est question, serve beaucoup à prouver l'existence d'un dieu. Mais j'ai peur que ce procès ne ressemble à celui du lapin et de la belette qui plaidèrent pour un trou fort obscur. – l. c.

32 Man vergleiche Fables choisies mises en vers 7,15, éd. Ferdinand *Gohin,* Paris 1934, 2tt., t. 2, pp. 41 sq.

33 Ainsi le sr Moreau *Maupertuis* a été convaincu à la face de l'Europe savante non seulement de plagiat, et d'erreur, mais d'avoir abusé de sa place pour ôter la liberté aux gens de lettres, et pour persécuter un honnête homme qui n'avait d'autre crime, que de n'être pas de son avis. – In der Anm. 17 genannten Ausgabe Nr. 4395.

34 l. c., Nr. 4402: *Maupertuis* est devenu tout à fait fou.

35 l. c., Nr. 4418.

36 Je n'ai point de sceptre, mais j'ai une plume; et j'avais, je ne sais comment, taillé cette plume de façon qu'elle a tourné un peu *Platon* en ridicule sur ses géants, sur ses prédictions, sur ses dissections, sur son impertinente querelle avec *Koenig.* l. c. – *Maupertuis* hatte im zweiten seiner Briefe den Rückblick

in die Vergangenheit mit der Vorausschau in die Zukunft verglichen. In den Schriften des Dr. *Akakia* gibt er wieder und wieder Anlaß zu satirischen Anmerkungen.

37 Je conviens que les lettres provinciales sont mieux écrites que l'appel au public de *Koenig*. Il y a cependant des endroits bien touchez. L'ouvrage est convainquant, c'est tout ce qu'il faut. – l. c., Nr. 4397.

38 l. c., Nr. 4449.

39 Man vgl. l. c., die Briefe Nr. 4477, 4478.

40 Vous ne serez donc pas surpris que je vous dise avec cette franchise intrépide qui vous est connue, que toutes ces disputes où un mélange de métaphysique vient égarer la géométrie, me paraissent des jeux d'esprit, qui l'exercent & qui ne l'eclairent point. La querelle des forces vives était absolument dans ce cas. On écrirait cent volumes pour & contre sans rien changer jamais dans la mécanique; il est clair qu'il faudra toujours le même nombre de chevaux pour tirer les mêmes fardeaux, & la même charge de poudre pour un boulet de canon, soit qu'on multiplie la masse par la vitesse, soit qu'on la multiplie par le carré de la vitesse.
Souffrez que je vous dise que la dispute de la moindre action est beaucoup plus frivole encore. Il ne me paraît de vrai dans tout cela que l'ancien axiome, que la nature agit toujours par les voies les plus simples. Encore cette maxime demande-t-elle beaucoup d'explications. – l. c., Nr. 4449.

41 Man vgl. Fables choisies mises en vers 9,4. In der Anm. 32 angegebenen Ausgabe t. 2, pp. 115 sq. – *Voltaire* legt *Garo* den für Bauern wie ihn passenden Vornamen Mathieu bei.

42 Voyez donc, monsieur, ce que c'est que de ne vouloir trouver la preuve de l'existence de dieu, que dans une formule d'algèbre sur le point le plus obscur de la dynamique, & assurément sur le point le plus inutile dans l'usage. 'Vous allez vous fâcher contre moi, mais je ne m'en soucie guère', feu m. l'abbé *Conti* disait au grand *Newton*, & je pense avec l'abbé *Conti*, qu' à l'exception d'une quarantaine de théorèmes principaux qui sont utiles, les recherches profondes de la géomètrie ne sont que l'aliment d'une curiosité ingénieuse; & j'ajoute que toutes les fois que la métaphysique s'y joint, cette curiosité est bien trompée. La métaphysique est le nuage qui dérobe aux héros d'*Homère* l'ennemi qu'ils croyaient saisir. – An der in der vorletzten Anmerkung angegebenen Stelle.

Zu Abschnitt 13

1 In seiner wohlkommentierten Ausgabe *Voltaire,* Histoire du Docteur *Akakia* et du natif de St-Malo, éd. crit. avec une introd. et comm. par Jacques *Tuffet,* Paris 1967, weist der gelehrte Herausgeber p. 45 darauf hin, daß es in Frankreich wirklich eine Ärztefamilie dieses Namens gegeben hat, deren Ahnherr ihn sich, humanistischen Tendenzen folgend, anstelle des gleichbedeutenden französischen *Sans-Malice* zugelegt hat. Näheres über

diese Familie findet sich in einer zweiten Ausgabe *L'Akakia* de *Voltaire*, éd. crit. par Charles *Fleischauer* in den Studies on *Voltaire* and the eighteenth century, ed. by Theodore *Besterman*, vol. 30, Institut et Musée *Voltaire*, Les Délices, Genève 1964, pp. 7–145, dort pp. 69–72.

2 Man vergleiche etwa das Éloge de *Maupertuis*, den Nachruf auf *Maupertuis* von dem ständigen Sekretär der Akademie Samuel *Formey* in der Histoire de l'Académie Royale des Sciences et Belles Lettres, Année 1759, à Berlin 1766, pp. 464–510, dort p. 501.

3 Das war nicht nur böse Nachrede. Der um die Gesundheit seines Akademie-präsidenten besorgte König schreibt ihm am 18. 2. 1752 ... Vous voyez tous les arts prospérer sous votre main, il ne vous manque que de la santé pour jouir de votre gloire; un peu de rogomme de moins, un peu plus de diète, et vous guérirez (Sie sehen alle Künste unter ihren Händen gedeihen, es fehlt Ihnen nichts als die Gesundheit, um Ihren Ruhm zu genießen; ein bißchen weniger Schnaps, ein bißchen mehr Diät, und Sie werden genesen). Siehe Briefwechsel Friedrichs des Großen mit *Grumbkow* und *Maupertuis* (1731–1759), hrsg. v. Reinhold *Koser*, Leipzig 1898 = Publicationen aus den K. Preussischen Staatsarchiven, 72. Bd., dort Brief Nr. 119, p. 270. Am 12. April, als der König hört, daß *Maupertuis* noch immer Blut spuckt, schreibt er ihm aufs neue: Er habe sich entschlossen, ihm den geschicktesten charlatan seiner Bekanntschaft zu schicken, und er hoffe, daß er durch einen glücklichen Zufall ihn heilen oder ihm doch Erleichterung verschaffen könne; er solle sich nicht der kalten Luft aussetzen: ,,plus de rogomme, plus de café, et avec le temps et la sobriété vous vous rétablirez (kein Schnaps und kein Kaffee mehr, und mit der Zeit und der Nüchternheit werden Sie sich wieder herstellen)''. Siehe l. c., Brief Nr. 131, p. 272. – Man sollte vielleicht nicht vergessen, daß *Maupertuis* während der Auseinandersetzungen um seine Person ein schwerkranker Mann, so wie sein Gegner *Voltaire* von Leiden aller Art geplagt war.

4 Siehe Anm. 1.

5 Da sich die der Diatribe angehangenen Stücke durch ihre Überschriften übersichtlich gliedern, ist auf Seitenangaben verzichtet worden. Für die verwirrende Vielfalt der berechtigt oder unberechtigt veröffentlichten Versionen sei vor allem auf die Anm. 1 genannte Ausgabe von *Fleischauer* verwiesen, die pp. 94–99 eine sorgfältige Bibliographie der Ausgaben bis zum Eingehen in die gesammelten Werke enthält.

6 Die Einleitung der Anm. 1 genannten Ausgabe *Fleischauers* ist ebenso genau im Kleinen wie parteilich im Großen, ihrem Gegenstand darin nicht unähnlich.

7 Frau *Gottsched* hat sich in den ersten der unten, Anm. 41 herangezogenen Briefe dazu ebenso kurz wie vermutlich treffend geäußert.

8 In der Anm. 12.17 angeführten Ausgabe Nr. 4282: Mon cher *Darget,* je respecte les médicins, je revère la médicine, en qualité de vieux malade. – Mit seinen medizinischen Bemerkungen hat hier übrigens allem Anschein nach *Voltaire* und wohl kaum *Maupertuis* recht.

9 Rien n'est plus commun aujourd'hui que de jeunes auteurs ignorés, qui
   mettent sous des noms connus des ouvrages peu dignes de l'être. Il y a des
   charlatans de toute espéce. En voici un qui a pris le nom d'un président d'une
   très-illustre académie pour débiter des drogues assez singulières.

10 In der Anm. 12.5 genannten Ausgabe pp. 116–124.

11 Daß *Maupertuis* die Hilfe der medizinischen Größen von Montpellier in
   Anspruch genommen hat, ist Tatsache; daß es sich dabei um eine
   Geisteskrankheit gehandelt habe, ist Unterstellung *Voltaires.* In Wahrheit
   ging es um ganz anderes, wie *Tuffet* in der note (24), p. 54 seiner Ausgabe
   gezeigt hat.

12 Jean *de Canaye* (1594–1670) war ein als Schriftsteller bedeutender Pater des
   Jesuiten-Ordens. Sein Ruhm knüpft sich aber nicht zuletzt an die Conversa-
   tion du maréchal *d'Hocquincourt* et du P. *Canaye,* das Gespräch des
   Marschalls von *Hocquincourt* und des Pater *Canaye,* ein kleines Meisterstück in Geist und Stil, dessen Urheberschaft umstritten ist. Es wurde mit
   den Werken des Schriftstellers und Kritikers Charles *de Saint-Évremond*
   (1610–1703) veröffentlicht; siehe dessen Oeuvres, éd. *des Maiseaux;* 3 tt.,
   London 1705, t. 1, p. 243.

13 Man vergleiche Fables choisies mises en vers, 5,21; in der Anm. 12.31
   herangezogenen Ausgabe, t. 1, p. 199.

14 Der betreffende Abschnitt trägt die Überschrift: Decret de l'Inquisition de
   Rome, Entscheid der Inquisition von Rom. Er treibt seinen Spott mit den in
   solchen Zusammenhängen üblichen Formeln, etwa wenn von leichtfertigen,
   übel klingenden, ketzerischen und nach Ketzerei schmeckenden Sätzen die
   Rede ist, die dann insgesamt, für sich genommen und bezugsweise, das heißt
   insgesamt wie jeder für sich als leichtfertig, übel klingend, ketzerisch und
   nach Ketzerei schmeckend verdammt werden. Die Verfahren gegen *Galilei*
   können für solche Formeln den nötigen Anschauungsunterricht liefern; die
   beste Darstellung gerade dieser formalen Seite hat Franz Heinrich *Reusch* in
   seinem Werk Der Process *Galileis* und die Jesuiten, Bonn 1879, gegeben.

15 Dafür fehlen hier die mathematischen Ableitungen. In der von mir benutzten
   1756 in Lyon erschienenen Ausgabe der Oeuvres (man vgl. Anm. 12.1) steht
   der Essai an erster Stelle. Für die mathematischen Beweise wird dort, t. 1,
   p. 43 n., auf tome 4 verwiesen, wo sich die einschlägigen Originalabhand-
   lungen wiederabgedruckt finden. Im übrigen stimmen die Ausführungen im
   Essai auf langen Strecken wort-wörtlich überein mit denen der Abhandlung
   Les loix du mouvement et du repos deduites d'un principe métaphysique, die
   Gesetze der Bewegung und der Ruhe, aus einem metaphysischen Prinzip
   abgeleitet; wegen der näheren bibliographischen Nachweise zu dieser Arbeit
   vgl. man Anm. 10.15. – Zum Terminus Kosmologie vgl. man die Bemerkungen am Schluß von Abschnitt 12.

16 Diese Bemerkungen finden sich, wie schon angedeutet, nicht im Essai de
   cosmologie. Man vgl. die vorangehende Anmerkung und die weiteren
   Ausführungen.

17 Suivez la production d'une Mouche, ou d'une Fourmi: ils vous font admirer les soins de la Providence pour les oeufs de l'insecte; pour la nourriture des petits; pour l'animal renfermé dans les langes de la chryzalide; pour le développement de ses parties dans sa métamorphose. Tout cela aboutit à produire un insect, incommode aux hommes, que le premier oiseau dévore, ou qui tombe dans les filets d'une Araignée. – In der Originalabhandlung p. 274, im Wiederabdruck der *Euler*-Ausgabe p. 287; man vgl. dazu Anm. 10.15 = Essai de cosmologie, in der Anm. 12.1 zitierten Ausgabe, t. 1, pp. 15 sq.

18 Man vgl. an den Anm. 10.15 angegebenen Orten p. 294 in der Originalabhandlung bzw. pp. 301 sq. in der *Euler*-Ausgabe.

19 Siehe p. CXXII der Introduction seiner Anm. 1 genannten Ausgabe.

20 1° Nous déclarons que les loix sur le choc des corps parfaitement durs, sont puériles et imaginaires, attendu qu'il n'y a aucun corps connu parfaitement dur, mais bien des esprits durs, sur lesquels nous avons en vain tâché d'opérer. 2° L'assertion, que le produit de l'espace par la vitesse est toujours un minimum, nous a semblé fausse; car ce produit est quelquefois un maximum, comme *Leibnitz* le pensait, et comme il est prouvé. Il parait que le jeune auteur n'a pris que la moitié de l'idée de *Leibnitz;* et en cela nous le justifions entierement d'avoir eu jamais une idée de *Leibnitz* toute entière.

21 In einem Brief an seine Freunde Graf Charles Augustin *d'Argental* und dessen Gemahlin vom 27e janv. 1766, Nr. 12 268 in der Anm. 12.17 genannten Briefausgabe von *Besterman.* Man hätte guten Grund zu denken, schreibt er dort, daß les Welches – wir würden vielleicht sagen: die Gallier – immer als die letzten sich einstellten. Gleichwohl müssen sie sich am Ende einstellen, denn: l'opinion gouverne le monde, et les philosophes à la longue gouvernent l'opinon des hommes. – Diese das gesamte Wirken *Voltaires* bestimmende Grundüberzeugung hält sich bei ihm durch und wird von ihm schon wesentlich früher ausgesprochen; man vergleiche seinen Brief an René *Hérault* vom 6. 5. 1734, Nr. 712.

22 Man vergleiche Anm. 11.37.

23 Man vgl. die Untersuchung von Hermann von *Helmholtz* Zur Geschichte des Princips der kleinsten Action, an dem Anm. 12.12. angegebenen Ort pp. 229 sq., in den dort angeführten gesammelten Werken p. 255.

24 Examen des lettres d'un jeune auteur déguisé sous le nom d'un président.

25 Die Einzelheiten finden sich in der Introduction von *Tuffet,* in der Anm. 1 genannten Ausgabe, pp. LXXX-LXXXVII ausführlich dargestellt.

26 Quand on m'attaque, je me deffends comme un diable. Je ne cède à personne, mais je suis un bon diable, et je finis par rire. – Nr. 4543 der Anm. 12.17 genannten Brief-Ausgabe.

27 Man vgl. die Kapitel 5 und 6 des dritten Abschnitts von *Gullivers* Travels, in der Anm. 12.22 benutzten Ausgabe pp. 186–205.

28 In der Anm. 12.5 genannten Ausgabe pp. 72–80.

29 Zu berücksichtigen ist, daß die Medizin und Naturphilosophie der Alten, denen zureichende Begriffe für die Behandlung des Chemismus des Lebens

fehlten, gern auf Begriffe der griechischen Küche zurückgriff. πέψις, Reifung oder Garung, war dabei ein Sammelbegriff, unter den seit den *Hippokratikern* und unter dem Einfluß der Lehren, die über die Umwandlungsprozesse homogener organischer Substanzen von *Aristoteles* im Buch Δ seiner Meteorologie vorgetragen wurden, eine Vielzahl von organischen Vorgängen untergeordnet worden ist. Diese Vorstellungen und die mit ihnen verbundene Terminologie sind bis weit ins 19. Jahrhundert beherrschend geblieben.

30 Le prémier des kalendes d'octobre 1751, s'assemblèrent extraordinairement les sages, sous la direction du très-sage président. Chacun aïant pris place, le président prononça l'éloge d'un membre de la compagnie meuri depuis peu, c'est-à-dire, décédé, parce qu'on n'avait pas eu la précaution de lui boucher les pores et de le conserver comme un œuf frais, selon la nouvelle méthode. Il prouva que son médecin l'avait tué, pour avoir aussi négligé de le traiter suivant les loix de la force centrifuge; et il conclut que le médecin serait réprimandé, et point payé. Il finit en glissant selon sa coutume modeste, quelques mots sur lui-même.

31 Poix-résine, Glaspech, ist der harzige Rückstand des Terpentins bei Destillation mit Wasser.

32 Le président aïant bu un verre de rogum, démontra à l'assemblée, qu'il était aussi aisé à l'ame de voir l'avenir que le passé; et alors il se frotta les lèvres avec sa langue, remua longtems la tête, exalta son imagination et prophétisa. On ne donne point ici sa prophétie, qui se trouvera toute entiére dans l'almanac de l'académie.

33 Il n'y a qu'un *Erasme*, qui dût faire votre éloge.

34 Savinien *Cyrano de Bergerac* (1619–1655) L'histoire comique des États et Empire de la Lune, Die komische Geschichte der Staaten und des Kaiserreichs des Mondes und ihre Fortsetzung L'histoire comique des États et Empire du Soleil, Die komische Geschichte der Staaten und des Kaiserreichs der Sonne, Beschreibungen von Reisen zum Mond und zur Sonne mit physikalischen und metaphysischen, satirischen und witzigen Bemerkungen, standen seinerzeit nicht besonders hoch im Kurs und galten als der Gipfelpunkt aller Hirngespinste. Man vgl. dazu die von *Tuffet* in seiner Anm. 1 genannten Ausgabe zur Stelle gegebene note (92), p. 79.

35 Toute l'europe aiant été en alarmes dans la dangereuse querelle sur une formule d'algèbre etc. les deux parties principalement intéressées dans cette guerre, voulant prévenir une effusion d'encre insupportable à la longue à tous les lecteurs, sont enfin convenuës d'une paix philosophique en la manière qui suit:

36 3e. Nous demandons pardon à Dieu d'avoir prétendu qu'il n'y a de preuve de son existence que dans A plus B divisé par Z etc. et nous prions messieurs les inquisiteurs de vouloir bien ne nous pas juger à toute rigeur sur cette matière, qu'ils n'entendent pas plus que nous. – Zur Formel der *Maupertuisschen* Originalabhandlung, die im Entscheid der römischen Inquisition noch richtig wiedergegeben war, vergleiche man oben pp. 130 sq. Wir finden hier

eine der wenigen Stellen, an denen *Voltaire* bei der Wiedergabe der Einzelheiten eine Ungenauigkeit unterläuft.

37 15e. Nous ne rabaisserons plus tant les allemands, et nous avouerons que les *Kopernick*, les *Kepler*, les *Leibnitz*, les *Wolf*, les *Haller*, les *Mascau*, les *Gotsched* sont quelque chose, et que nous avons étudié sous les *Bernoulli*, et nous étudierons encore. – Es bleibt zu hoffen, daß nicht-deutsche Leser in diesem Zusammenhang dem Franzosen *Voltaire* seinen deutschen *Copernicus* verzeihen werden.

38 In der Anm. 12.5 genannten Ausgabe pp. 48–54.

39 l. c., p. 50.

40 l. c., p. 52.

41 Siehe Briefe der Frau Louise Adelgunde Victorie *Gottsched* geb. *Kulmus* (hrsg. v. Dorothee Henriette von *Runckel*), 3 Bde., Dresden 1771–1772, 114. und 115. Brief vom 4. und 18. 4. 1753 an die Herausgeberin, Bd. 2, pp. 89–94.

42 Man vergleiche seine Schrift De la litterature allemande, Über die deutsche Literatur, in den von Johann David E. *Preuss* im Auftrage der Preussischen Akademie der Wissenschaften herausgegebenen sämtlichen Werken, 31 Bde., Berlin 1857, Bd. 7, p. 108, 9 sqq.

43 Die Mechanica sive motus scientia analytice exposita, die Mechanik oder Wissenschaft von der Bewegung, in analytischer Form auseinandergesetzt, war noch in Petersburg in zwei Bden erschienen. Hier ist die von Paul *Stäckel* in den Anm. 9.1 angeführten Opera, ser. 2a, voll. 1.2., Lipsiae et Berolini 1912 besorgte Ausgabe benutzt. Im einzelnen handelt es sich im 1. Bd. um die §§ 272, 655, 676 und 762, in der zugrundegelegten Ausgabe bzw. pp. 88, 218, 226 und 258 sq.

44 Quicquid autem sit, hic calculo potius quam nostro iudicio est fidendum atque statuendum, nos saltum, si fit ex infinito in finitum, penitus non comprehendere. – Das Zitat findet sich in dem in der vorangehenden Anm. an erster Stelle genannten Paragraphen. *Voltaire* hat irrtümlich statt p. 108 der Originalausgabe p. 208 angegeben.

45 Von Benjamin *Robins* erschienen 1742 in London die New Principles of Gunnery, in denen zum ersten Mal das ballistische Pendel behandelt wird. *Euler* hat sie unter dem Titel Neue Grundsätze der Artillerie ins Deutsche übersetzt und mit ausführlichen Kommentaren versehen; die Übersetzung erschien 1745 in Berlin. Übrigens hat *Robins* Untersuchungen über die Steighöhe von Raketen angestellt. Er war ein entschiedener Anhänger *Newtons* und hat heftige Auseinandersetzungen mit den Anhängern *Leibniz'* geführt. Seine 1739 in London erschienenen Remarks on *Euler's* Treatise on motion, *Smith's* System of Optics and *Jurin's* Discourse of distinct and indistinct vision war mir nicht im Original zugänglich. Ich habe die Mathematical Tracts of the late Benjamin *Robins*, publ. by James *Wilson*, London 1761 in 2 voll., benutzen können, in deren vol. 2 sich die Remarks wieder abgedruckt finden, der auf *Euler* bezügliche Teil pp. 197–221. *Robins* spielt die Vorzüge, welche die realistische Auffassung *Newtons* von der Geometrie bei Anwendung auf mechanische Fragen bietet,

geschickt gegen die Schwierigkeiten aus, welche die von *Euler* verwandten formalen Methoden der Infinitesimalrechnung kontinentaler Prägung einer durchgängigen mechanischen Deutung entgegensetzen. Die von *Voltaire* benutzten Bemerkungen, die sich auf die in Anm. 43 genannten Paragraphen der *Euler*schen Mechanica beziehen, stehen dort p. 206 (zusammen mit der wörtlichen Wiedergabe der ersten Zeile des in Anm. 44 zitierten Textes), pp. 214 sq. und 216.

46 Copie de la lettre de M. *de Maupertuis à Voltaire* de Berlin, du 3. Avril 1753 (Kopie des Briefs von Herrn *De M.* an *V.*, Berlin, vom 3. 4. 1753) chez Étienne *Bourdeaux*, Libraire du Roy et de la Cour (Verleger des Königs und des Hofs); das Titelblatt ist mit dem preussischen Adler, versehen mit Schwert, Krone und Zepter, geschmückt. In einem beigefügten Vorwort, das den Vermerk Vû et approuvé (gesehen und gebilligt) *Frédérick* trägt, wird festgestellt, man sehe sich gezwungen, diesen Brief zu veröffentlichen, der nach dem gewöhnlichen Lauf der Dinge hätte geheim bleiben sollen, weil *Voltaire* von ihm verstümmelte oder geänderte Stücke in Umlauf gebracht habe. *Voltaire* habe geschrieben, er habe diesen Brief dem Rat der Stadt Leipzig zu treuen Händen übergeben; man müsse überrascht sein, daß in dieser Angelegenheit dieser Poet es gewagt habe, sich an den Rat zu wenden, dessen Walten von den Verfassern von Schmähschriften stets gefürchtet werden sollte: Eine deutliche Drohung an den Rat, der nicht gegen die Behauptungen *Voltaires* einschritt.

47 Je vous déclare que ma santé est assez bonne pour vous venir trouver par tout où vous serés, pour tirer de vous la vengeance la plus complette. Rendés grace au respect et à l'obéissance qui ont jusques ici rétenu mon bras. Tremblés. – In der Anm. 1. angeführten Ausgabe von *Tuffet* p. 44.

48 Au reste je suis encor bien faible. Vous me trouverez au lit, et je ne pourai que vous jetter à la tête ma seringue et mon pot de chambre. Mais dès que j'aurai un peu de force je ferai charger mes pistolets, cum pulvere pyrio, et en multipliant la masse par le quarré de la vitesse, jusqu'à ce que l'action et vous soient réduits à zero, je vous mettrai du plomb dans la cervelle: elle parait en avoir besoin.

Il sera triste pour vous que les allemands que vous avez tant vilipendés, aient inventé la poudre, comme vous devez vous plaindre qu'ils aïent inventé l'imprimerie.

Adieu mon cher président.

Akakia.

49 Man vergleiche *Voltaires* Brief vom 12. 3. 1753 an Samuel *Koenig*, in der Anm. 12.17 angeführten Ausgabe der Brief Nr. 4597.

50 Vollständige Sammlung aller Streitschriften, die neulich über das vorgebliche Gesetz der Natur, von der kleinsten Kraft, in den Wirkungen der Körper, zwischen dem Herrn Präsidenten Von *Maupertuis* zu Berlin, Herrn Professor *König* in Holland, und anderen mehr gewechselt worden. Unparteyisch ins Deutsche übersetzet. Leipzig, bey Bernhard Christoph *Breitkopf*. 1753. – Man vergleiche dazu Der Frau Luise Adelgunde Victoria

Gottschedinn, geb. *Kulmus* sämmtliche Kleinere Gedichte ... herausgegeben von ihrem hinterbliebenen Ehegatten. Leipzig 1763, wo wir in der von
ihm beigegebenen Lebensbeschreibung p. 67 auch erfahren, daß die Nach-
frage nach der Sammlung so groß war, daß schon Ostern desselben Jahres
eine zweite, vermehrte Auflage herausgebracht wurde.

51 Der Satyr hat Bockshörner und -füße, neben ihm liegen ein Hirtenstab und
eine Pansflöte, Attribute, die nach den Auffassungen des klassischen
Altertums eher zu einem Pan oder Paniskos zu gehören scheinen. Doch das
18. Jahrhundert hatte da seine eigenen, übrigens bis heute fortwirkenden
Vorstellungen. Man vergleiche etwa den *Larousse* classique illustré, publ.
sous la direction de Claude et Paul *Augé,* nouv. éd., Paris 1955, Histoire –
Geographie, s. v. Satyres, denen dort zwei Hörner an der Stirn, Bocksfüße
und Musikinstrumente beigelegt werden.

Zu Abschnitt 14

1 Siehe pp. 74 sq.
2 Vergleiche pp. 75 sqq.
3 Siehe die in Anm. 10.14 genannte Arbeit von Otto *Hölder,* dort pp. 133 sqq.
   – *D'Alemberts* Prinzip bezieht sich auf einen Mechanismus, an dem infolge
   der mechanischen Bindungen die eingeprägten Kräfte sich nur teilweise in
   Beschleunigung umsetzen. Das Prinzip besagt dann, daß der Rest, die
   sogenannten verlorenen Kräfte, sich am Mechanismus das Gleichgewicht
   halten. Bereits *Lagrange* hat ein ganz anderes Prinzip nach *d'Alembert*
   benannt, und heute ist das Durcheinander vollkommen. *D'Alembert* hat
   sein Prinzip am Anfang des 2. Teiles seines 1742 in Paris erschienenen Traité
   de dynamique gegeben, in der von mir benutzten 2. Aufl., ebendort 1758,
   pp. 72 sq.
4 Von einem stationären Wert der Aktion spricht man dann, wenn sich bei
   infinitesimalen Verschiebungen des Bahnverlaufs ihr Wert nicht ändert. Es
   kann, muß sich dann aber nicht um ein Minimum oder Maximum handeln.
5 Das Prinzip der kleinsten Wirkung, Beitrag Nr. 33 in: Physik, u. d.
   Redaktion von E. *Warburg,* bearb. v. F. *Auerbach,* F. *Braun* u. a., Leipzig
   und Berlin 1915 = Die Kultur der Gegenwart, hrsg. v. Paul *Hinneberg,* 3. T.,
   3. Abt. u. d. Leitung v. E. *Lecher,* 3. Bd., pp. 692–702, dort p. 692.
6 Mais, dans le choix d'un système, on ne doit avoir égard qu'à la simplicité
   des hypothèses; celle des calculs ne peut être d'aucun poids dans la balance
   des probabilités. La nature ne s'est pas embarrassée des difficultés d'analyse;
   elle n'a évité que la complication des moyens. Elle paraît s'être proposé de
   faire beaucoup avec peu: c'est un principe que le perfectionnement des
   sciences physiques appuie sans cesse de preuves nouvelles. L'astronomie,
   l'honneur de l'esprit humain, en présente surtout une confirmation
   frappante; toutes les lois de *Kepler* ont été ramenées par le génie de *Newton* à
   la seule loi de la gravitation, qui a servi ensuite à expliquer et même à

découvrir les perturbations les plus compliquées et les moins apparentes des mouvements planétaires. – Oeuvres complètes d'Augustin *Fresnel,* publ. par Henri De *Senarmont,* Émile *Verdet* et Léonor *Fresnel,* 3 tt; t. 1, pp. 248 sq.

7 Noch *Kant* kennt Mathematik, wie es scheint, nur als Geometrie und Arithmetik, als ob es die Analysis, die große Leistung der Neuzeit, nicht gäbe. Für ihn sind ihre Methoden eben einfach ein Zweig der theoretischen Physik oder Mechanik, und die ist nicht gemeint, wenn von Mathematik im strengen Sinn die Rede ist.

8 Ich habe die Ausgabe Encyclopédie méthodique, Mathématiques, Par MM. *d'Alembert,* l'Abbé *Bossut, De la Lande,* le Marquis de *Condorcet* etc., À Paris, À Liège 1782–1832, benutzt. Als Abfassungsdatum des Artikels Cosmologie gibt *d'Alembert,* der mit dem Sigel (O) unterzeichnet (vergleiche die Rückseite des Schmutztitels), gegen den Schluß, p. 432 b, Fevrier 1754 an. – Die Encyclopédie méthodique ist nichts anderes als eine nach großen Sachgebieten gruppierte Ausgabe der berühmten Encyclopédie ou dictionnaire raisonné des sciences, des arts et des métiers, der Enzyklopädie oder des vernünftig bearbeiteten Wörterbuchs der Wissenschaften, der Künste und der Gewerbe. Es gibt zu ihr eine im Jahre 1782 an den gleichen Verlagsorten herausgekommene Proposée pour Souscription, einen Vorschlag zur Subskription, in dem auf 32 Seiten die Anlage des gesamten Werks sich ausführlich erläutert findet. Die Encyclopédie méthodique ist zur Unterrichtung über ein bestimmtes Sachgebiet ausgesprochen bequem. In dem Abschnitt über Mathematik findet sich, im Sinn des oben behandelten Sprachgebrauchs, das gesamte Gebiet der mit mathematischen Methoden arbeitenden Wissenschaften, also neben der reinen Mathematik auch ihre Anwendungen in der Astronomie und den verschiedenen Teilen der theoretischen Physik dargestellt.

9 Vgl. l. c., p. 429 a.

10 Man vergleiche den Schluß von Abschnitt 11.

11 Man vergleiche dazu Arthur O(ncken) *Lovejoy,* The great chain of being, a study of the history of an idea, New York (1960), *(Harper* Torchbooks. The Academic Library 1009).

12 Man vgl. oben p. 108.

13 In der Anm. 8 genannten Ausgabe, pp. 315 sq.

14 Siehe Opera mathematica R. P. Andreae *Tacquet,* ... demonstrata et propugnata a Simone Laurentio *Veterani* ... partes 1.–3., Antverpiae 1669; diese Folio-Ausgabe enthält an 4. Stelle Catoptricae libri III, in denen die betreffenden Bemerkungen sich p. 217,15–19 finden.

15 J'avoue que le père *Tacquet,* qui a adopté dans sa Catoptrique ce principe de plus court chemin pour expliquer la réflexion, n'est pas embarrassé de la difficulté des miroirs concaves. Lorsque la nature, dit-il, ne peut pas prendre le chemin le plus court, elle prend le plus long, parce que le chemin le plus long est unique déterminé, comme le chemin le plus court. On peut bien appliquer ici ce mot de *Ciceron:* Nihil tam absurdum excogitari potest, quod dictum non sit ab aliquo philosophorum. – *D'Alembert* scheint aus dem

Gedächtnis zu zitieren; *Cicero* hatte De divinatione II, cap. 58, § 119 die Ansichten verschiedener Philosophen über Träume und ihren Wahrheitsgehalt behandelt und noch etwas schärfer bemerkt: sed nescio quo modo nihil tam absurde dici potest quod non dicatur ab aliquo philosophorum, ich weiß nicht, auf welche Weise etwas so absurd gesagt werden kann, daß es nicht von irgendeinem Philosophen gesagt würde; nach der Ausgabe M. *Tulli Ciceronis* Scripta quae manserunt omnia, Fasc. 46 De divinatione /De fato / *Timaeus*. Ottonis *Plasberg* schedis usus recogn. W. *Ax*, Lipsiae 1938, p. 116 [b].

16 Il est vrai que l'application est ici un peu plus compliquée, plus détournée, moins simple et peut-être moins rigoureuse, que dans le cas de la réfraction.

17 Vgl. pp. 91 sq.

18 Nous devons ajouter que M. *de Maupertuis* n'a jamais rien répondu aux injures qu'on a vomies contre lui à cette occasion, et dont nous dirons: nec nominetur in vobis, sicut decet philosophos. Cette querelle de l'action, s'il nous est permis de le dire, a ressemblé à certaines disputes de religion, par l'aigreur qu'on y a mise, et par la quantité de gens qui en ont parlé sans y rien entendre. – Von dem Brief, den *Maupertuis* schließlich an *Voltaire* gerichtet hat, scheint *d'Alembert* nichts erfahren zu haben.

19 [3] Fornicatio autem et omnis immunditia aut avaritia nec nominetur in vobis sicut decet sanctos; [4] aut turpitudo aut stultiloquium aut scurrilitas, quae ad rem non pertinet; sed magis gratiarum actio. – Nach Bibliorum sacrorum iuxta vulgatam Clementinam nova editio... curavit Aloisius *Gramatica*, Typis polyglottis Vaticanis 1959, p. 1095.

20 Vgl. oben pp. 80 sq.

21 *Fontenelle* hat in diesem Éloge de M. *Leibniz* zuvor erklärt, wie *Leibniz* bei der Lichtbrechung den faktisch nach dem Sinusgesetz verlaufenden Weg als den kürzesten von allen möglichen und damit der Weisheit Gottes gemäß nachweist. Die Macht Gottes gehe nach *Leibniz* jeweils auf das Größtmögliche, seine Weisheit auf das mögliche Beste oder Bessere. Siehe Histoire de l'Académie Royale des Sciences, Année 1716, avec les Mémoires de Mathématique et de Phisique... À Paris 1741, p. 94–128 (Histoire), dort p. 108.

22 Brief *Koenigs* an *Maupertuis* vom 21. 3. 1753, in der Anm. 12.7 angeführten Ausgabe des Briefwechsels *Maupertuis'* pp. 141 sqq.

23 Élémens de géométrie contenants les six premiers livres d'*Euclide* mis dans un nouvel ordre et à la portée de la jeunesse sous les directions de M. le prof. *Koenig* et revus par M. A. *Kuypers* (Elemente der Geometrie, enthaltend die sechs ersten Bücher *Euclids,* in einer neuen Ordnung und nach der Fassungskraft der Jugend abgefaßt nach den Anweisungen von Herrn Prof. K. und durchgesehen durch Herrn A. K.), La Haye 1758.

24 Vgl. die Anm. 12.1 genannte Ausgabe.

25 Wiederabgedruckt und von mir benutzt in Leonardi *Euleri* Commentationes opticae vol. 1., ed. David *Speiser,* Turici (Zürich) 1962 = vol. 5., ser. 3. der Anm. 9.1 genannten Opera, dort pp. 172–184. Die ausgezeichnete

und inhaltsreiche Einleitung des Herausgebers, wo die prinzipiellen Fragen, um die es bei dem Streit mit *Dollond* ging, auf pp. XL-XLV behandelt werden, sei hier hervorgehoben.

26 Cependant ce qui surpasse si loin tant la portée de l'esprit humain, que l'adresse de l'art, se trouve exécuté au plus haut degré de perfection, non seulement dans les yeux de l'homme et de tous les animaux, mais aussi sans doute dans ceux des plus vils insectes: quelle immensité de Géometrie et de Mécanique n'y faut-il pas admirer? Après ces réflexions seroit-il bien possible, que la témérité des hommes allât jusqu'à dire, que les yeux ne soient que l'ouvrage d'un hazard aveugle? Si les autres argumens pour l'existence de Dieu ne font point d'impression sur l'esprit des Athées, la seule considération de la structure de l'oeil les doit convaincre de l'existence d'un Être souverainement sage et puissant, par rapport auquel la plus haute sagesse de l'homme se réduit à rien, tout comme son art et adresse évanouit entierement. – l. c., p. 181.

27 Bestimmung des Brechungs- und Farbenzerstreuungsvermögens verschiedener Glasarten, in Bezug auf die Vervollkommnung achromatischer Fernröhre (5. Bd. der Denkschriften der K. Academie der Wissenschaften zu München für die Jahre 1814–1815, München 1817, pp. 193–226), dort pp. 216 sqq. Daß bereits *Newton* Experimente angegeben hatte, welche die Annahme eines Farbfehlers unausweichlich machen, scheint *Euler* geflissentlich übersehen zu haben. Siehe dazu die Lectiones opticae, die Vorlesungen über Optik, pars 2., sect. 5., §§ 162 sq., in Isaac *Newtoni* Opera omnia, ed. Samuel *Horsley*, London 1723–1735, 5 tt., t. 3., pp. 427 sq. Man vergl. *Newton's* Opticks, Book I, part 2, prop. 8, in der Ausgabe New York 1952, mit Vorw. von I. Bernard *Cohen*, p. 165.

28 Instruction détaillée pour porter les lunettes des toutes les différentes espèces aus plus haut degré de perfection dont elles sont susceptibles, Ausführliche Anweisung, um die Fernrohre von allen verschiedenen Arten zum höchsten Grad von Vollkommenheit zu bringen, dessen sie fähig sind, wiederabgedruckt und von mir benutzt in Leonhardi *Euleri* Commentationes opticae vol. 3., ed. Andreas *Speiser*, Turici (Zürich) 1964 = vol. 7., ser. 3. der Anm. 9.1 genannten Opera, pp. 200–247, dort p. 202.

29 In *Voltaire*, Mélanges, préf. Emmanuel *Berl*, texte ét. et ann. par Jacques *Van den Heuvel*, Paris (1961) (Bibliothèque de la Pléiade, vol. 152) pp. 317–335.

30 La Fortune de Bernard *Nieuwentydt* en France au XVIIe siècle et les notes marginales de *Voltaire*, par J. *Vercruysse* (Studies on *Voltaire* and the eighteenth century, ed. by Theodore *Besterman*, vol. 30, Institut et Musée *Voltaire* Les Délices, Genève, 1964, pp. 223–246). Die Randbemerkungen sind dort durchnumeriert; ich beziehe mich im folgenden auf diese Zählung.

31 Vgl. oben p. 47. Es handelt sich um einen in Amsterdam und Leipzig verlegten Nachdruck der dort angeführten französischen Übersetzung.

32 Ce bavard donnerait envie d'etre athee, si on pouvait letre. – An der in der vorletzten Anmerkung angegebenen Stelle, Nr. 33.

33 Ah mon ami tu gates un assez bon ouvrage par des raisonements bien ridicules. – l. c., Nr. 72.

34 l. c., Nr. 22.

35 l. c., Nr. 23.

36 l. c., Nr. 35.

37 In den Oeuvres complètes de *Voltaire*, nouv. éd. [par *Moland*], 52 voll., Paris 1877–1882, vol. 27 = Mélanges 6, pp. 125–191.

38 L'Examen de la nature n'est pas une satire. Tenons–nous seulement en garde contre les apparences, qui trompent si souvent; contre l'autorité magistrale, qui veut subjuguer; contre le charlatanisme, qui accompagne et qui corrompt si souvent les sciences; contre la foule crédule, qui est pour un temps l'écho d'un seul homme. – l. c., pp. 125 sq.

39 l. c., pp. 137–140.

40 Es ist der oben bereits herangezogene Artikel aus der Feder von *d'Alembert*; vgl. pp. 153, 155 sq.

41 Siehe *Goethes* Werke, hrsg. im Auftr. der Großherzogin Sophie von Sachsen, „Große Weimarer Ausg.", Weimar 1887–1919, 1. Abt., Bde. 26–29, Dichtung und Wahrheit 1–4, Bd. 26, pp. $41,_{21}$–$42,_{15}$.

42 l. c., p. 42, 24–27.

43 In den Anm. 29 herangezogenen Mélanges, pp. 301–309.

44 l. c., p. 308, 10–16.

45 Von mir benutzt in der Édition critique avec une introd. et un comm. par René *Pomeau*, Paris 1979 (Textes et commentaires).

46 Das klassische Griechisch kennt nur das Wort παγγλωσσία, Wortreichtum, Geschwätzigkeit.

47 Man vergleiche am Ende von Abschnitt 11.

48 Il est démontré, disait-il, que les choses ne peuvent être autrement, car tout étant fait pour une fin, tout est nécessairement pour la meilleure fin. Remarquez bien que les nez ont éte faits pour porter des lunettes, aussi avons-nous des lunettes. – l. c., p. 86, 48–52.

Zu Abschnitt 15

1 Siehe *Kants* Werke, Bd. 1, Vorkritische Schriften I, 1747–1756, Berlin 1902 = *Kants* Gesammelte Schriften, hrsg. v. d. K. Preussischen Akademie d. Wissenschaften, Bd. 1, 1. Abt. = Werke, 1. Bd., dort pp. 215–368.

2 Von den Ursachen der Erderschütterungen bei Gelegenheit des Unglücks, welches die westlichen Länder von Europa gegen das Ende des vorigen Jahres betroffen hat, in dem zitierten Band pp. 417–427; Geschichte und Naturbeschreibung der merkwürdigsten Vorfälle des Erdbebens, welches an dem Ende des 1755sten Jahres einen großen Teil der Erde erschüttert hat, ebendort pp. 429–461.

3 Siehe *Kants* handschriftlicher Nachlaß, Bde. 8, 9, Opus postumum, Berlin 1936, 1938 = Bde. 21, 22 der Anm. 1 genannten Gesammelten Schriften.

4 Von mir benutzt in der Ausgabe *Kants* Werke, Bd. 5, Kritik der praktischen Vernunft, Kritik der Urtheilskraft, Berlin 1908 = 5. Bd., 1. Abt. der Anm. 1 zitierten Gesammelten Schriften.

5 l. c., pp. 181–186.

6 § 61. Von der objektiven Zweckmäßigkeit der Natur. – l. c., pp. 359–361.

7 § 62. Von der objektiven Zweckmäßigkeit, die bloß formal ist, zum Unterschied von der materialen. – l. c., pp. 362–366.

8 l. c., p. 363, 4–21.

9 § 63. Von der relativen Zweckmäßigkeit der Natur zum Unterschied von der inneren. – l. c., pp. 366–369.

10 § 64. Von dem eigentümlichen Charakter der Dinge als Naturzwecke. – l. c., pp. 369–372.

11 Schon Johann Friedrich *Blumenbach* (1752–1840) hatte diese drei Prozesse zueinander in Parallele gesetzt. Siehe den § 7, Ähnlichkeit unter Zeugung, Ernährung und Wiedererersetzung, seiner Schrift ‚Über den Bildungstrieb und das Zeugungsgeschäfte‘, Göttingen 1781, dort pp. 18 sq. *Kant* rühmt in der Kritik der Urteilskraft, in der zugrundegelegten Ausgabe, p. 378, *Blumenbachs* Beiträge zur Theorie der Entstehung von Lebewesen.

12 Man vergleiche dazu und zum folgenden den § 65. Dinge, als Naturzwecke, sind organisierte Wesen. – In der Anm. 4 genannten Ausgabe pp. 372–376.

13 Physik B 8. 199 b 26–30.

14 ... et syderum atque orbium omnium ordines et magnitudines et caelum ipsum ita connectatur, ut in nulla sui parte possit transponi aliquid sine reliquarum partium ac totius universitatis confusione. – Nicolai *Copernici* Thorunensis De revolutionibus orbium caelestium libri sex, editionem curavv. Franciscus et Carolus *Zeller,* Monachii (München) 1949 = Nikolaus *Kopernikus* Gesamtausg., begr. im Auftr. d. Deutschen Forschungsgemeinschaft, Bd. 2, p. 6, 7–10. *Copernicus* hat zuvor die Bemühungen seiner Vorgänger mit der Zusammensetzung eines Bildes aus zwar aufs beste gemalten, aber von unterschiedlichen Orten genommenen und nicht im rechten Verhältnis eines bestimmten Körpers stehenden Händen, Füßen, Kopf und anderen Körperteilen verglichen, so daß mehr ein Monstrum als ein Mensch daraus entstünde. Dieser Vergleich ist zweifellos eine Reminiszenz an den Anfang der von *Horaz* an die *Pisonen* gerichteten Ars poetica, Kunst der Dichtung. Dort hatte *Horaz* die unausgewogene Komposition eines Gedichts zu einem Gemälde in Parallele gesetzt, auf dem sich menschliche und tierische Körperteile zu einer lächerlichen Mißbildung vereinigt finden; siehe Q. *Horati* Flacci opera, tertium recogn. Fridericus *Klingner,* Lipsiae 1959 (Academia scientiarum German. Berolin., Bibliotheca scriptorum graec. et roman. *Teubner*iana ed. consilio atque auct. Instituti Graecoromanae antiquitatis ...), dort pp. 294–311; man vgl. vor allem im Anfang vv. 1–9.

15 Über Regenerationsexperimente mit solchen Polypen berichtet *Blumenbach* in der Anm. 11 angeführten Abhandlung, § 1, pp. 9 sqq.

16 In der Anm. 4 genannten Ausgabe p. 375,5 sqq.

17 l. c., p. 378, 12–19.

18 l. c., pp. 381,$_{31}$ –382,$_{7}$.

19 l. c., p. 418,$_{11}$.

20 Bestimmung des Begriffs einer Menschenrace, aus dem Jahre 1785. *Kant* hat die Frage noch einmal ausführlich in seiner Abhandlung über den Gebrauch teleologischer Principien in der Philosophie aus dem Jahre 1788 erörtert. Siehe *Kants* Werke, Bd. 8, Abhandlungen nach 1781, Berlin 1912, in den Anm. genannten Gesammelten Schriften Bd. 8, 1. Abt., dort pp. 89–106, bzw. 157–184.

21 In der Anm. 4 genannten Ausgabe, p. 418, 30–36.

22 l. c., p. 419, 9–14.

23 l. c., p. 377, 1–4.

24 *Kant* entwickelt dies ausführlich in der zweiten Abteilung seiner Kritik, der Dialektik der teleologischen Urteilskraft, pp. 385–415. Diese Dialektik bietet in systematischer Entwicklung eine Reihe von Argumentationsformen, die wir im Vorangehenden anhand von Beispielen kennengelernt haben.

25 § 83. Von dem letzten Zwecke der Natur als eines teleologischen Systems. l. c., pp. 429–434.

26 l. c., p. 431,$_{30}$ sqq.

27 Von mir benutzt in der Ausgabe: Johann Gottfried *Herder,* Sämtliche Werke, hrsg. v. Bernhard *Suphan* 1–33, Berlin 1877–1913; der 1. und 2. Teil der Ideen zur Philosophie der Geschichte der Menschheit ist dort im 1887 herausgekommenen Bd. 13, der 3. und 4. im 1909 erschienenen Bd. 14 enthalten.

28 l. c., Bd. 13, p. 7.

29 l. c., Bd. 14, pp. 207 sq.

30 l. c., Bd. 14, p. 147.

31 Siehe *Humes* Dialogues Concerning Natural Religion, ed. with an introd. by Norman Kemp *Smith.* 2. ed. with suppl. (The life of David *Hume,* written by himself), London u. a. 1947. In der Einleitung findet man Näheres über die Veröffentlichung und Wirkung der Dialoge.

32 Seine einschlägigen Schriften finden sich in The whole works of William *Paley* ... whith a life of the author, complete in 1 vol., London 1835. Die einzelnen Schriften sind getrennt paginiert.

33 The autobiography of Charles *Darwin* and selected letters, ed. by Francis *Darwin,* New York 1958 (unveränd. Nachdr. von Charles *Darwin,* his life told in an autobiographical chapter and a selected series of his published letters, ibid. 1892), p. 19. – Die von *Darwin* erwähnten Schriften *Paleys* sind – mit vollem Titel –: A view of the evidences of christianity in three parts, in der soeben zitierten Ausgabe an 1. Stelle; Moral and political philosophy, ebendort an 2. Stelle; Natural theology or evidences of the existence and attributes of the Deity, collected from the appearances of nature, Natürliche

Theologie oder Beweisstücke für das Dasein und die Eigenschaften der Gottheit, zusammengetragen aus den Naturerscheinungen, dort an 4. Stelle.

34 *Darwin* hat an seinem Werk bei den zu seinen Lebzeiten erschienenen Neuauflagen immer wieder und teilweise nicht unerhebliche Verbesserungen vorgenommen. Die Erstausgabe ist wieder bequem zugänglich: On the Origin of Species by Charles *Darwin*, a facsimile of the 1. ed. with an introduction by Ernst *Mayr*, Cambridge, Massachusetts 1964. Für die Entwicklung des Textes im Laufe der weiteren Auflagen sei genannt: The Origin of Species, a variorum text, ed. by Morse *Peckham*, Philadelphia 1959; diese synoptische Ausgabe ist allerdings so ungeschickt wie nur möglich angelegt und unlesbar.

35 Für eine nähere Beschäftigung mit *Darwins* Werk und den heutigen Stand der Frage sei verwiesen auf Ernst *Mayr*, Evolution und die Vielfalt des Lebens (Evolution and the diversity of life, dt.), übers. von Karin *de Sousa Ferreira*, Berlin usw. 1979.

Namenverzeichnis

229